# 新保険論

保険に関する新たな基礎理論の構築

宇野 典明 著

中央大学出版部

装幀　道吉　剛

## はじめに

　この20年間あまり，私は，保険引受けの基礎理論のあり方に関する研究に相当の時間を費やしてきた。もともとそのきっかけは，1989年に私が日本生命保険相互会社で保険業法の改正作業にかかわる30名ほどのチームを率いる立場になったことにあった。当時の保険業法は，1939年に大幅な改正が行われた後，ほとんど改正されることもなく約半世紀が経過していたため，さまざまな問題が生じてきており，抜本的な改正は喫緊の課題であった。その後約7年間，私は，保険業法の改正作業にかかわった。当初，その直前に保険業法に関する調査・研究を2年ほどしただけの法学部出身でもない私が，なぜ保険業法の改正作業に携わるのかと悩んだこともあったが，すぐに仕事が面白くなった。その後，さまざまな紆余曲折もあったが，改正保険業法は，1996年4月に無事施行された。

　当時，保険業法の改正作業に係わる中で，保険の基本に関していくつか疑問が生じた。たとえば，保険とは何か，適切な保険の定義とはどのようなものなのか，責任準備金は，対応する資産に株式等の価格変動リスクがあるものが含まれているのに，なぜ予定利率だけで割り引かれているのか，保険にとってきわめて重要な意味を持っている危険団体という考え方に問題はないのかなどであった。当時もいろいろと考えてみたが，先行研究もまったく見当たらず，残念ながらこれらの点についての適切な解答を見つけ出すことはできなかった。

　1996年3月に，私は，改正保険業法の施行を契機に財務企画室へ異動した。そこで，私は，最適な分散投資を行うためのマーコビッツの2パラメータ・アプローチを教えられた。そして，平均危険差益率とその標準偏差をリターンとリスクと捉えれば，マーコビッツの2パラメータ・アプローチを保険リス

クにも応用できるとすぐに気が付いた。そこで，マーコビッツの2パラメータ・アプローチを保険リスクに応用すれば，生損保兼営禁止規制のあり方も合理的に説明できるのではないかと考え，「生損保兼営禁止について」（『保険学雑誌』第558号）を脱稿した。この論文は，保険リスクについてのみ，マーコビッツの2パラメータ・アプローチを援用したものであったが，この論文を書いている時に，責任準備金などの負債ばかりでなく，資産も含めて分散投資の手法としてのマーコビッツの2パラメータ・アプローチを適用できることに気づいた。

その後は，保険会社の資産負債全体にマーコビッツの2パラメータ・アプローチを適用するには，負債をどのように取り扱うのかなど技術的な問題点があり，さらに私一人で研究するには学問としての領域が広すぎると考えられたことなどもあって，この考え方を長い間暖め続けていた。しかし，少しずつ考えていくうちに，この新しい考え方が，私の持ち続けていた疑問を解消してくれる可能性があることに気がついてきた。また，この新しい考え方は，こうした基本的な点以外にも，さまざまな問題の解決に役立つということにも思いが至った。

話は少し遡るが，1997年4月に日産生命保険が破綻した。その数年前からいわゆる渋谷3社，東邦生命保険，日産生命保険，日本団体生命保険の経営が危ないという噂は，業界の中を流れていた。私は，その当時保険業法改正にかかわるかたわら，経営危機に陥った生命保険会社の1939年保険業法第124条（主務大臣による強制移転命令）の適用についても，検討を行っていた。このため，一般の人に比べれば，生命保険会社が身近で破綻するということについて予見してはいたものの，日産生命保険の破綻は，私にとってさすがに大きなショックだった。その後も生命保険会社の破綻が続き，大手生命保険会社が多額の逆ざやに呻吟する中で，相互会社の保険金削減規制を復活させようとする議論が出てきたのである。1995年の保険業法改正で，相互会社の保険金削減規制は，廃止されていた。私もその廃止という結論については理論的に納得しており，実際上も機能し得ないと考えていた。そして，理論的に相互会社の保

険金削減規制の復活は不可能であるということを端的に示すには，マーコビッツの2パラメータ・アプローチを援用すればよいということ，さらに，こうした考え方を突き詰めていくと，保険引受けの基礎として重要な位置を占めている危険団体概念を見直す必要性が出てくるということにも，私は気がついた。

そして，そうしたマーコビッツの2パラメータ・アプローチを援用する考え方を論文としてまとめることができたのが，2005年3月の「大数の法則と収支相等の原則の現代的な意義について—生命保険の場合を中心として—」（『商学論纂』第46巻第3号）であった。そして，その後は，2008年に2本の論文，「危険団体概念の見直しと保険業法の諸規制—契約条件の遡及変更にかかる規制のあり方を中心として—」（『生命保険論集』第162号），「危険団体概念の見直しと保険業法の諸規制—生命保険会社における責任準備金規制のあり方について—」（『生命保険論集』第163号）を上梓し，本書の基礎となるべきものが完成した。私がマーコビッツの2パラメータ・アプローチを教えられてから，すでに足掛け12年が経過していた。これらの問題意識と論文を基に脱稿したのが本書である。初出の内容と比べると，書き直した部分や書き加えた部分も相当量に上る。以前の詰めが甘かった点があったことも間違いないし，私の考え方もいろいろと変化してきている。

本書は，保険の引受けに関する基礎的な考え方について，現代的な立場から論じた上で新たな答えを出し，それに基づいて現在の保険制度が有するいくつかの問題点についても解決策を提示している。その意味でまさに『新保険』論なのである。

第1章において，保険とは何かという観点から，日本，アメリカ，カナダにおける保険の定義を概観し，保険引受けの基礎として重要な位置を占めている危険団体概念が，どのように保険の定義に対して影響をしているかを見る。そして，第2章において，危険団体の意義と問題点についての検討を行い，第3章で，危険団体概念に代わる新たな概念として，マーコビッツの2パラメータ・アプローチに基づく，より合理的な資産負債最適配分概念を提言する。そ

して，第4章で，資産負債最適配分概念について，実際のデータを当てはめ，マーコビッツの2パラメータ・アプローチに基づく検証を行う。保険会社においては，一般的に資産の配分を決定する場合，分散投資のためのマーコビッツの2パラメータ・アプローチを用いることが多いと考えられる。しかし，生命保険会社の場合，負債の相当部分を占める責任準備金には死差益というリターンが生じ，それが変動するというリスクがある。このため，資産だけではなく負債も含めてマーコビッツの2パラメータ・アプローチを適用すれば，リスクとリターンの最適な配分を行うことができるようになる。私は，この考え方を資産負債最適配分概念と名付けた。

　次いで，資産負債最適配分概念の導入が及ぼす影響のうち，主要なものについて検討する。まず第5章において，保険の定義のあり方について検討を行う。これまで，わが国ばかりではなく，アメリカやカナダにおいても，保険の定義については必ずしも定説がなかったが，資産負債最適配分概念が検討の糸口を提供してくれた。第6章においては，危険団体概念の影響を強く受ける責任準備金規制について，生命保険会社の場合を中心に資産負債最適配分概念に基づく検討を行い，新たな責任準備金規制のあり方について提言を行う。さらに，第7章において，契約条件の遡及変更に係る規制の検討を行う。危険団体概念のもっとも典型的な現れである団体優先説に基づく1939年保険業法第10条第3項の基礎書類の遡及変更命令，同じく第46条の相互会社の保険金削減および2003年の保険業法改正で新設された保険会社の破綻前における契約条件変更規制について，資産負債最適配分概念に基づき検討を行う。

　なお，日本以外に，アメリカとカナダを参照したのは，次のような理由による。すなわち，先進主要国の保険監督に関する規制を見ると，ドイツ，日本は，規制の基礎に危険団体概念が存在し，保険計理に加えて，危険団体が保険契約者間または社員間の関係にまで影響を持ってきたと考えられる。これに対して，アメリカやイギリスなどの国々は，リスクのプーリングという概念を有し，これ自体は，本書で述べるとおり危険団体概念と大きく変わるところはない。ただ，リスクのプーリング概念が保険計理にまでしか影響を及ぼさず，保

険契約者間または社員間の関係にまではほとんど影響を及ぼさなかったということが異なっている。一方，カナダは，カナダ保険会社法を見る限り，先進主要国の中で唯一，保険計理も含めて，危険団体ないしリスクの分散概念の影響を受けているとは一見しただけでは思えない国である。そこで，各々の国を代表して，日本，アメリカ，カナダについて検討を行うこととしたものである。

私が，こうした内容を1冊の本としてまとめることができたのは，保険学界，中央大学の諸先輩，同僚，日本生命保険を始めとする保険業界の方々からの一方ならぬご指導，ご支援の賜物である。ことに，法政大学 故西嶋梅治名誉教授および中央大学商学部岸真清教授には，本書作成の当初から完成に至るまで適切なコメントを頂戴したばかりでなく，その完成に向けて叱咤激励していただいた。元ニッセイ基礎研究所特別顧問の故浅谷輝雄氏からは，私のニッセイ基礎研究所勤務の時代，親しく保険業法および保険数理の基礎についてご指導を賜った。ほぼ独学で生命保険や保険業法等を学んだ私にとって，唯一の先生というべき方である。また，中央大学の野村修也教授，高橋豊治教授，平澤敦准教授，奥山英司准教授からは，大変有益なアドバイスを頂戴した。さらに，業法経理チームのメンバーをはじめとした日本生命保険の方々，他社などで保険業法の改正に係わられた方々からは，保険業法および生命保険に関してさまざまな議論をする中で，私は大きな影響を受けている。また，本書は，ブリティッシュ・コロンビア大学ロー・スクール・アジア法学研究センターにおいて，私が客員研究員として行った研究の成果の一部でもある。これ以上一人一人お名前を挙げることはしないが，こうした方々のご支援，ご指導がなければ本書は完成するはずもなく，改めてこの紙面をお借りして御礼を申し上げる。また，私事ながら，日頃から私を応援してくれた妻に感謝の気持ちを表すことをお許しいただきたい。皆様方，本当にありがとうございました。このように本書が完成したのは，多くの方々のご指導，ご支援の賜物であるが，当然のことながら，あり得べき誤りの責任が私にあることは，いうまでもない。

なお，本書では，旧漢字，旧仮名を含む文献の引用に当たって，旧漢字は，

原則として現在一般的に通行している漢字に改めた。これに対して，仮名は，原文どおりとしている。また，保険業法等の表記については，新たに定められた保険業法または大幅な改正法が公布された西暦年をもって表記した。具体的には，1900年保険業法，1939年保険業法，1995年保険業法等とした。なお，これら以外の小幅な改正についても，必要に応じて1912年改正保険業法等と表記している。

   2012年2月
      東京都八王子市の大学の研究室にて

宇　野　典　明

# 目　　次

はじめに

## 第 1 章　保険の定義 …………………………………………………… 1
1. わが国における保険の定義 ………………………………………… 1
    1-1　保険の定義についての議論 ………………………………… 1
    1-2　法律における保険の定義 …………………………………… 8
    1-3　保険と保険類似のものとの区別 …………………………… 8
2. アメリカにおける保険の定義 ……………………………………… 11
    2-1　リスクのプーリングとしての保険の定義 ………………… 11
    2-2　リスクの移転としての保険の定義 ………………………… 13
    2-3　リスクの移転およびプーリングとしての保険の定義 …… 13
    2-4　法律における保険の定義 …………………………………… 14
    2-5　保険と保険類似のものとの区別 …………………………… 18
3. カナダにおける保険の定義 ………………………………………… 18
    3-1　リスクの分散としての保険の定義 ………………………… 18
    3-2　リスクの移転としての保険の定義 ………………………… 19
    3-3　法律における保険の定義 …………………………………… 19
    3-4　保険と保険類似のものとの区別 …………………………… 22

## 第 2 章　危険団体の意義と問題点 …………………………………… 27
1. 危険団体の意義 ……………………………………………………… 27
    1-1　日本における危険団体の意義 ……………………………… 27
    1-2　アメリカにおける危険団体の意義 ………………………… 37
    1-3　カナダにおける危険団体の意義 …………………………… 39

2. 危険団体の与えた影響と問題点 …………………………………… 40
　　2-1　保険会社に対する影響 ………………………………………… 40
　　2-2　保険の定義構築への影響 ……………………………………… 58
　3. 危険団体見直しの必要性 …………………………………………… 59

# 第3章　新たな保険引受けの基礎理論 ………………………………… 61

　1. ALM手法の援用 ……………………………………………………… 61
　　1-1　デュレーション・マッチングとデュレーション・ギャップ分析
　　　　　………………………………………………………………… 62
　　1-2　サープラス・アプローチ ……………………………………… 64
　　1-3　ショートフォール・アプローチ ……………………………… 66
　　1-4　キャッシュ・フロー分析 ……………………………………… 67
　　1-5　2パラメータ・アプローチ …………………………………… 68
　2. 資産負債最適配分概念 ……………………………………………… 72
　　2-1　資産負債最適配分概念の構築 ………………………………… 72
　　2-2　危険団体の問題点の解決 ……………………………………… 72
　　2-3　保険以外への資産負債最適配分概念の適用 ………………… 73
　　2-4　資産負債最適配分概念の意義 ………………………………… 74

# 第4章　2パラメータ・アプローチによる検証 ……………………… 77

　1. データ ………………………………………………………………… 77
　　1-1　資　　産 ………………………………………………………… 77
　　1-2　負　　債 ………………………………………………………… 79
　2. 最適解の算出 ………………………………………………………… 82
　　2-1　リスク・フリーの資産と通常の負債を除く最適解算出 …… 82
　　2-2　リスク・フリーの資産または通常の負債を加味した最適解算出
　　　　　………………………………………………………………… 84
　　2-3　従来方式との比較 ……………………………………………… 85

2-4　相対的に小規模な危険団体の場合 …………………………… 87
　3．危険団体概念等のあり方 ………………………………………… 88

# 第5章　保険の定義のあり方 …………………………………… 91
　1．定義すべき保険とは何か ………………………………………… 91
　2．保険の定義における問題点 ……………………………………… 93
　　2-1　制度としての保険と保険契約の定義の相似性 ……………… 93
　　2-2　危険団体に基づく定義 ………………………………………… 94
　　2-3　保険と保険類似のものとの区別のための定義 ……………… 94
　3．保険の定義のあり方 ……………………………………………… 96

# 第6章　責任準備金のあり方 …………………………………… 99
　1．1995年保険業法における責任準備金規制 ……………………… 99
　　1-1　生命保険会社の責任準備金規制 ……………………………… 99
　　1-2　危険団体の存在の有無と責任準備金規制の問題点 ……… 117
　2．1900年および1939年保険業法における責任準備金規制 …… 120
　　2-1　1900年保険業法における責任準備金規制 ………………… 120
　　2-2　1939年保険業法における責任準備金規制 ………………… 124
　　2-3　危険団体の存在と責任準備金規制の問題点 ……………… 131
　3．ニューヨーク州，カナダにおける責任準備金規制 ………… 131
　　3-1　ニューヨーク州の責任準備金規制 ………………………… 132
　　3-2　カナダの保険契約準備金規制 ……………………………… 139
　4．保険料積立金のあり方 ………………………………………… 165
　　4-1　資産負債最適配分概念の下での保険料積立金積立方式 … 165
　　4-2　公正価値による責任準備金の評価 ………………………… 167
　　4-3　保険料積立金の積立方式の比較 …………………………… 171
　　4-4　望ましい保険料積立金規制 ………………………………… 181

第 7 章　契約条件の遡及変更に係る規制のあり方 ……………………… 189
　1. 基礎書類の遡及変更命令 ………………………………………………… 189
　　1-1　概要と立法趣旨 …………………………………………………… 189
　　1-2　最高裁判所の判決―債務不存在確認事件― …………………… 191
　　1-3　最高裁判所の判決に対する賛否 ………………………………… 198
　　1-4　1939 年保険業法第 10 条第 3 項の廃止 ………………………… 204
　　1-5　1939 年保険業法第 10 条第 3 項のあり方 ……………………… 205
　2. 相互会社の保険金削減規制 ……………………………………………… 209
　　2-1　保険業法における相互会社の保険金削減規制 ………………… 209
　　2-2　相互会社の保険金削減規制の意義 ……………………………… 215
　　2-3　相互会社の保険金削減規制のあり方 …………………………… 217
　3. 保険会社の破綻前における契約条件変更規制 ………………………… 222
　　3-1　目　　　的 ………………………………………………………… 222
　　3-2　規制の内容 ………………………………………………………… 223
　　3-3　契約条件変更規制と団体優先説 ………………………………… 233
　　3-4　規制の実効性に関する問題点 …………………………………… 237
　　3-5　契約条件変更規制のあり方 ……………………………………… 246

お わ り に ………………………………………………………………… 249

参考文献一覧 ……………………………………………………………… 252
人 名 索 引 ………………………………………………………………… 265
事 項 索 引 ………………………………………………………………… 266

# 第1章　保険の定義

## 1．わが国における保険の定義

### 1-1　保険の定義についての議論

わが国では，かつて長年にわたって，保険の定義について保険学者の間では保険本質論と呼ばれる議論が華々しく行われた。さまざまな保険学者が，一人一人独自の保険の定義を主張し，まさに百家争鳴の様相を呈していたといえる。また，アメリカやカナダにおいても状況には相当な違いがあるが，保険の定義について意見の一致を見るには至らなかった。

このように，保険の定義が定まらなかった原因は，次の点についての結論が出なかったことが大きな原因になっていると私は考えている。

 i．保険契約者にとって，保険契約締結の目的をどのようなものであると考えるか（日本における入用充足説[1]と経済生活確保説[2]など）
 ii．填補すべき損失をどのように表現するのか（たとえば，「偶然もしくは未知の事故によって生じた滅失，損壊または負債を補償すること」とするカルフォルニア州保険法第22条と「偶然の事故を補償すること，または一定の金額を支払うこと」とするウェスト・バージニア州保険法第33-1-1条など）
 iii．保険の本質を保険の技術に求めると，収支相等の原則になるのか，給付反対給付均等の原則になるのか（日本における近藤文二博士[3]と庭田範秋博

---

1) たとえば，大林良一（1960）p. 15。
2) たとえば，小島昌太郎（1928）pp. 417-426。
3) 近藤文二（1948）pp. 68-69

士[4]など)

 iv. リスクについての基本的な考え方として，リスクの移転[5]とリスクの分散[6]のいずれかまたは両者を採用するのか（アメリカ，カナダ）

　日本では，これらのうち，保険契約締結の目的が，かつてもっとも保険学者たちの議論を呼んだ[7]。
　しかし，保険の定義について意見の一致を見なかったのは，より本質的には，

 i．何のために保険の定義をするのかが不明確であったこと
 ii．定義すべき保険とは何かが不明確であったこと

が大きな原因になっていたと私は考える。
　近年，そうした議論は収まってきているが，保険の定義についての定説ができあがったからでは決してない。最近出版された保険に関する書籍を見ても，保険の定義はさまざまである。逆に，こうした保険本質論の後遺症もあって，現在のわが国においては，定義することを放棄するとした考え方[8]も存在する。また，定義することの意味を疑うものの一応の定義がなされている方が望ましいとして，そうした定義を示す考え方もある[9]。
　そこで，山下友信博士の保険の定義についての整理を用いて，これまでなされてきた定義についての検討を行う。2005年の保険業法の改正によって保険業の定義が改正された後も，山下友信博士は，わが国で行われてきた保険の定

---

 4) 庭田範秋（1973）pp. 137-138
 5) I. Pfeffer (1956) p. 53。他にも，A. H. Willett (1951) p. 79。
 6) R. I. Mehr and R. W. Osler (1949) pp. 17-18
 7) 近藤文二（1940）p. 81
 8) その代表的なものとしては，水島一也（2006）pp. 1-2。
 9) たとえば，近見正彦，前川寛，髙尾厚，古瀬政敏，下和田功（1998）pp. 10-11，近見正彦，吉澤卓哉，髙尾厚，甘利公人，久保英也（2006）p. 11，大谷孝一編，江澤雅彦（2007）p. 21，大谷孝一編，江澤雅彦（2008）p. 21。

義についての議論を整理して，保険は，次の5つの要素を充たす[10]ものであるとした。

要素①：一方当事者の金銭の拠出（保険料）
要素②：他方当事者の偶然の事実の発生による経済的損失を補塡する給付（保険給付）
要素③：要素①と②が対立関係に立つ
要素④：収支相等原則
要素⑤：給付反対給付均等原則のもとに要素①と②の対価関係を形成すること

そして，「要素①～③に加えて要素④および要素⑤が備わることが必要であると考えるが，要素④や⑤の意味内容は絶対的なものではなく，大量定型的企業取引として行われていればそれ自体で一応充足されると考えたうえで，それにより保険の範囲が過剰にならないように補助的な基準を随時用いることが適切であると考える。そして，補助的な基準については，保険の定義が問題となる各具体的な類型ごとに検討されるべきであるし，とりわけ金融関連諸法と保険法の競合や調整が問題となる場合には関連法の目的等に照らしてそれぞれの問題ごとに相対的に適切な定義をすることもありうると考えるべきである。」[11]とされた。

これまで考えられてきた保険には，保険契約と保険の引受けという二つの重要なものが含まれている。保険契約については，どのようにして当該保険契約を引き受けるかという観点を除けば，保険契約を構成する要素は，①から③が必要最低限と考えられる。

なお，これまでの定義に含まれることが多かった保険契約を締結する目的については，保険と賭博や富くじなどとを区別すること[12]が重要な意義であっ

---

10) 山下友信（2005）pp. 6-7
11) 山下友信（2005）p. 11

たと考えられるが，要素②で，経済的損失の補塡としていることによって，保険契約を締結する目的がなくても，両者の区別は可能であると私は考えている。加えて，現代のように価値観が多様化し，個々人の置かれた環境も異なってきており，保険の種類によってもともと目的が異なるため，保険契約を締結する目的を一言で書こうとすること自体に無理がある。このため，保険契約を締結する目的は，必ずしも必要とはいえないと私は考えている。

また，危険団体の存在は，保険の引受けと他を区別するものと考えられてきたため，その最低限の構成要素である④，⑤が必要であるとされたのであろう。これ以外に，危険選択を入れるという選択肢もあるが，給付反対給付均等の原則に含まれていると考えることができるため，含めないことができよう。このように考えると，保険を構成する要素としては，最大限①から⑤となることが判る。

以下，本節では，これまで行われてきた保険の定義についての主要な考え方を，これらの要素に分けて検討，分類することにする。なお，当然のことながら，定義についてのこれまでの考え方のすべてを検討の対象とすることは難しいため，主要なものに限定して検討を行う。

かつて保険本質論華々しい時代にあっては，次のような定義が見受けられた。

> 生活危険により偶発する一定の経済的必要（入用）を予定する多数の経済単位が，技術的基礎によって，相互にその必要を充足することが保険である[13]。

> 保険とは，経済生活を安固ならしむるがために，多数の経済主体が団結して，大数法の原則に従ひ，経済的に共通準備財産を作成する仕組みである[14]。

---

12) たとえば，大林良一（1960）p. 28 を参照のこと。
13) 大林良一（1960）p. 15

保険とは，資本主義社会において偶然が齎らす経済生活の不安定を除去せんがため，多数の経済単位が集まつて全体としての収支が均等するやうに共通の準備財産を形成する制度である[15]。

　保険に在つては，同一の危険に曝されている多数の者が，同一の保険者の下に於いて，『危険団体』を構成し，各自の拠出する少額の金額―これを，『保険料』といふ―を集積し，一定の事故―これを，『保険事故』といふ―の生じた場合に，一定の金額―これを，『保険金』といふ―を給付することになつて居る。其の事故は何時に発生するか不明であるが，過去の経験を，いわゆる『大数の法則』に依つて観察すれば，或る程度まで，いわゆる『蓋然率』を知ることができるのであつて，これにもとづいて，保険料の計算を為し，保険金額の総額と保険料の総額とが相均衡するやうな仕組を以て，保険が為されるのである[16]。

　保険は，この大数の法則を応用してまず特定事故の発生確率を把握し，それに基づいて算定された保険料（この場合の保険料は純保険料のこと。以下同じ）を各加入者から徴収して，現実に所定の事故が生じた場合に支払う保険金の総額と，各加入者から徴収した保険料の総額とが過不足なく均等するように仕組まれた，経済合理性に貫かれた制度なのです[17]。

　保険とは，同種の危険（財産上の需要（入用）が発生する可能性）に曝された多数の経済主体（企業・家計）を1つの団体と見ると，そこには大数の法則が成り立つことを応用して，それに属する各経済主体がそれぞれの危険率に

---

14)　小島昌太郎（1928）p. 421
15)　近藤文二（1940）p. 133
16)　野津務（1948）pp. 5-6。他にも同趣旨のものとして，大森忠夫（1957）pp. 2-3，生命保険実務講座刊行会編，松本十郎（1958）pp. 278-279，東京海上火災保険株式会社編，田辺博通（1966）p. 11，鴻常夫監修，田中啓二（2001）p. 1などがある。
17)　鈴木辰紀（1997）pp. 14-15，鈴木辰紀（2003）pp. 3-4

相応した出捐をなすことにより共同的備蓄を形成し，現実に需要が発生した経済主体がそこから支払いを受ける方法で需要を充足する制度をいう[18]。

これらは，どちらかといえば，保険の定義というよりは危険団体の説明になっている感すら見受けられ，保険は，要素④と⑤を充たす制度，仕組みであると考えられているといえる。

これに対して，最近では，リスクの移転を意識した次のような定義が多く見られるようになってきた。

　保険とは，個別経済主体の有する一定のリスクが，通常，契約による移転を通じてある集団として結合され，そのリスクが具体化した場合，すなわち損害が発生した場合，その損失を集団全体で分担する過程である[19]。

　保険は多数の経済主体（個人，企業，団体など）が，経済的な利益を生まない純粋危険（偶然的出来事による経済的不利益・損失の発生の可能性）に対処して，少額の負担を費用として支出することで，その危険を第三者（保険者）に移転し，危険の現実化に伴って生ずる経済的不利益損失を免れる，あるいは軽減できる合理的・効率的な制度である[20]。

　保険は，損失・不利益を被るおそれのある多数の個人・企業がリスクを移転するために，保険料を支払い，プール（蓄積）された資金のなかから，実際に損失・不利益を被った個人・企業に保険金が支払われる過程である[21]。

これらは，上記のものと同様に，要素①から⑤を充たしており，危険団体の

---

18)　江頭憲治郎（2002）p. 367
19)　前川寛（1996）p. 41
20)　刀禰俊雄，北野実（1997）p. 11
21)　下和田功編，岡田太（2007）p. 45

存在を前提にしている。ただ，異なるのは，リスクの移転が注目されていることであると考えられる。

しかし，保険を定義するという立場に立ったとしても，こうした数行程度の言葉では保険を定義しきれないと一般的には考えられ，これを補足する詳細な説明がなされている。たとえば，その要点だけを挙げると，次のようになる[22]。

 i ．この保護（筆者注：保険による保護）は，それを必要とする者により構成された集団によって充足される。
 ii．危険は関係者にとって偶発的なもの，すなわち発生不確実な，または発生時期の不確実な事故でなくてはならない。
iii．この偶発的事故の作用の最後の負担者は同種の危険を感ずる多数の経済単位であって，しかも彼らは同時にこの危険に遭遇することのないような関係にある場合，相互的な充足が可能である。そして，ここに相互的充足という場合の「相互」の観念は，一人対一人の「相互」という意味ではなく，偶発事故に見舞われた一人と他の全員との「相互」関係をいうものであって，事故に見舞われない加入者全員は，その代表者としての保険経営を通じて，事故に見舞われた者と相対するのである。
iv．偶発的な経済的必要の相互的な充足は，技術的基礎によって行われることを要する。すなわち大数法則の行われるような相当多数の経済単位を基礎として，統計的・数学的方法または安定した原価計算を用いて算出された保険料を徴収することによって行われねばならない。この技術的基礎の有無こそは，保険を厚生事業・救済事業または慈善事業と区別する基準である。
 v．相互的充足をなすためには，当然に，その費用を関係者にて醵出しなければならない。

---

[22] 大林良一（1960）pp. 14-17

つまり，実質的には，数行の定義だけではなく，こうした相当のボリュームのある説明も加えて，保険を定義しようとしてきたことが判る。ただ，ここで挙げられたものは，すべて要素①から⑤で包含される。ⅰ，ⅲとⅳは，要素④と⑤に，ⅱは，要素②に，ⅴは，要素①に含まれることに留意しなければならない。

さらにいえば，後述する危険団体の内容と，上記の要素①から⑤までとは実質的に変わるところはない。つまり，保険は，要素①から⑤を充たす制度，仕組み，施設または過程（以下，制度と呼ぶ。）であり，危険団体は，要素①から⑤を充たす団体であるということになる。この意味でも，保険は，危険団体と不即不離であると理解されてきたことが判る。

また，これらの要素①から⑤と，実際に行われてきたこれらの保険の定義を比較すると，これらの定義には，多くの場合，保険加入の目的が示されているが，この点についての定説はないこと，要素①から⑤までをすべて充たすものとして定義がなされているものがある一方で，要素④，⑤を充たすものとして定義がなされているものもあることが判る。つまり，日本では，多くの場合，保険は，制度としての保険として定義されてきたといえる。

### 1-2 法律における保険の定義

わが国の1995年保険業法，保険法には，保険の定義は存在しない。1995年保険業法改正時および保険法制定時にも，保険を定義することが検討されたが，諦められた経緯がある[23]。

### 1-3 保険と保険類似のものとの区別

保険と区別する必要のある保険類似のものとしては，一般的には，自家保険・キャプティブ，貯蓄，保証，共済，賭博，富くじ，保険デリバティブなどが挙げられている[24]。このうち，共済以外のもの，つまり，自家保険・キャプ

---

23) 竹濵修，木下孝治，新井修司編，山下友信（2009）p. 3
24) たとえば，大林良一（1960）pp. 26-29。庭田範秋編，石田重森（1989）pp. 16-

ティブ，貯蓄，保証，賭博，富くじ，保険デリバティブは，制度としての保険ではなく，保険契約と比較されるべきものであることに留意する必要がある。

なお，保証については，人的担保としての保証が保険とは異なる取引であることは異論がないと思われる[25]。しかし，保証を行う会社が，収支相等の原則を用いることは十分あり得ることであり[26]，その場合には，保証も要素①から⑤を充たすことになる。しかし，要素④，⑤という保険の技術を使うとしても，私法上は，保証という確立した法制度としての形態をとる限り，保険ではないと考えられ，また，金融監督法上も，銀行等の行う金融取引の一種であると考えられているものと思われ（銀行法第10条第2項第1号），保険の技術を用いるからといってそれを保険であるとする必要性もない[27]。

また，いわゆる保険デリバティブは，クレジット・デフォルト・スワップがもっとも端的な事例であるように，保険と同様に要素①から⑤までを含むものが存在し得る[28]。この場合には，保証と同様に考えることになる[29]。

これら保険類似のもののうち，共済だけが，契約としての共済と保険者としての共済の両者の意味を持つことから，保険と同様に制度として定義される可能性を有している。このため，共済と区別するためには，制度としての保険を定義するということは，意味があることになる。しかし，保険も共済もともに要素①から⑤を充たすものである。このため，要素①から⑤までを用いて制度としての保険を定義しても，共済との区別のためには意味がない。

なお，保険と共済をどのように区別するかについては，さまざまな考え方がある。たとえば，竹内昭夫博士は，共済事業が1939年保険業法の適用を受けないための要件として，次の2点を挙げる[30]。

---

19．古瀬政敏（2006）pp. 1-53。
25) 山下友信（2005）p. 15
26) 拙稿（2001）pp. 145-149
27) 山下友信（2005）p. 15
28) 拙稿（2001）pp. 145-149
29) 山下友信（2005）p. 21
30) 協同組合が行う共済で経済的に保険の実質を備えた大規模なものに限定して検討を行ったものとしては，大沢康孝（1984）pp. 117-135。

第一に，共済事業と相互保険事業の法律的構造は基本的には同じであって，異なる点は，共済事業にあっては，団体を構成する者が一定の地域または職域によってつながっていることを前提とするのに対し，相互保険にあってはこのような限定がない[31]ということである。

　第二に，共済に加入する主たる目的が，災害や不幸に遇った構成員を助けることにあり，自分が同じ災害や不幸に遇ったときに確実に支払を受けることを主目的としていないような場合には，国による監督を省いて構成員の自治に委ねることも考えられる[32]。この場合，共済金額がまさに見舞金程度の額に限定されていなければならない[33]ということである。

　このうち，第一番目の要件について，次のように述べ，この要件が，実際上機能しないことを示唆する[34]。

　地域・職域による結合が極めて密接であって，構成員各自が団体の運営に関する情報を十分与えられ，それにより団体の状況について正しい理解を持ち，かつ，それに基づいて団体の運営に積極的に参加しているような場合には，団体の運営は構成員の自治に委ね，国はその監督を差し控えてよいであろう。しかし，このような形で構成員の自治が実効性を保つためには，構成員の人数が限定され，構成員が総会に出席して団体の運営に積極的に参加することを期待し得ることが必要である。構成員が何百人，何千人ということになれば，法律上は総会出席権を認めていても，出席者の割合は低くなり，社員による団体の意思決定は形骸化してくるし，また執行部の業務運営に対する社員の監視・監督の実効性も期待しえないことになる。ところが，共済事業は，その性質上，個々の団体構成員について生ずる危険をできるだけ分散するために，できるだけ多数の加入者を得て，いわゆる大数の法則ができるだけ完全に支配するようにする必要がある。その結果，職域・地域による加入者の人的結合は当然稀薄

---

31)　竹内昭夫（1985）p. 491
32)　竹内昭夫（1985）p. 492
33)　竹内昭夫（1985）p. 492
34)　竹内昭夫（1985）pp. 491-492

化する。その意味で，共済事業は，その事業の健全な発展を図ろうとすればするほど，職域・地域による人的結合の必要という拘束を離脱して行く必要を示すのである。換言すれば，人的結合に基づく自治に委ねて国の監督を省くためには，構成員の人数について厳しい制限を加えなければならないが，このことは共済の健全な発展を図る所以ではないのである。

これに対して，共済は，「地域・職域において共通の経済的，社会的，文化的欲求を協同して満たすための運動として組織された「人と人との結合体」を母体に，相互扶助の理念にもとづき生活保障を実現するための制度であ」[35]るとする考え方も存在し，定説のない状態にある。

このように，いずれの考え方においても，保険と共済の区別について要素④と⑤は意味を持っておらず，保険と共済の区別のために要素④と⑤を定義するという考え方は採用できない。

## 2．アメリカにおける保険の定義

アメリカにおいても，一部に「簡潔で一般的な保険の定義は，保険の基礎以上のものを包含することができない」として，保険の定義を行わない学者がいる[36]が，ほとんどの学者は，保険の定義を試みている。

### 2-1　リスクのプーリングとしての保険の定義

リスクを減少させようとする保険者にとっての保険はプーリングの過程である[37]とするなど，危険団体と変わらないような説明で，保険を定義する者が存在する。たとえば，次のような例がある[38]。

---

35)　押尾直志（2008）p. 217
36)　R. H. Long and M. S. Rhodes (1966) pp. 1-5
37)　D. B. Houston (1964) p. 525
38)　これらの者以外にも，J. W. Stempel (1994) pp. 7-9 などがある。

保険は，損害を予測可能なものに変えるために，リスクにさらされている単位を十分な数結びつけることによって，リスクを減少させるための社会的な仕組みとして定義されよう。当該予測できる損害は，結びつけられたすべての者によって，比例的に配分される[39]。

　保険は，それによって不確実性を確実性に置き換えるメカニズムである。このことは，特定の危険事情による損害の発生の危険にさらされている人々に，共同のファンドへ資金を拠出させ，当該原因による損害を被った者が，当該ファンドから，損害の補償を受けることによって成し遂げられる。このように，資金の拠出，すなわち保険料の支払いの確実性が，より大きな損失を被るかもしれない不確実性と入れ替わるのである。もし，保険の制度が科学的なものであれば，個々の参加者が，ファンドに拠出すべき金額を決定するための損失発生のリスクを計測する受容可能な方法が存在するはずである。それは，確率論として知られる数学の基本的な原理に基づいている[40]。

　経済的な観点から見ると，保険は，保険によって，特定の不慮の事故の危険にさらされた個々人が，各々プールに資金を拠出し，当該事故が発生した場合にプールから支払いを受けるという金融仲介の機能である。これに対して，法律的な観点から見ると，保険は，保険によって，一方の当事者，すなわち保険契約者が，保険料と呼ばれる約定の支払いを保険者と呼ばれる他方の当事者になし，その見返りに，保険者が，保険期間内に担保された事故が発生した場合には，約定の金額またはサービスを提供することをその内容とする合意，保険証券または保険契約である[41]。

---

[39]　R. I. Mehr and R. W. Osler (1949) pp. 17-18
[40]　D. M. McGILL (1959) p. 131。同様に，保険は，リスクのプーリングであるとするものとして，J. W. Stempel (1994) pp. 7-9 がある。
[41]　K. Black Jr. and H. D. Skipper Jr. (2000) p. 2

なお，K. ブラック Jr. と H. D. スキッパー Jr. による定義の前段は，まさに制度としての保険の定義であるが，後段の定義は，保険ではなく，保険契約の定義にほかならない。

このように，これらの定義は，要素④および⑤から構成されていると私は考える。

2-2　リスクの移転としての保険の定義

個人の立場から見ると，保険は，自己のリスクを保険者に移転する仕組みである[42]と考え，こうしたリスクの移転としての観点から，次のように保険を定義する者がいる。

　　保険は，保険契約者と呼ばれる一方の当事者の不確実性について，特定のリスクを保険者と呼ばれる他方の当事者に移転し，保険者は，保険契約者が被った経済的損害を，少なくとも部分的に回復することによって，除去するための仕組みである[43]。

これは，要素②および③から構成されていると私は考える。

2-3　リスクの移転およびプーリングとしての保険の定義

保険の構成要素として，リスクの移転，リスクの分散またはプーリング，リスクの配分などの複数のものを挙げる者も多い[44]。また，リスクの移転とリスクの分散を挙げる場合もある[45]。リスクのプーリングと分散は大きく変わるも

---

42) D. B. Houston (1964) p. 525
43) I. Pfeffer (1956) p. 53。他にも，A. H. Willett (1951) p. 79。
44) たとえば，R. E. Keeton and A. I. Widiss (1988) p. 8, pp. 11-13, K. S. Abraham (2005) pp. 3-4 など。ただ，アブラハムは，すべての目的にかなった十分に満足のいく保険の定義は，存在しないとして（K. S. Abraham (2005) p. 2），これらの構成要素を挙げている。
45) たとえば，GROUP LIFE & HEALTH INSURANCE CO., AKA BLUE SHIELD OF TEXAS, ET AL. v. ROYAL DRUG CO., INC., DBA ROYAL PHARMACY OF

のではなく,これらは,全体としてみれば,要素①から⑤が備わる仕組みが保険であると理解していることを表しているものということができる[46]。つまり,これも危険団体の存在を前提にした考え方であるといえる。

### 2-4　法律における保険の定義

アメリカでは,多くの州の保険法が保険の定義を定めている。これらのほとんどは,保険は契約であると定める。たとえば,カルフォルニア州保険法は,次のように定める。

　　保険は,一方の当事者が,他方の当事者の偶然もしくは未知の事故によって生じた滅失,損壊または負債を補償することを引き受ける契約である(カルフォルニア州保険法第22条)。

なお,このカルフォルニア州保険法第22条の定義は,「滅失,損壊または負債を補償する」という表現から,生命保険を除外していることは明らか[47]で,その意味では,保険の定義として問題があるといわざるを得ない。これは,要素②および③を充たしているものと考えられる。

これに対して,カルフォルニア州保険法とは異なった定め方をしている州がある。たとえば,ウェスト・バージニア州では,次のように定められている。これは,要素②および③を充たしているものと考えられる。

　　保険は,一方の当事者が,他方の当事者が引き受けることのできる偶然の事故を補償すること,または一定の金額を支払うことを引き受ける契約である(ウェスト・バージニア州保険法第33 1-1条)。

---

CASTLE HILLS, ET AL. (1979)。
46)　山下友信 (2005) p. 8
47)　I. Pfeffer (1956) p. 17

ウェスト・バージニア州と同様の規定は，ハワイ州，ルイジアナ州，フロリダ州などにも存在する[48]。

また，州法の中には，保険の定義として，要素①から④までを充たすものを挙げるものもある。たとえば，ジョージア州保険法である。

　保険は，個人の損害を分散する制度に欠くことのできない契約を意味する。この契約によって，一方の当事者は，他方の当事者の損害を補償し，または一定の金額もしくは引き受けることのできる偶然の事故にかかる給付を支払う（ジョージア州保険法第33-1-2条（2））。

判例上も，保険は契約であるとされている事例が多い[49]。また，学説上も，保険は契約であるとする次のようなものがある。

　保険は，一般的に契約として定義され，当該契約によって，一方の当事者が，金銭支払いの対価として，他方の当事者の偶発的なもしくは未知の出来事によって引き起こされた損失，損壊または負債に対して，補償することを引き受けるものである。保険料と呼ばれ，保険契約者によって支払われる金銭は，すべての保険契約者から集められ，一般ファンドに入れられる。そして，当該契約によって事前に約定の担保された損失を被った保険契約者に対して，当該ファンドから支払いがなされる[50]。

ただ，これは，各州の保険法とは異なり，要素①から③に加えて，危険団体の存在を示唆しており，少なくとも要素④を含んでいると私は考える[51]。

---

48) ハワイ州保険法（第431：1-201条（a）），ルイジアナ州改正法（第22：46条（9）(a)），フロリダ州保険法（第624.02条）
49) たとえば，THE STATE OF OHIO EX REL. SHEETS, ATTORNEY GENERAL, v. THE PITTSBURG, CINCINNATI, CHICAGO & ST. LOUIS RAILWAY CO. (1903)。
50) M. C. Jasper (1998) p. 1
51) 保険契約について説明したものではあるが，I. Pfeffer (1956) p. 15 は，保険契約は，保険者と保険契約者の間の契約で，次の5つの事項を充たすものであるとする。

なお，ニューヨーク州保険法には保険の定義は存在しないが，たとえば，ニューヨーク州保険法における他の規定に従ってニューヨーク州で認可されうる保険の種類および範囲は，次のとおりである（ニューヨーク州保険法第1113条(a)）として，保険という用語を用いている。

　i. 生命保険
　ii. 年金
　iii. 傷害・医療保険
　iv. 火災保険
　v. 諸財産保険
　vi. 漏水保険
　vii. 盗難保険
　viii. ガラス保険
　ix. ボイラーおよび機械保険
　x. エレベーター保険
　xi. 動物保険
　xii. 衝突保険
　xiii. 対人損害賠償責任保険
　xiv. 対物損害賠償責任保険
　xv. 労働者災害補償・使用者責任保険
　xvi. 誠実保証保険
　xvii. 信用保険

　5つとは，①被保険利益の存在，②保険契約者は，被保険利益の対象となるものが，特定の危険事情の発生のために破壊または損傷を被ることによって，損害のリスクを免れないこと，③保険者は，当該損害のリスクを引き受けること，④当該引受けは，同一のリスクを持つ者たちからなる大きなグループの中で実際の損害を分散する一般的な手法を用いるものであること，⑤保険者がリスクを引き受けることと引き替えに，一定の比率に応じた寄与を一般ファンドに対して行うこと，である。これは，保険契約とは，要素①から③を充たし，要素④，⑤を用いて引き受けられる契約であるといっていることになる。

xviii. 権原保険

xix. 自動車航空機体保険

xx. 海上・インランドマリーン保険

xxi. 船主責任保険

xxii. 残余価値保険

xxiii. モーゲージ保証保険

xxiv. 失業信用保険

xxv. 金融保証保険

xxvi. 差損額保険（Gap insurance）

xxvii. 表彰補償保険

xxviii. サービス契約補償保険

xxix. 法務サービス保険

xxx. 失業保険

xxxi. 給与保障保険

xxxii. 実質的に類似した保険

　ここで，たとえば，生命保険は，人間の生命に関するすべての保険および生存保険金，災害死亡の場合の追加的な給付，失効から契約を守るための追加的な給付，死亡保険金の一部またはすべての生前給付または特別な解約価格を支払う，人間の生命に関するすべての保険に付随するすべての保険を意味する（ニューヨーク州保険法第1113条 (a)(1)）とされている。

　ここで用いられている「保険」は，ニューヨーク州保険法における保険契約の定義が，実際上カルフォルニア州保険法などにおける保険の定義とほとんど変わらない[52]こと，保険の種類を示すカルフォルニア州保険法第100条がニ

---

52) NY CLS Ins § 1101 (a) (1) "Insurance contract" means any agreement or other transaction whereby one party, the "insurer", is obligated to confer benefit of pecuniary value upon another party, the "insured" or "beneficiary", dependent upon the happening of a fortuitous event in which the insured or beneficiary has, or is expected to have at the time of such happening, a material interest which will be adversely affected by the

ューヨーク州保険法第1113条（a）と同様の内容になっており，その「保険」が，前述の第22条によって「保険契約」であると定義されていることを考えると，保険契約と解することができると私は考える。

  2-5　保険と保険類似のものとの区別
　保険と類似のものとして意識されているものには，年金，変額年金，保証，サービス契約などがある[53]。これらはすべて，制度としての保険ではなく，保険契約と比較されるべきものであることに留意する必要がある。

　このように，アメリカにおいては，さまざまな議論はなされてきたものの，どちらかといえば，保険を保険契約として定義する方が主流になっているといえよう。

## 3．カナダにおける保険の定義

  3-1　リスクの分散としての保険の定義
　保険の定義について述べている者は少ないが，保険の本質は，プーリングによるリスクの分散にある[54]とする説明をする者たちがいる。
　しかし，1万人の保険契約者がいて，各々5万ドルの家を持ち，年間30/10,000の全焼による火災の発生率があると想定される場合，各保険契約者は，年間150ドルの保険料を支払えばよいとする危険団体のような保険の説明を，事故率には変動があることから否定し，実際には，事故率が変動することを考慮して，保険をリスクのプーリングによって引き受けていることを示し

---

　　　happening of such event.
　53)　H. S. Denenberg (1963) pp. 321-323。なお，保険契約との比較については，M. A. Clarke (2001) pp. 10-12 を参照のこと。
　54)　M. G. Baer and J. A. Rendall (2000) p. 5。同様な考え方をしているものとして，D. H. Francis (2009) p. 81 がある。

ている[55]例がある。このことは，保険が要素④および⑤から構成されていることを示しており危険団体の存在を暗示していることにほかならないと私は考える。

3-2　リスクの移転としての保険の定義

これに対して，リスクの移転が保険の果たす基本的な機能である[56]と説明する者もいる。これは，要素②および③から構成されていると私は考える。

3-3　法律における保険の定義

カナダ保険会社法には，保険の定義は存在しないが，各州の保険法には，以下のようなおおむね各州法で統一された保険の定義が存在する（たとえば，オンタリオ州保険法第1条（1），ノバスコシア州保険法第3条（k））。

　　保険は，一方の者が，他方の者の損害もしくはある種のリスクもしくは当該保険の対象となる物がさらされる危険事故（peril）のゆえに生じた損害に対する法的な責任に対して補償すること，または，ある種の事故が発生した場合に，一定の金額もしくは価値のある他の物を支払うことを引き受けることを意味し，生命保険を含む。

このように，カナダの各州の保険法による保険の定義は，要素②および③によって保険契約の内容を示し，その保険契約を引き受けることが保険であるという構成になっている。つまり，文理的には，保険の定義というよりは，保険を引き受けることについての定義になっていると解することもできる。しかし，「引き受けることを意味」するではなく，「引き受ける契約を意味」すると置き換えれば，保険契約の定義になることや後述のようなカナダの状況を鑑みると，どちらかといえば，保険契約を定義していると解する方が自然であると

---

55）　M. G. Baer and J. A. Rendall (2000) pp. 5-6
56）　D. Boivin (2004) p. 28

私は考えている。また，この定義は，事実上未履行のすべての契約を含むとして，保険契約についてのものであることを黙示的に示している者[57]もいる。こうした状況は，保険を保険契約であると捉えた以下に述べるカナダ最高裁判所の判決の影響も色濃く受けているといえよう。

　実際の解釈としても，保険は，保険契約として理解されている次のような例が多い。

　　保険は，約定の保険料の支払いに応えて，特定の危険事故によって特定の保険の目的に生じた一方の当事者の損壊または滅失を，他方の当事者が補償することを引き受ける契約である[58]。

　また，当時のケベック州民法典2468条にあった上記と大きくは変わらない定義をもって，最善の定義であろうとする考え方もあった[59]。これらは，要素①から③を充たしている[60]。

　また，次のようなものもある。

　　海上保険の初期の時代から発展してきた複雑な契約の形式にもかかわらず，保険は，本質的に単に契約の形式にすぎない。保険契約は，特定の偶然の事故が発生した場合に，支払いまたは履行する，本来拘束力のある義務と事実上変わらない[61]。

　これは，上記要素の②および③を充たしている。

---

57) C. Brown and J. Menezes (1991) p. 6
58) S. R. Clarke (1877) p. 1
59) F. J. Laverty (1936) p. 2
60) 生命保険の定義であるが，同様に上記要素の①から③を充たしたものとして，E. R. Cameron (1910) p. 1。
61) D. Norwood and J. P. Weir (2002) pp. 21–22

これに対して，カナダ保険会社法には，前述のとおり保険の定義は定められていないが，保険の種類は，次のように定められている（カナダ保険会社法第12条（1），別表（第12条））。

- i. 傷害および疾病保険
- ii. 航空機保険
- iii. 自動車保険
- iv. ボイラーおよび機械保険
- v. 信用保険
- vi. 信用保障保険
- vii. 身元保証保険
- viii. 雹害保険
- ix. 法務費用保険
- x. 賠償責任保険
- xi. 生命保険
- xii. 海上保険
- xiii. モーゲージ保険
- xiv. その他認められた保険
- xv. 財産保険
- xvi. 保証保険
- xvii. 権原保険

ここで，たとえば，生命保険は，

(a) 次の場合に支払われるすべての保険をいう。
- ➢ 死亡の場合
- ➢ 人の生命にかかわる事件もしくは不測の事態の発生の場合
- ➢ 将来の特定の時点もしくは確定できる将来の時点において，または，

- 人の生命にかかわる期間に対して、かつ

(b)パラグラフ(a)の一般原則を限定することなく、次の保険を含む。
- 保険会社が、その生命に保険が付されている者の事故による死亡の場合に、追加的な金額が支払われることを引き受けている保険
- 保険会社が、その生命に保険が付されている者が身体上の傷害または疾病によって障害状態となった場合に、金銭が支払われることまたはその他の給付がなされることを引き受けている保険
- 保険会社が、終身または有期の間、年金または年金の支払額が毎回均等でないものを除く年金を支払うことを引き受けている保険

とされており、単に保険金の支払事由を列挙するに過ぎず、保険契約を意味しているものと私は考えている。

### 3-4　保険と保険類似のものとの区別

カナダにおいては、保険と類似のものとの区別で注目されているのは、賭博と年金である[62]。賭博は、カナダでは原則として違法であり、年金については、カナダ最高裁判所が、年金が生命保険に含まれるか否かに関連して、保険の定義についての判断を示しているからである。この判決の概要は次のとおりである[63]。

ここで争点となった二点のうち、外国で締結された年金について、年金受給者が年金の支払い開始前に死亡した場合には、受取人に支払いがなされるという条項は、オンタリオ州保険法 c. 第188条, Part V によって規制される生命保険の一契約であるか否かということが含まれていた。

Kは、トロントに住んでいたが、ニューヨーク州で業務を行っている団体（カナダではいずれの場所でも業務を行う免許を得ていなかった）と契約を締結した。

---

62) D. Boivin (2004) pp. 29-31
63) Gray v. Kerslake, [1958] S. C. R. 3, 1957

当該契約は，Kが60歳に到達した後，当該団体からKに対して毎月支払いがなされ，年金の支払い開始前にKが死亡した場合には，当該契約で指名された受取人に対して支払いがなされるものとなっていた。

Kは，当該契約において彼の妻を受取人に指名したが，受取人を変更する権利を留保していた。そして，付随保険契約によって，当該指名は変更され，上訴人はこの結果受取人となった。Kは，60歳に到達する前に死亡した。そして，保険法の規制によって，当該受取人の変更（優先的受取人の同意なしに，優先的受取人から一般的受取人に受取人が変更されたこと）は，無効であり，当該団体は，Kの死亡に際して，法第164条（1）に基づき，優先的受取人である彼の妻に対する信託受託者として保険に関する支払金を留保しなければならないと主張された。

カナダ最高裁判所の判決は，当該上訴人は，保険法第158条（2）のもとで，優先的受取人ではないが，当該契約に基づく受取人として，支払いを受ける権利を有したとするものであった。さらに，裁判官6名のうち4名は，「当該契約は，生命保険の一契約ではなかった。そして，支払われた金員は，保険に関する支払金の通常の意味からしても，法第1条の定義からしても，保険に関する支払金ではなかった。」とした。

なお，当時のオンタリオ州保険法には，現行法と同じ保険の定義が，第1条（31）に定められていた。また，第1条（36）には，次のような生命保険の定義が存在した。

　生命保険は，保険者が，死亡または人の生存に依存するすべての偶発的な事故の発生に関して保険に関する支払金を支払うことを引き受け，もしくは，人の生存に依存する期間に対して保険料が支払われることを条件に，保険に関する支払金を支払うことを引き受ける保険をいう。ただし，災害倍額支払保険を除いて，事故による死亡の場合にだけ支払われる保険を除く。

年金契約は，生命保険の一契約ではないとした裁判官のうちの一名，J. ラン

ドは，次のように述べている[64]。

　これら（生命保険と保険）の定義からすると，保険の定義は，生命保険の定義より相当広いことが見てとれる。しかし，両者は，最高上訴裁判所において，当該契約は，生命保険の一契約であるという結論を導き出すのに用いられている。しかしながら，「生命保険」の具体的な定義は，排他的であり，このような定義の拡大の恩恵を受けて与えられた解釈によって，生命保険の定義を拡大することは，誤解を招きやすいことが明らかであると私には考えられる。

　さらに，生命保険は，その独特な形式の中で，その本質がそうであるように，契約が効力を有したまさにその時から，特定された金銭の支払いの中にリスクを必然的に包含している。本件については，こうしたことはまったく見られない。60歳到達前に死亡した場合に支払われる金員は，単に既払込保険料の返還でしかない。当該団体が当該死亡に関して引き受けた唯一のリスクは，保険料の保管または投資でしかない。しかし，それは，生命保険のリスクではない。事実，真の意味において，そこには何らのリスクも存在しない。当該団体は，収受した保険料を長年にわたって運用することによって得た収益を保持することしかしない。

　また，最高上訴裁判所の理由付けに基づくと，（年金受給者が）死亡した場合に，保険料の全額または一部が払い戻される条項を持つすべての年金制度は，「保険」の定義を満たし，その故に生命保険契約として取り扱われるべきであるとされている。保険法において，生命保険をそのような意図や適用の可能性を認めるように取り扱うことができるとは，私にはまったく解せない。年金制度は，現在保険同様によく知られており，企業ビジネスやその他の経済活動において，ほぼ統一された内容に近づきつつある。年金は，賃金の後払いとして認識することができよう。そして，その年金額は，確実にほ

---

64) Gray v. Kerslake, [1958] S. C. R. 3, 1957

とんどの制度において，勤務の長さ，支払われた年金保険料およびその時々において受領した賃金に依存する。一般的な理解と本来の意味からして，年金は，保険としてみなされることはない。もし，立法者が保険の定義をそうした年金にまで拡大すべきであるという意図を持っているのであれば，その旨明確な言葉で示されたであろうと私は考えている。このため，私は，年金を包含するものとして，この具体的な定義を解することはできない。そのような制度に対する法律は，保険に関わらない内容を要件とすることを要求するであろう。既払込保険料返還の条項は，偶発的な出来事の結果でしかなく，当該契約の本質的な性格を変更するものではない。法は，これらの相違する特徴や外観に対して与えられてきた関心を何ら示唆しておらず，死亡に対して保険金を支払う方式の年金を除いて，年金に言及することはまったくない。

このように，カナダ最高裁判所は，本件において，保険の定義について厳格な見解を採用したということができる。ただ，留意する必要があるのは，上記の要素④および⑤を用いて，区別をしたというわけではなく，当該保険者がリスクを引き受けていないことをその根拠にしている[65]にすぎないことに留意する必要がある。

このように，カナダでは，「保険」は，実質的に「保険契約」であると解されていることが多く，危険団体の存在を示すものは，その数は少ないが存在はしていると私は考える。これらの事実を総合すると，カナダ保険会社法上の保険契約準備金は，後述のとおり保険数理的危険団体の存在を示唆するが，各州の保険法上の保険の定義の規制は，保険契約についての定義であることもあって，危険団体のみならず，保険数理的危険団体の存在も示唆しない。しかし，実際の保険の考え方においては，危険団体の存在がうかがわれる。

---

65) D. Boivin (2004) pp. 29-31

# 第2章　危険団体の意義と問題点

## 1．危険団体の意義

1-1　日本における危険団体の意義

1-1-1　危　険　団　体

　危険団体は，わが国において保険について考える場合に，きわめて重要な意味を持っており，危険団体を巡っては過去さまざまな議論がなされてきた。しかし，危険団体の意義については，十分な議論がなされてきたとは必ずしもいえず，この結果，現在に至ってもなお危険団体の意義については必ずしも明確にはなっていない。これは，危険団体に関してなされてきた議論のほとんどが，保険の定義にかかわるものであれ，後述のいわゆる団体優先説にかかわるものであれ，危険団体の存在を与件とし，危険団体の意義については必ずしも検討する必要がないとされてきたためであると私は考えている。しかし，危険団体については，後述のとおりさまざまな問題点が指摘できるのであり，危険団体の意義についても今日的な検討を十分行う必要がある。

　そこで，危険団体の意義を明確にするために，これまで危険団体に関して述べられてきた主なものを整理してまとめると，危険団体は，おおむね次の4点を充たすものであると理解されてきたことが判る。

　　ⅰ．危険を共通にする者が形成する団体で[66]，大数の法則が成立するような

---

66)　粟津清亮（1910）p. 116，田中耕太郎（1932b）p. 113，野津務（1948）p. 5，「債務不存在確認事件（昭和26年（オ）第799号 同34年7月8日大法廷判決 棄却）」（1959）p. 914，大林良一（1960）p. 15，田中誠二（1975）p. 21，鴻常夫監修，田中啓二（2001）p. 1 など。

多数の構成員が存在する必要がある[67]
ⅱ．構成員は，給付反対給付均等の原則に基づく保険料を拠出し，共通準備財産を形成する[68]
ⅲ．構成員に偶然な一定の事故または危険が発生した場合，保険金が給付される[69]
ⅳ．こうしたことを可能にするため，団体内部では収支相等の原則が成立する必要がある[70]

つまり，危険団体は，同種のリスクを持つ多数の保険契約者を集めることによって，事故発生率の分散を極力小さくして収支相等の原則を成立させ，保険金の支払いを確実なものにしようとする意義を有し，保険引受けの合理性の象徴であったと私は考えている。このため，危険団体概念は，保険引受けの基礎理論として重要な意味を持ってきたといえる。また，後述のとおり危険団体は，保険であるか否かのメルクマールとされるものであると解されてきた。

1-1-2 保険数理的危険団体

このように捉えられてきた危険団体は，実際に保険会社で構成されている危険団体とは，次の二つの点で異なっていると私は考えている。

---

[67] 粟津清亮（1910）p. 116，田中耕太郎（1932b）p. 113，広海孝一（1994）pp. 10-11，鈴木辰紀編著（1997）pp. 20-23，安井信夫（1997）p. 3，鴻常夫監修，田中啓二（2001）p. 1 など。
[68] 鈴木辰紀編著（1997）pp. 20-23，鴻常夫監修，田中啓二（2001）p. 1 など。なお，三浦義道（1929）p. 7，野津務（1948）pp. 5-7，大林良一（1960）p. 16 も，同様の内容を意味しているのであろう。
[69] 野津務（1948）p. 5，7，田中耕太郎（1932b）p. 113，「債務不存在確認事件（昭和26年（オ）第799号 同34年7月8日大法廷判決 棄却）」（1959）p. 914，田辺康平（1985）p. 21，鈴木辰紀編著（1997）p. 23 など。
[70] 印南博吉（1955）p. 7，朝川伸夫（1967）p. 279，田中誠二（1975）p. 21，広海孝一（1994）pp. 10-11，鈴木辰紀編著（1997）p. 21，鴻常夫監修，田中啓二（2001）p. 1 など。

1-1-2-1　収支相等の原則における相違
1-1-2-1-1　純保険料計算における危険団体の存在

実際に行われている保険の純保険料の計算においては，一般的に次のようになっており，収支相等の原則がそのまま用いられている訳ではない[71]。

ⅰ．大数の法則が働くようなデータに基づき，事故率を推定する。もととなるデータは，必ずしも自社の過去のデータである必要はなく，各社のデータを集めて用いていることが多い。さらに，生命保険の場合には，一般的に安全割増しを事故率に加算し，損害保険の場合には，一般的に安全割増しを付加保険料に加算するため，そのままの事故率を用いている。

ⅱ．その事故率に基づき，

　　将来収入される純保険料の現価の総額
　　＝将来支払われる保険金の現価の総額……………………………(1)

が成立するような純保険料を求める[72]。純保険料および保険金の現価を求めるための現価率つまり予定利率は，一般的に市中金利等を参考にして保守的に決められる[73]。なお，保険期間が短い場合には，現価率を1として計算する場合もある[74]。ここでは，当該保険の募集によって形成される危険団体の存在が前提になっている。いわば架空の危険団体を想

---

71) 損害保険会社においては，ここで示したいわゆる純保険料法以外にも，さまざまな純保険料の計算方法を用いている。そうした方法については，嶋倉征雄（1983）pp. 89-110などを参照のこと。
72) ここでは，一般的な説明に用いられる給付反対給付均等の原則を示しておらず，正確に言えば，収支相等の原則に現在価値の概念を導入したものである。これは，保険料の支払いが1回しかない場合には，給付反対給付均等の原則に従うことができるが，2回以上の場合には，給付反対給付均等の原則では計算ができないため，実務はこのようになっている。このため，(1)式を用いた。
73) わが国の標準責任準備金の予定利率，ニューヨーク州保険法の最低責任準備金の予定利率などから，そうした実務が想定できる。
74) 現価率を1とした場合，後述の保険数理的危険団体は，伝統的な危険団体と変わるところはない。しかし，現価率という考え方を採用しながら，実際には現価率として1を用いていると解するべきであろう。

定していることになる。

ⅲ．この純保険料に付加保険料を加えて営業保険料を求める。

ⅳ．このようにして求められた営業保険料をもとに保険の募集を行い，実際の危険団体が形成される。

　ここで，(1)式の左辺は，将来収入される純保険料を複利の金利で割り引いたものであり，(1)式の右辺は，将来支払われる保険金を複利の金利で割り引いたものである。一般の収支相等の原則と区別するために，(1)式を保険数理的収支相等の原則と，一般の収支相等の原則を単に収支相等の原則と呼ぶことにする。

　このように，一般的な純保険料計算においては危険団体の構成が前提になっているが，その危険団体の中では，伝統的な収支相等の原則ではなく保険数理的収支相等の原則が用いられているといえる。そこで，以下，保険数理的収支相等の原則を用いている危険団体を保険数理的危険団体と呼び，従来からの危険団体と区別することとする。

1-1-2-1-2　保険料積立金計算における危険団体の存在

　保険数理の一般的な実務における純保険料式の保険料積立金の計算は，過去法であるので[75]次のようになっている。まず，

---

75)　従来，過去法と将来法の保険料積立金の額は，一致するといわれてきた（たとえば，二見隆（1992）pp. 191-193）。このためには，過去の予定率が，将来もそのまま適用できることが必要となる。逆にいえば，将来の予定率が，過去の予定率と変わるのであれば，将来法による保険料積立金の額は，過去法による保険料積立金の額と異なることになる。この一方で，平準純保険料式の保険料積立金にあっては，保険契約者から徴収する純保険料を変えずに，保険料積立金の計算における予定率を変えることはできないと考えられてきた。このため，保険料積立金の計算に用いている予定率を変更せざるを得ない場合には，追加責任準備金の計上という形を採ることとなった。このように考えると，保険業法が計上を求めている平準純保険料式の保険料積立金は，実質的に過去法であり，追加責任準備金と併せて考えれば，将来法になっているといえる。

保険料積立金
＝過去収入された純保険料の終価の総額－過去支払われた保険金の終価の総額
……………………………………………………………………………(2)

で示される。これは，(1)式によって求められた平準純保険料の場合，その純保険料には将来の期間に対応する純保険料部分が含まれることから，その部分を保険料積立金として計上するものである。このため，純保険料の計算が保険数理的危険団体を前提にしていることから，過去法の保険料積立金も保険数理的危険団体を前提にしていると解される。

また，営業保険料式保険料積立金の場合にも，(1)と(2)式において，純保険料を営業保険料に，保険金を保険金および事業費に置き換えれば，平準純保険料式保険料積立金の場合と同様に，保険数理的危険団体がその前提にあることが判る。

1-1-2-2　大数の法則の必要性における相違

さらに，実際の危険団体の構成員は，大数の法則が成立し，事故率の推定ができるほど多い必要性は，必ずしも存在しない。実際問題として，

> 保険契約の募集を開始した直後は，当然危険団体の構成員が少ないこと
> 人工衛星保険，原子力保険，少額短期保険業者など，もともと構成員が少ないものが存在すること
> 事故率を推定した元のデータに，ストレス・イベントに該当するようなものが含まれていなければ，ストレス・イベントが発生した場合には，保険数理的収支相等の原則は成立しないこと

など，大数の法則についての問題点は，多々指摘できる。こうした場合には，危険準備金，異常危険準備金の積立て，担保資本の充実，再保険や共同保険の利用等の手段[76]によって，保険数理的収支相等の原則を補っている。このように考えると，実際の危険団体は，定量的に構成員がある人数を割ると構成で

きなくなるといった性格のものではなく,実際上相当小規模なものでも,構成されていると考えることが適切である。ただ,実際の危険団体内での事故率のデータが集積されてくると,それをもとに新たな事故率の推定を行い,純保険料の計算に用いることがある。

なお,大数の法則が成立しないあるいは成立しにくいものは,保険ではないという考え方[77]も存在し得る。しかし,危険団体を構成する保険契約の募集を開始した直後は,当然構成員は少なく,これを保険ではないとすると,構成員が増加したある段階から急に保険でないものから保険に変わるということになり,論理的に問題がある。さらに,本書で述べるとおり大数の法則を基礎に置く危険団体は,必ずしも合理的とはいえず,危険団体の存在の有無を保険であるか否かの判断基準に用いることは適切ではない。このため,大数の法則が成立しないあるいは成立しにくいものは,保険ではないという考え方は,採用できないと私は考える。

このように考えると,実際の保険会社で構成されている危険団体内で成立する収支相等の原則は,保険数理的収支相等の原則であり,その危険団体は,大数の法則が成立するほどに多くの構成員を擁しているとは必ずしも限らず,従来考えられてきた危険団体と実際の保険会社で構成されている保険数理的危険団体とは,相当に異なることが判る。

1-1-3　保険業法における保険業の定義と危険団体

1-1-3-1　1900年保険業法および1939年保険業法

保険業法は,こうした危険団体概念を保険事業または保険業[78]の定義にど

---

76)　水島一也(2006) pp. 18-19
77)　たとえば,大林良一博士は,保証を,多数の経済単位の集合という要素を欠くことから,保険でないとする(大林良一(1960) p. 27)。
78)　保険業は,1900年保険業法および1939年保険業法においては,保険事業と呼びならされ,1995年保険業法においては,保険業と呼ばれるようになったが,この経緯については,必ずしも明らかではない。一つの理由としては,「保険事業」法ではなく「保険業」法であり,他にも信託業法等の法律が存在することが考えられる。本書では,1900年保険業法および1939年保険業法の場合には,保険事業と,

のように採り入れていたのであろうか。1900年保険業法および1939年保険業法においては保険事業の定義は存在せず，前述のとおり保険制度は，概ね要素①〜⑤を充たすものとして理解されてきた。つまり，保険は，危険団体の構成がその前提になっていた。このように，1900年保険業法および1939年保険業法においては，保険事業の定義は存在しないものの，保険制度は危険団体に基づいていると理解されてきた。

1-1-3-2　1995年保険業法

その後，1995年保険業法には保険業に関する定義規定が設けられた[79]。1995年保険業法第2条第1項は，

　　この法律において「保険業」とは，不特定の者を相手方として，人の生死に関し一定額の保険金を支払うことを約し保険料を収受する保険，一定の偶然の事故によって生ずることのある損害をてん補することを約し保険料を収受する保険その他の保険で，次条第4項各号又は第5項各号に掲げるものの引受けを行う事業（他の法律に特別の規定のあるものを除く。）をいう。

となっていた。ここで，「次条（第3条）第4項各号又は第5項各号」は，各々生命保険業免許，損害保険業免許の内容を示している。また，「他の法律に特別の規定のあるもの」とは，農業協同組合法など，各種協同組合法に基づいて行われる共済を指している[80]。

当初の1995年保険業法第2条第1項における保険業の定義について，山下

---

　　1995年保険業法の場合には，保険業と使い分けることにする。しかし，1995年保険業法の保険業の定義が，「「保険業」とは，人の生死に関し一定額の保険金を支払うことを約し保険料を収受する保険，一定の偶然の事故によって生ずることのある損害をてん補することを約し保険料を収受する保険その他の保険で，第三条第四項各号又は第五項各号に掲げるものの引受けを行う事業（次に掲げるものを除く。）をいう。」となっており，保険業は，「事業」であるとされていることからも判るとおり，実際の意味するところは，変わらないと考えられる。

79)　1995年保険業法における保険業の定義についての考察は，山下友信（2005）pp. 6-10，古瀬政敏（1998）pp. 194-203，古瀬政敏（2006）p. 1以下を参照のこと。
80)　東京海上火災保険株式会社編，山下友信（1997）p. 15

友信博士は，「一般的には，多数のリスクを集積してこれを分散する仕組みであるというメルクマールがあげられるのが通例であるが，①の要件（筆者注：不特定の者を相手方として）を②の保険という要件（筆者注：人の生死に関し一定額の保険金を支払うことを約し保険料を収受する保険，一定の偶然の事故によって生ずることのある損害をてん補することを約し保険料を収受する保険その他の保険で，次条第4項各号又は第5項各号に掲げるもの）とは別においたということは，保険は多数のリスクを集積し分散するという仕組みである必要はないという解釈を前提とするようにみえるからである。しかし，そういう理解は正当ではなく，緩やかな意味では多数のリスクの集積・分散の仕組みであることは保険の要件と解すべきであり，個別相対的にまたは緩やかな意味においても多数といえない相手方と，偶然の事由に係る給付をすることを内容とする取引をしても，そもそもそれは保険ではないと考えられる。」[81]とされた。

さらに，「不特定の者を相手方として」は，保険を「多数の者を相手方とする行為であるとすれば，この要件は意味が不明になるが，これは，必ずしも現実に多数の者を相手方として引受けが行われている必要はないということを間接的に明らかにしたものと解すれば足り」[82]るとされていた。

1-1-3-3 2005年改正保険業法

その後，2005年の保険業法改正によって，保険業の定義は，

　この法律において「保険業」とは，人の生死に関し一定額の保険金を支払うことを約し保険料を収受する保険，一定の偶然の事故によって生ずることのある損害をてん補することを約し保険料を収受する保険その他の保険で，第3条第4項各号又は第5項各号に掲げるものの引受けを行う事業（次に掲げるものを除く。）をいう。

と改正され，実質的に「不特定の者を相手方として」が削除された。同時に，

---

81) 東京海上火災保険株式会社編，山下友信（1997）p. 13
82) 東京海上火災保険株式会社編，山下友信（1997）p. 14

少額短期保険業者に関する規制が設けられた。具体的には,「不特定の者を相手方として」を削除し,少額短期保険業を保険業の中に含めることにした。少額短期保険業とは,保険業のうち,保険期間が2年以内の政令で定める期間以内であって,保険金額が1,000万円を超えない範囲内において政令で定める金額以下の保険（政令で定めるものを除く。）のみの引受けを行う事業をいう（1995年保険業法第2条第17項）。ここで,保険期間が2年以内の政令で定める期間とは,損害保険以外の保険にあっては1年,損害保険にあっては2年とされている（1995年保険業法施行令第1条の5）。また,保険金額が1,000万円を超えない範囲内において政令で定める金額は,次のとおりとされている（1995年保険業法施行令第1条の6）。

ⅰ．人の死亡に関する定額保険（傷害死亡保険を除く）　300万円
ⅱ．人の傷害または疾病に関する保険　80万円
ⅲ．重度障害保険　300万円
ⅳ．特定重度障害保険　600万円
ⅴ．傷害死亡保険　300万円
ⅵ．損害保険　1,000万円

さらに,次の保険については,少額短期保険業に係る保険から除外される（1995年保険業法施行令第1条の7）。

ⅰ．人の生存に関し,一定額の保険金を支払うことを約する保険
ⅱ．保険期間の満了後満期返戻金を支払うことを約する保険
ⅲ．特別勘定を設けなければならない保険
ⅳ．再保険
ⅴ．保険料又は保険金,返戻金その他の給付金の額が外国通貨で表示された保険
ⅵ．保険金の全部又は一部を定期的に,又は分割払の方法により支払う保険

であって,その支払の期間が1年を超えるもの

なお,1,000名以下の者を相手方とするものは「当事者の自治による事業運営が期待できることや規制の費用と負担を勘案して,保険業法の規制の対象外とされている」[83]（1995年保険業法第2条第1項第3号,1995年保険業法施行令第1条の4第1項）が,1,000名以下の者を相手方とする場合であっても,次の場合には,保険業に含まれる（1995年保険業法第2条第1項第3号,1995年保険業法施行令第1条の4第2項,1996年保険業法施行規則第1条の2の2）。

i. 二以上の団体が同一の者に業務及び財産の管理を委託している場合その他当該二以上の団体の間に,一方の者又はその役員（取締役,執行役,監査役,代表者又はこれらに類する役職にある者をいう。）若しくは使用人が,他方の者の役員又は使用人である関係など,密接な関係がある場合において,当該二以上の団体が相手方とする者の総数が1,000人を超えるもの
ii. 二以上の団体が,保険料として収受した金銭その他の資産を協同して運用し,又は引き受けた保険契約を協同して再保険に付している場合において,当該二以上の団体が相手方とする者の総数が1,000人を超えるもの
iii. 再保険の引受けを行うもの
iv. 一の個人から1年間に収受する保険料（保険料を分割して支払う保険契約または保険期間が1年を超える保険契約にあっては,1年間当たりの額に換算した額の保険料）の合計額が50万円を超える保険の引受け又は一の法人から1年間に収受する保険料の合計額が1,000万円を超える保険の引受けを含むもの

---

83) 安居孝啓編著（2006）p. 23

このように，2005 年に改正された保険業法においては，保険業の定義から「不特定の者を相手方として」を削除し，少額短期保険業を保険業の中に含めることを明確にし，文理的には多数の者が危険団体を構成する必要がないとも解されうるようになった。しかし，前述のとおり要素④および⑤，つまり，危険団体の存在は，絶対的なものではなく，大量定型的企業取引として行われていればそれ自体で一応充足されると考えたうえで，それにより保険の範囲が過剰にならないように補助的な基準を随時用いることが適切であると考えられているということは，少額短期保険業者も危険団体を構成しているということを前提にしていると考えられる。

　しかし，少額短期保険業者が，1,000 名以上の者を生命保険の相手方としていても，相手方の年齢に幅があれば，年齢の数だけの危険団体が存在することになり，個々の危険団体を構成する者の数は，相当少なくなり得ること，実際の危険団体を構成する保険契約の募集を開始した直後は，当然構成員は少ないことに留意する必要がある。

## 1-2　アメリカにおける危険団体の意義

### 1-2-1　危　険　団　体

　アメリカにおいては，危険団体という概念が存在するとした者は，見当たらない。さらに，危険団体の意義に関して重要な意味を持つ収支相等の原則という考え方についても同様である。これに代えて，たとえば，アメリカでは，保険数理的収支相等の原則である(1)式が，純保険料計算の一環として単にそのまま示されている[84)]にすぎない。また，ニューヨーク州保険法では，後述のとおり保険数理的危険団体の考え方を体現した保険料積立金の積立てが求められている。

　しかし，危険団体の存在を垣間見せるような考え方も存在する。後述のとおり D. M. マッギルならびに K. ブラック Jr. および H. D. スキッパー Jr. の保険

---

84)　たとえば，K. Black Jr. and H. D. Skipper Jr. (2000) p. 716。

の定義は，資金を共同のファンドに拠出またはプールし，事故が発生した場合にその資金から支払いを行うとしている。さらに，D. M. マッギルは，「もし，保険の制度が科学的なものであれば，個々の参加者が，ファンドに拠出すべき金額を決定するための損失発生のリスクを計測する受容可能な方法が存在するはずである。それは，確率論として知られる数学の基本的な原理に基づいている。」[85]としている。

こうした考え方は，前述の日本の危険団体の構成要素に即していえば，

> 構成員が保険料を拠出し，共通準備財産を形成する
> 団体内部では，大数の法則が成立するような多数が存在する必要がある
> 団体内部では，収支相等の原則が成立する必要がある

ことを実質的に意味しており，危険団体の存在を黙示的に示唆していると私は考える。

1-2-2　ニューヨーク州保険法における保険事業の定義と危険団体[86]

保険事業の定義については，本州外から郵送もしくは他の方法で，またはすべての個人，商事組合（firm），団体（association），法人（corporation）またはジョイント・ストック・カンパニーによって効力の生じた本州における次に掲げるすべての行為は，本州において保険事業を営んでいるものとみなされる（ニューヨーク州保険法第1101条（b）(1)）とする規定が存在する。

ⅰ．保険者として，本州の居住者もしくは商事組合，団体，もしくは本州内で保険事業を営むことを認められた法人に対する保険証券または保険契約書の発行，交付またはすべての当該保険証券または保険契約書に対する申込みの勧誘を含む，すべての保険契約書を作成することまたは作成

---

85)　D. M. McGILL (1959) p. 131
86)　以下，ニューヨーク州保険法については，藤田勝利監訳（2000）を適宜参照した。

を提案すること

ⅱ．すべての担保責任（warranty），保証契約（guaranty）もしくは連帯保証（suretyship）に係る契約書を，担保責任者，保証契約者または連帯保証者が，他の本格的な業務または担保責任者，保証契約者または連帯保証者の活動の単なる付随的な業務としてではなく，本業として作成することまたは作成を提案すること

ⅲ．保険証券もしくは保険契約書に係るすべての保険料，会費，賦課金またはその他の年金保険料を徴収すること

ⅳ．再保険業務，事実上保険事業を行っているに等しいと特にみなされる業務を含むすべての種類の業務を営んでいること

ⅴ．本章の規定を潜脱する意図で行われる上述の業務と実質的に変わらないすべての業務を営むことまたは営もうと企てること

このように，ニューヨーク州保険法は，保険事業の定義は有するものの，危険団体と関連付けるような内容にはなっていないことが判る。しかし，責任準備金の計上について，後述のとおり最低責任準備金の積立方式として，監督官式責任準備金評価法（The Commissioners Reserve Valuation Method）によることが定められている（ニューヨーク州保険法第4217条（c）(2)）など，実際上保険数理的危険団体が存在していると私は考えている。

### 1-3 カナダにおける危険団体の意義

アメリカ同様，カナダにおいても危険団体が存在するとした者は，見当たらない。しかし，前述のとおり M. G. ベアーと J. A. レンドールは，保険の本質は，プーリングによるリスクの分散にある[87]としており，アメリカと同様に，保険数理的危険団体の存在を暗示していると私は考えている。

また，アポインティッド・アクチュアリーは，カナダ資産負債法（Canadian

---

87) M. G. Baer and J. A. Rendall (2000) pp. 5-6。同様な考え方をしているものとして，D. H. Francis (2009) p. 81 がある。

asset liability method，以下本章において CALM という。）に従って，保険契約準備金を計算しなければならない（Canadian Institute of Actuaries, *Standards of Practice*（以下本章において SOP という。）2320. 01）とされている。CALM は，従来の責任準備金の積立方式とは異なり，決定論的シナリオ法または確率論的シナリオ法に基づくものであるが，後述のとおり CALM による保険契約準備金の計算は，契約保険料式（Policy Premium Method, PPM）保険料積立金の変形でしかないと私は考えている。契約保険料式保険料積立金は，その基本的な部分で一般的な保険料積立金の計算方法と大きく変わるものではなく，保険数理的危険団体を前提に置いていたと私は考えている。

なお，保険事業の定義に関する規定は存在しない。

## 2．危険団体の与えた影響と問題点

### 2-1　保険会社に対する影響

#### 2-1-1　リスク管理への影響

以下，保険数理的危険団体を含む危険団体について検討を行う。かつて，わが国には，保険会社は，危険団体が存在するため破綻しないと考えられてきた時代があった。いわば，危険団体の存在が，保険会社の不倒神話の理論的な根拠とされてきたのである。明治時代から第二次世界大戦までの間，わが国の保険業界は，相当数の保険会社の破綻を経験してきた。世界的に見ても歴史的に見ても，保険会社の破綻は，ごく一般的に起こるもので枚挙に暇がないほどである。ソルベンシー維持に関する規制が整備されていない初期のころに限らず，近年においても，その状況は，大きくは変わらない[88]。ところが，そうした破綻が相当数起こっている時代に，保険会社の不倒神話の理論的な根拠となる考え方は，作られたと考えられるのである。さらに，第二次世界大戦の後平成に至るまでの間，わが国においてはキャピタル社[89]を唯一の例外としてま

---

88)　拙稿（2002）p. 72
89)　キャピタル社は，フィリピンに本店を置く外国保険会社で，破綻状態に陥ったた

ったく破綻した会社がなかった。そうした状況の下で，わが国には保険会社の不倒神話が根付いていったと私は考えている。

　保険会社の不倒神話の理論的な根拠となる考え方は，少なくとも1920年代から散見される。具体的には，「保険事業は其経済方法大なるに随ひ保険の平均を得て事業は安全」[90]，つまり，保険事業は，大数の法則が成立すれば安全であり，ことに「生命保険に在りては戦争又は流行病の外一時に多数の事故発生すること殆ど無く其事故発生は予定と大差なく支払ふべき保険金額と収入すべき保険料とは相均衡し保険金額の総額は保険料の総額に匹敵する」[91]，つまり，収支相等の原則が充たされるために安全性が高いという考え方であった。

　それ以前からも，生命保険会社は安全であるあるいは資本金を持つ必要がないということは，いわれていた。たとえば「生命保険会社には素と資本金を要せす会社をして確実なるものならしめは寧之なきを善とす」[92]，「正確ナル統計ニ基キ真正ナル数理ニ拠テ構成セラレタ生命保険会社ハ，他種ノ保険会社ニ比シテ資本金額ヲ要スルコト最少キモノト謂ワザルベカラザルナリ」[93] などである。しかし，これらは大数の法則や収支相等の原則に触れることはない。ただ，粟津博士のニュアンスからすると大数の法則と収支相等の原則を意識しているようにも思える程度である。このように，大数の法則や収支相等の原則に直接的に触れて生命保険会社の安全性を述べたものは，わが国では野津務博士が嚆矢であると私は考えている。

　ここで注目しておかなければならないのは，その後危険団体の存在を保険会社の資本の大きさと結びつけた議論が出てきたことである。たとえば，田中耕太郎博士は，「（保険は）若し単一の契約として締結せらるるならば，保険者は其の危険を自己一人が負担し極端なる場合には破滅に至らざるを得ぬのであ

---

　　め，1969年1月17日に，キャピタル社の保険契約は，安田火災海上保険株式会社に包括移転された。なお，石田満（1986）pp. 118-119，山下友信（1991）p. 1920，小林篤（2002）pp. 53-54 を参照のこと。
90)　野津務（1923）p. 73
91)　野津務（1923）p. 107
92)　藤澤利喜太郎（1890）p. 141
93)　粟津清亮（1896）p. 5

り，従つて保険者の側にとつて甚だ投機的なものとなるのであるが，多数の契約を締結するに於ては法律的には自己が責任者となるが然し経済的には他の多数の保険契約者に責任が分担せしめられ，従つて事業の合理的の経営が可能となるのである。契約の数が多ければ多い程保険者の出資が多数の保険契約者より徴収する保険料に比して重要性を喪失し，従ひて保険者は事故発生の蓋然性に従ひ計算徴収したる保険料よりして被保険者（生命保険の場合には保険金受取人）に対する責任を果たすことを得，自己の資本より出捐する必要なく，従つて保険事業を合理的に経営することを得るのである。」[94] として，保険会社にあっては，保険契約者の数が増えれば自己資本の必要性が低下するとした。

しかし，平成に入って複数の生命保険会社と損害保険会社が破綻するに及んで，こうした考え方は，いつしかほとんど主張されなくなってきた。

このような考え方は，その基礎に収支相等の原則があったため，前述のとおり収支相等の原則と保険料積立金の計算は表裏一体であることから，保険料積立金が積み立てられていれば必ず保険金の支払いができるという保険料積立金に対する過信とでも言うべき考え方が生まれてきた。この結果，危険団体が考慮する保険引受けリスク（保険リスクと予定利率リスク）以外のリスクが軽視されることとなった。こうした考え方は，現在に至っても基本的に変わるところはない。ところが，実際の生命保険会社の破綻の事例を見ると，多くの場合，予定死亡率リスクの実現が原因であるということはなく，予定利率リスク，価格変動リスク，経営リスク等が複合して実現することが原因となっていることが判る[95]。

---

94) 田中耕太郎（1932a）pp. 41-42
95) 第二次世界大戦までの間の昭和期における生命保険会社の破綻については，福永保（1995）p. 73 以下，小川功（1997）pp. 77-117，拙稿（1999）pp. 40-64 を参照のこと。また，平成に入ってからの生命保険会社の破綻については，拙稿，前掲（2002）pp. 75-76。その他にも，破綻事例について触れたものとして，石名坂邦昭（2000），恩蔵三穂（2001），小藤康夫（2001），株式会社日経リサーチ（2007），武田久義（2008），植村信保（2007），植村信保（2008）などがある。また，アメリカ，カナダの生命保険会社の破綻事例については，保険監督法研究会（1996）を，アメリカの損害保険会社の破綻事例については，越知隆（1992）などを参照のこと。

日本の 1900 年保険業法にあっては，こうした考え方が色濃く出ていたため，予定利率リスク，価格変動リスク，経営リスク等の塡補財源としては，ごく名目的な金額でしかなかった資本金または基金（基金償却積立金を含む）（1900 年保険業法第 16 条，第 28 条第 1 項），損失塡補準備金（1900 年保険業法第 57 条）しか求められていなかった。ところが，経営リスクや株式の価格変動リスクが実現して多くの生命保険会社が破綻した。これは，こうした規制が破綻の原因が生ずることを許容した遠因[96]の一つとなったものと私は考えている。

　その後，1939 年保険業法では，監督命令規制の整備（1939 年保険業法第 9 条），基礎書類の変更処分規制の新設（1939 年保険業法第 10 条），統制協定規制の新設（1939 年保険業法第 11 条），事業停止命令規制の整備（1939 年保険業法第 12 条），合併等の勧告規制の新設（1939 年保険業法第 99 条），強制移転命令規制の新設（1939 年保険業法第 100 条）など，監督に係る規制を大幅に強化した。また，同時に株式等の価格変動リスクを担保するための保険業法第 86 条準備金（1939 年保険業法第 86 条），債券の均等利回評価法の採用を認めた均等利回評価法（1939 年保険業法第 84 条），保険計理人制度（1939 年保険業法第 89 条，第 90 条）を導入した。ところが，その一方でこうした考え方は依然として生き続けていた[97]こともあり，資本金または基金，損失塡補準備金などの規制は，十分なものではなかった。

　このように，1939 年保険業法では，保険会社の不倒神話を基礎としつつ，

---

[96]　保険会社の破綻について，原因，遠因，直接的なきっかけに分けて説明したものとして，拙稿（2002）pp. 72-76 がある。ここでは，平成における生命保険会社の破綻を分析し，生命保険会社が破綻に至った財務状況の悪化を原因とし，そうした原因が発生することを許容したものを遠因，財務状況が悪化した生命保険会社の破綻の引き金を引いたものを直接的なきっかけとした。

[97]　須田三四郎（1939）p. 48。なお，これに対して，三浦義道博士は，「明治三十三年保険業法制定当時と今日とは経済情勢も変遷して居るから最少限度を多少高める必要ありとの議論もあつた。しかし実際上従来の監督官庁の取扱としては資本金又は基金の総額二百万円以上でなければ免許申請を認可しなかつた。但し特種の保険事業で其事業の範囲から見て最低額を以て足れりとするが如き場合も必ずしも絶無でもなからう。殊に相互組織の場合には将来然ういふ種類の保険事業が起るかもしれない，故に立法者は此最小限度を其儘に存置した。」（三浦義道（1926）p. 62）とする。

不倒神話の論理の外で発生するようなさまざまな損失の可能性については，監督に係る規制の強化，保険業法第86条準備金の導入等によって対応が可能であると考えられていたのであろう。

ただ，こうした歴史を見ていて不思議な思いにとらわれるのは，1920年代からこのような理論が主張されてきた一方で，昭和初期から第二次世界大戦終結までの間に相当数の保険会社が破綻していることである。こうした破綻の事実があったにもかかわらず，このような理論がそのまま生き残ったのは，1939年保険業法改正で適切な対応がなされたという判断がその基礎になったものとはいえ，さらに突き詰めて考えていればという思いがしてならない。

その後，第二次世界大戦後の激しいインフレーションに対応するため，1949年に外国保険事業者に関する法律が改正された際，保険会社の最低資本金の額，基金の総額がそれまでの10万円から3,000万円に引き上げられた。この改正にあたっては，「資本又は基金の総額が三千万円未満の保険会社は，なるべく速やかに，その額を三千万円以上に増加しなければならない。但し，生命保険会社で責任準備金の総額が三千万円をこえるものについては，この限りではない」（1949年6月法律第184号附則第8条）とする経過措置が設けられた。この但し書きの意味するところは，責任準備金の総額が3,000万円を超えるような大きな生命保険会社であれば，保険契約者の数も多数に上ることが想定されるため大数の法則が成立し，収支相等の原則を充たすことができるためきわめて安全であり，多額の資本金や基金を用意するまでもないというものとしか解しようがない[98]。このため，1995年保険業法によって最低資本金の額または基金の総額が増額されるまでの間，ほとんどの生命保険会社は，この経過措置によってきわめて名目的な金額の資本金の額または基金の総額等を有するに過ぎなかった[99]。

---

98) 拙稿（2005）p. 197
99) たとえば，生命保険業界最大手の日本生命保険の1995年保険業法施行直前1996年3月末現在における基金償却積立金の額は，わずか100万円であった。これ以外の自己資本としては，損失填補準備金が100万円，再評価積立金が6億5,100万円しかなく，総資産の額が39兆295億円に及ぶ中，いかに過小資本であったかが判

このように，1939年保険業法においては，最低資本金・基金の額も僅少であり，保険リスク以外のリスクへの準備も十分とはいえなかった。そこで，1995年保険業法では，保険リスク以外も含めたさまざまなリスクに対応する規制を強化または新設した。最低資本金の額，基金の総額の増額（1995年保険業法第6条，1995年保険業法施行令第2条の2），標準責任準備金（1995年保険業法第116条），危険準備金（1996年保険業法施行規則第69条第1項第3号），価格変動準備金（1995年保険業法第115条），ソルベンシー・マージン比率（1995年保険業法第130条，1996年保険業法施行規則第86条，平成8年2月29日号外大蔵省告示第50号，平成11年1月13日金融監督庁・大蔵省告示第3号），保険計理人の将来収支分析（1996年保険業法施行規則第80条第1項第3号）などの規制である。

1995年保険業法においては，保険料積立金，危険準備金，価格変動準備金，貸倒引当金などが，各々独立したものとして計算され，積み立てられている。このため，各種のリスクへの対応に合成の誤謬が生じるおそれが高いと私は考えている[100]。また，このことは，保険会社におけるリスク管理の場合にも，現行の実務のように危険団体にかかる保険引受けリスクと資産にかかる資産運用リスクを別々に管理すると合成の誤謬が生じうることを示している。

これに対して，アメリカやカナダでは，不倒神話が形作られるようなことはなかった。しかし，保険料積立金の計算は，基本的に日本と変わるところはなかったため，同様に保険引受けリスク以外のリスクを軽視することになった。具体的には，ニューヨーク州には実質的に保険数理的危険団体の存在が前提になってできあがった保険計理にかかる規制としては，次のようなものがあり，日本と同様に保険引受けリスク以外のリスクが軽視されているといえる。

ⅰ．責任準備金積立ての必要性（ニューヨーク州保険法第1304条，第1113条

---

る。
[100] 平成に入って，多くの生命保険会社が逆ざやに苦しみ，その逆ざやを死差益で塡補したが，このことは，その瞬間に限っていえば，合成の誤謬がいい方に生じたと考えられる。

(a)(1), (2), (3))

ⅱ．条件体（substandard lives）およびその他の超過危険体（extra-hazardous lives）の生命保険証券に適用される死亡率の基準の変更（ニューヨーク州保険法第4217条（a）(3)(A)）

ⅲ．最低責任準備金の積立方式（監督官式責任準備金評価法，the commissioners reserve valuation method）（ニューヨーク州保険法第4217条（c）(2)）

ⅳ．最低責任準備金計算に用いる死亡表（ニューヨーク州保険法第4217条（c）(2)(A)）

ⅴ．最低責任準備金（ニューヨーク州保険法第4217条（c）(7)）

ⅵ．リスク・ベースト・キャピタル規制（ニューヨーク州保険法第1322条）

また，リスクへの対応に合成の誤謬が生じうるおそれが高いという点については，基本的に日本と変わらない。

ただ，カナダでは，CALMの採用前にはそうしたことは存在したが，CALMを採用した後はある程度こうした影響が排除できていると考えられる。加えて，MCCSR基準（Minimum Continuing Capital and Surplus Requirements）なども定められており，価格変動リスク等への備えが不十分なものになりがちであるという点については，日本やニューヨーク州よりもやや先んじているといえる。

なお，CALMは，金利についてだけ確率論的モデルを用いることも認め，その他のリスクについては単に逆偏差のためのマージンを想定するにすぎない。その意味では，完全な形の確率論的キャッシュ・フロー分析ではない。このため，リスク間の相関，ある特定のリスクだけが大きく実現することなどをまったく想定していないことになる。このため，平成に入ってからの日本の生命保険会社の破綻のような状況（金利の低下に加えて，信用リスクと株価の変動リスクが実現した。その一方で，保険リスクは，死差益が確保できる状況に変化はなかった。）に対しては，必ずしも適切に機能するとは限らない。

## 2-1-2　保険契約者等の保護の軽視

　危険団体においては，危険団体が存在しないと保険者は，保険契約を引き受けることができないと考えられることから，危険団体の存続が第一義とされ，個々の保険契約者の利益よりも危険団体全体の利益を優先する傾向が生じがちであると私は考えている。これが，いわゆる団体優先説の基本にある考え方である。

　団体優先説は，危険団体の存在自体が重視され，ドイツ法の影響を色濃く受けた日本における考え方である。このため，日本の保険業法における保険契約者等の保護に関して大きな問題を残した。逆に，危険団体の考え方自体が存在しないアメリカおよびカナダにあっては，このような保険契約者等の保護の問題は，一切生じていない。

### 2-1-2-1　団体優先説

　危険団体の利益を保険契約者の利益より優先するとした団体優先説[101]を提言されたのは，田中耕太郎博士であった。田中耕太郎博士の考え方は，以下のとおりである。

　法律上ある主体を中心として多数の契約が存在する場合に団体の成立を認めるか否かについて，田中耕太郎博士は，「其の者の相手方たる多数人の間に団体を発生せしむる意思ある場合（例へば株式会社の設立の如く）又は法律が当然斯かる団体を認むる場合（例へば担保附社債の場合，破産の場合等に於ける債権者集会の如し）は暫らく之を度外視して考ふるに，(1)多数の契約が存在し，(2)其等の契約が定型的のものであり，(3)其等の契約が継続的のものであり，(4)最後に多数の相手方相互の間に緊密なる利害共通関係が存在することを必要とす

---

101）　団体優先説の呼称は西嶋梅治博士によるものであり，博士は，対立する考え方を技術説と呼ばれた（西島梅治（1960a）pp. 200-201）。他にも，新派と旧派，客観主義法学と主観主義法学という呼称がある。新派・旧派，客観主義法学・主観主義法学という表現は，用語自体に価値観が付加されている。これに対し，団体優先説という表現は，危険団体の利益を保険契約者の利益より優先するものを端的に表していることに加え，技術説という表現も，保険の団体性は保険企業の合理的経営のための技術的要請にすぎないということを端的に表していることから，本書では，団体優先説と技術説の呼称を用いることとした。

る。」[102)]として，その要件を明確にされた。

そして，保険契約についての検討を行い，第一の要件から第四の要件までを充たすことを示し，法律上危険団体の成立を認めている[103)]。ただ，利害共通関係の存在については，「実質的には保険契約者が同時に保険者であり，其の各員が拠出した所の資金を全員で以て共有して居り，事故が発生したる者に対し此の資金中より支払を為すと云ふが如き関係に在る。此の故に保険契約者相互間の利害共通の関係は上述の他の場合に対し特色を有するのである。」[104)]とされた。

田中耕太郎博士は，このように保険契約に団体の成立を認めた後，いわゆる保険契約者平等待遇原則の必要性を主張された。具体的には，「保険は之れを経済的に観察するならば同一の経済上の危険の下に立つ多数人が団体を為し，其の中の一員の財産上の需要を他の者が共同して満足せしむる組織的の方法である。此の目的を達する為め保険加入者は一定の金額を拠出して基金を構成し，此の基金よりして経済上の危険に遭遇したる者の財産上の需要を満足せしむるのである。此の故に保険に於ては保険を欲する各員は同一なる危険の下に立つものであり，而して此の危険に対し保険せらるることに対し同一の金額を拠出しなければならぬ。換言すれば保険せらるる者の保険なる財貨に対し支払ふべき対価が同一でなければならぬことは，保険事業の合理的経営の為めのみならず，保険団体の精神よりしても亦要求せらるる所である。」[105)]とされた。つまり，保険契約者は危険団体を構成し，収支相等の原則が成立することによって，保険事故が起こった場合に，保険金を受取ることができる。この場合，保険契約者は，給付反対給付均等の原則によって同一の危険を有するものでなければならず，保険料も同額でなければならないということである。

また，田中耕太郎博士は，危険団体の性格について，「保険は其の沿革上よ

---

102) 田中耕太郎（1932b）p. 128
103) 田中耕太郎（1932b）pp. 130-131
104) 田中耕太郎（1932b）p. 131
105) 田中耕太郎（1932b）p. 113。庭田範秋博士も同様の見解を述べる（庭田範秋（1973），pp. 137-138）。

り見るも，一方に於て海上保険に内在する私経済的要素，資本主義的精神が存在すると共に，他方家族，村落，教会，ギルド等の各員間に於けるゲマインシャフト的紐帯の生み出だせる所の団体主義的精神を包蔵する。前者は保険事業の合理的経営の法律的，形式的技術として保険制度の発達，大成に貢献し，後者は保険制度の内容となつて其の実質の中に残り来つた。」[106]として，海上保険以外の保険の危険団体について，ゲマインシャフト的紐帯が生み出したものとされた。

さらに，「保険契約者は相互に孤立するものではなくして，其の間に団体的紐帯が存在し，従つて団体的法理の存在の余地がある。若し保険契約者が普通の契約関係に於て保険者に対立するのみに止まり，他の保険契約者と団体を為すことなしとするならば，保険者は或る保険契約者を如何様に取り扱ふも，即ち他の者よりも特に有利に取り扱ふことも妨げがないものと認めなければならぬ。然しながら各保険契約者が団体的に制約せられてゐるとするならば，其処に団体的法理が支配し，各員は株式会社の株主の如く平等の取扱を受くることを要求し得るであらう。」[107]とされた。

この理由について，田中耕太郎博士は，「保険業者が上述の法律上の契約自由を利用して，特定の保険契約者に関して，其の者が所属する保険団体の他の一般の保険契約者よりも有利なる取扱を為す場合に於ては，上述の，危険と対価との間に存すべき一定の比率は破られ，従つて同一の保険団体を組織する基礎が転覆せらるるに至るのである。此の場合に同一の保険団体を組織せるものとして取扱はるるとするならば，犠牲を負担すること少き一員は他の多数の者の損失に於て自己のみが利得する結果となるのである。（中略）此の場合に於て皮相的に見れば損失を被る者は保険契約者の相手方である保険者個人であるが，然し経済的には保険者の損失は必然的に同一保険団体に属する所の他の各員に転嫁せらるることになるのである。換言すれば保険者は保険団体の一員に付き特殊の取扱を為し其の者に利益を与ふることは，他の者の犠牲に於て為さ

---

106) 田中耕太郎（1932a）p. 48
107) 田中耕太郎（1932b）p. 132

るることになる。即ち上述の如き特殊の利益は保険団体の共同の金庫の負担に帰するに至るのである。斯くの如き結果が果たして正義の観念からして是認せられ得るであらうか。」[108]と述べている。

さらに，田中耕太郎博士は，「此の故に保険者は特定の保険契約者に対し，其の保険料の免除，割引を為し，又は弁財の期限を延期し，負担すべき危険の範囲を拡張し，其の他法律又は約款の規定する一般保険契約者の義務を其の者に付て免除軽減するが如きことは無効であると云はなければならぬ。此のことは株式会社に於て株主平等の原則に背反する定款の規定，総会の決議及び理事者の処置が無効なることと同一の趣旨である。唯だ保険契約者の団体は多数決団体とはなつてゐないのであり，従つて其の決議なるものは存在せず，従つて平等が問題となるのは約款の関係及び理事者の処置に付てのみに限らる。」[109]とし，保険契約者平等待遇原則の存在を主張し，保険契約者平等待遇原則に反する法律または約款については，無効であるとされた。つまり，個々の保険契約者の利益よりも危険団体の利益を優先し，個々の保険契約者に利益を提供するような法律，約款が無効であるとするというきわめて画期的な考え方であった。これがいわゆる団体優先説と団体優先説に基づく保険契約者平等待遇原則の嚆矢であり，後の1939年保険業法第10条第3項や同項にかかる最高裁判所の判決[110]の基礎とされる考え方となったものである。

しかし，その当時，田中耕太郎博士は，後に最高裁判所の判決が示すような保険契約者に不利益な約款の変更を強制的に既契約者に遡及できるとまではされていなかった。具体的には，「保険契約者の平等は同一内容の約款に依つて契約を締結する保険契約者に関して存在しなければならない。然らば保険業者が約款を改正して保険契約者に対し従前の者に対するよりも有利なる待遇を約した場合は如何になるか。保険事業の発達は保険業者間の競争の激甚化と相俟

---

108) 田中耕太郎（1932b）pp. 114-115
109) 田中耕太郎（1932b）pp. 132-133
110) 「債務不存在確認事件（昭和26年（オ）第799号 同34年7月8日大法廷判決 棄却）」(1959) p. 911 以下

つて約款を漸次保険契約者に有利ならしむる傾向あることは事実である。此の場合に於て改正せられたる約款は改正前に締結せられたる保険契約に効力を及ぼすべきものに非ざることは之れを認めざるを得ない。然らば其の結果は如何と云ふに，新旧の保険契約者が共同に同一の計算的基礎に立つ危険団体を構成するに於ては，約款が新保険契約者に有利に改正せらるゝ結果は新契約者は以前より当該保険業の為めに貢献し来れる従来の契約者の犠牲に於て利益に均霑する結果となり，旧新両種の契約者間の平等待遇は破られ，衡平の観念に背反するに立ち至るのである。然し此の結果は従来の法制の下に於ては止むを得ないのであり，之れを匡正する為めには約款を有利に改正することに関し従来の保険契約者の意思を問ふ方法を講ずるか（此の為めには保険契約者の多数に団体を認むる外はない），又従来の保険契約者をして有利なる改正約款に最恵国条款の如く自動的に均霑せしむるかの何れかの途を選ばなければならぬと考へらるる。独逸保険業監督法第二十一条第一項に於ては判例に準拠して相互保険会社の社員の金銭的権利及び義務のみに付き社員の平等待遇の原則が初めて宣明せられ，其の結果として新規に保険契約者を獲得する目的を以て定められたる一層有利なる新保険約款は旧保険契約者の為めにも効力あることが判例に依つて認められてゐるのである。然らば相互保険の場合と保険の経済的，技術的基礎に於て，又保険関係の内容に於て全然異る所なき営利保険の場合に於ても此のことが立法に依り認めらるるを可とするものと云はれ得るであらう。少くとも相互保険だけに関しては斯かる平等の原則が独逸法に於けるが如き規定なきも，社団の一般原則に従つて，新約款の旧保険契約者の為めにも効力を有することを認めて差支ないのではあるまいか。」[111]とされるに過ぎなかった。

　田中耕太郎博士の主張した団体優先説を早くから支持したのは，野津務博士と朝川伸夫教授であった。野津務博士は，「実にStrusinski＝Szeligaも言ふが如く『他人の負担は自己の負担』("Einer trage des Anderen Last")の語に包含せらるゝ道義的要求の実現が実際生活上中世のGildenに於て其の成員をして相互

---

111）　田中耕太郎（1932b）pp. 134-135

に扶助せしむる義務を生ぜしめたのであつて，此の原則は保険の基礎的素因であると謂はねばならない。」[112]とされる。さらに，「保険に於ける経済的機構即ち保険料と保険金額との相対性に依る危険の調節の結果被保険者は同時に他の被保険者に対し保険者たる地位に在るものなることは既に述べた。故に被保険者は全体的に観れば『相互扶助』の関係に在るものであつて，保険者たる保険会社は此の相互扶助の関係を仲介し助成するものである。被保険者の構成する危険団体は此の意味に於て協同組合的性質を具ふるものと謂ふべきである。固より個々の被保険者は保険契約締結に当り敢へて此の危険団体たる協同組合を構成し又は之に加入するの意思表示を為すのではないけれども，其の協同組合的性質は個々の被保険者の意識に拘らず存在する客観的性質である。保険の目的を欲する者は之を達成する手段即ち一人に取つて有利にして他人にとり不利なる偶然性の調節をも欲するものといふべきであつて従つて各被保険者は其の齎す犠牲を常に自己の利益の為にのみならず，自己と同一の団体に属する凡ての他の者の為めにも之を齎すのである。故に被保険者は各員の有する危険を共同的に負担するとの思想に基く協同組合的団体を構成するの意義に於て保険は協同組合的事業であると考へることが出来る。」[113]として，危険団体の協同組合的性質を強調し，田中耕太郎博士が「個人主義的なる保険制度は近世に於て中世的ゲマインシャフトの機能を継続するものに外ならぬ。」と述べられたことについて，保険が協同組合的性質を有することを認められるものに外ならない[114]とされた。

　また，朝川伸夫教授は，「元来保険制度はその形式として危険分配の組織を有するものであり，危険分配の組織を離れて保険制度は存在しない。危険分配の意味は危険を孤立的負担から依存的分担に転ぜしむることにある。危険そのものの性質並に強度自体は依然変らぬが同種の危険を感ずる者が団体を構成し

---

112)　野津務（1935b）p. 114
113)　野津務（1935b）pp. 104-105
114)　野津務（1935b）p. 111。野津務博士の同様な趣旨の主張は，野津務（1935a）pp. 115-116 にもある。

てその危険の効果を団体員に分配するのである。即ち被保険者は危険団体を構成しその内部に於て危険は平均化せられ保険料の総額と保険金の総額とが均衡を保ちいわゆる給付反対給付平準の原則が行はれる。危険を多数者間に分配する技術的構造が保険制度の基底を構成する以上，必然的に危険団体の存在を容認せざるを得ない。保険契約法はかかる保険制度を規制の対象とする私法秩序であるから必然的に危険団体によつて制約せられねばならぬ。『保険設備の範囲に於ける個人の団体的被制約性』（原注：田中博士・保険の社会性と団体性，法協50巻10号132頁）は保険制度に於てはもとより保険契約法にあつても強く承認せられねばならぬのである。」[115]とされた。

　こうした団体優先説に対して反対を唱えた学者には，大森忠夫博士がいる。博士は，「このように企業として営まれる保険にあつては，いわゆる保険の団体性は実は保険企業の合理的経営のための技術的要請として，企業者の立場から要請され具現せしめられるのである。そこではいわゆる保険の団体性は，精神的な意味でもまた技術的な意味でも，加入者の意識とは関係をもたない。保険団体は，保険企業者の純然たる企業者としての立場から行われる多数危険の綜合平均化の操作を通じて実現せしめられるところの，加入者にとつては無意識的な，一つの客観的・結果的な結合関係ないし状態にすぎない。団体または社会を共同社会と利益社会に分けるテンニス流の分類からすれば，右に述べたような保険団体がいわゆる共同社会ではなくて単にいわゆる利益社会にすぎないことは多言を要しないであろう。要するに，いわゆる保険の「団体性」ないし「社会性」は決して保険行為の個人主義的性格を否定する根拠となるものではなく，従つてまたそれは当然に保険契約の商行為性を否定する積極的な根拠となるものではない，といわなければならない。」[116]とされた。この「保険の団体性は実は保険企業の合理的経営のための技術的要請」でしかないとする考

---

115)　朝川伸夫（1948）p. 10。朝川伸夫博士によるまったく同趣旨の主張は，朝川伸夫（1951）p. 110以下にもある。なお，保険法学者には，朝川信夫教授のように，収支相等の原則を給付反対給付平準（均等）の原則と呼びならす学者が多かった。
116)　大森忠夫（1952）p. 334。大森忠夫博士による同趣旨の主張としては，大森忠夫（1957）p. 42，大森忠夫（1969）pp. 12-13がある。

え方が技術説である。技術説は，後述のとおり最高裁判所の判決が出されてからその勢いを増していく。

こうした団体優先説は，保険業法にもさまざまな影響を与えてきた。これは，一義的には「保険という仕組みは，個々の保険契約者と保険者との取引関係としてだけでとらえるのは適切ではなく，保険契約者全体があたかもリスク分散のための団体を構成するものとみて，個々の保険取引関係の規整においてもその団体的性格が反映されるべきであるという発想が生じ」[117]たことからであり，さらに，危険団体の存在が認識されたばかりではなく，危険団体自体にあたかも人格が与えられ，その存在がきわめて重要であると認識されたことから生じてきたものであるといえる。このため，アメリカ，カナダのように危険団体が認識されていない国では，こうした規制が生まれてくる余地はない。

日本において，保険契約者平等待遇原則にかかる規制は，保険業法および損害保険料率算出団体に関する法律，自動車損害賠償保障法に以下のとおり見られる[118)119)]。

---

117) 山下友信（2005）p. 62
118) これらの規制以外にも，危険団体の存在とかかわる規制と考えることができる規制として，わが国の保険契約者の異議申立てに関する規制がある。具体的には，株式会社が資本金等の額を減少する場合における保険契約者その他の債権者の異議申立て（1995年保険業法第17条第1項），相互会社が基金償却積立金を取り崩す場合における保険契約者その他の債権者の異議申立て（1995年保険業法第57条第4項の規定によって準用する1995年保険業法第17条第1項），組織変更をする株式会社の保険契約者その他の債権者の組織変更についての異議申立て（1995年保険業法第70条第1項），組織変更をする株式会社の保険契約者の保険契約者総代会設置の決議についての異議申立て（1995年保険業法第77条第3項），組織変更をする相互会社の保険契約者その他の債権者の組織変更についての異議申立て（1995年保険業法第88条第1項），保険契約の包括移転についての異議申立て（1995年保険業法第137条）である。これらの規制は，危険団体の存在を前提にしているともいえるが，その一方で，単に多数の保険契約者による意思決定を合理的に行うためのものと解することもできることから，ここでは，含めないこととした。なお，山下友信博士も，「保険の経済的意義における団体性という特質に基づいた特別規整の一つであると理解すれば足りるのではないかと思われる。」（山下友信（2005）p. 64）とされる。

ⅰ．免許審査基準（保険料に関し，特定の者に対して不当な差別的取扱いをするものでないこと）（1995 年保険業法第 5 条第 1 項第 4 号，1996 年保険業法施行規則第 12 条第 1 項第 2 号）

ⅱ．料率団体における参考純率及び基準料率の基本的な考え方（料率団体の算出する参考純率及び基準料率は，合理的かつ妥当なものでなければならず，また，不当に差別的なものであつてはならない）（損害保険料率算出団体に関する法律第 8 条）

ⅲ．保険料率の審査基準（保険料に関し，特定の者に対して不当な差別的取扱いをするものでないこと）（自動車損害賠償保障法第 26 条第 1 項，1995 年保険業法第 5 条第 1 項第 4 号）

ⅳ．相互会社の剰余金分配における公正かつ衡平な分配をするための基準（1995 年保険業法第 55 条の 2 第 1 項，1996 年保険業法施行規則第 30 条の 2）

ⅴ．保険株式会社が保険契約者配当を行う場合の公正かつ衡平な分配をするための基準（1995 年保険業法第 114 条第 1 項，1996 年保険業法施行規則第 62 条）

ⅵ．保険募集に関する保険契約者または被保険者に対する保険料の割引，割戻しその他特別の利益の提供等の禁止[120]（1995 年保険業法第 300 条第 1 項

---

119) 日本の保険契約者平等待遇原則・団体優先説を根拠とする規制と類似したものとして，アメリカやカナダの反リベート法がある。たとえば，アメリカでは，ニューヨーク州保険法第 4224 条のように，反リベート法が定められていることが多い。この条文は，差別とリベートの供与の禁止，つまり，「保険者による保険契約者の差別的取扱の禁止」を定めたものであり，反差別法を強制するためのものだと考えられていた（榊素寛（2006a）p. 46）とされていることから，日本のように，危険団体の存在を前提とした保険契約者平等待遇原則に基づくものであると解することはできない可能性もあると考えられるが，さらに検討の必要があろう。

120) 以前は，特別利益を提供すると保険契約者平等待遇原則に反すること，および不公正な競争を誘発することをその趣旨とするものが多かった（生命保険実務講座刊行会編，米谷隆三（1958）p. 352，東京海上火災保険株式会社編，田辺博通，安倍基雄（1966）p. 183，保険業法研究会編（1986）p. 227，鴻常夫監修，江頭憲治郎（1993）p. 227，東京海上火災保険株式会社編，小林登（1997）p. 242，石田満（1996）p. 301）。また，あえて保険契約者平等待遇原則とまでは言わずに，保険契約者間の公平性を維持しようとすること，および不公正な競争を誘発しないこととした考え方もある（溝淵照信（1954）p. 56，保険研究会編（1996b）p. 304，山下

第5号），この規制の潜脱を防止するための保険会社等の特定関係者を通じた特別の利益の提供等の禁止（1995年保険業法第301条），損害保険代理店および保険仲立人による自己契約の禁止（1995年保険業法第295条，1996年保険業法施行規則第228条，第229条）

また，1939年保険業法には，団体優先説を体現した主務大臣による基礎書類の遡及変更命令（1939年保険業法第10条第3項）が存在したが，1995年の保険業法改正の際に廃止された。

2-1-2-2　洗練を装った団体優先説

これは，団体優先説と同様に，社員や保険契約者の利益よりも危険団体の利益を優先するという考え方を維持しつつ，契約条件の変更を決定する主体を，1939年保険業法第10条第3項における主務大臣から保険会社に変え，保険会社が主体的に意志決定を行うとしたもので，私が名付けた。規制の根拠として，団体優先説とは異なり，保険契約者平等待遇原則が存在するということはない。第2章で詳述するとおりわが国の相互会社の保険金削減規制，保険会

---

友信（2005）pp. 174-175，安居孝啓編著（2006）p. 971）。こうした考え方と同様の考え方を採るものの，「契約者間の平等については，そこで想定される保険契約者は具体的にどのような立場の者であり，要求される平等の具体的な中身や程度はどのようなものであるかを，より明確にする作業が残されているし，料率規制のあり方や約款の扱いとの整合性も含めた，保険の多方面に関する根幹的な方針との関係で決まることにな」り，「保険募集における競争をどのように考えるかという問題については，一方では，従来主張されてきたような募集上の弊害が今日の経済環境下においても同様に生じるか否か，及びその弊害を防止するには現在のようなリベート規制が適切であるかをより正面から議論し，他方では競争の積極的な側面に着目し，競争政策として，価格競争を促進するか，サービスでの競争を促進するか，それとも，より弊害が大きな可能性のある販売チャネル間の競争は制限的にして保険会社間の商品間競争のみを促進するか，等の諸点に関する競争政策を確定しなければ結論が下せないことになる。」（榊素寛（2006b）pp. 192-193）とする考え方も出てきている。

これに対して，特別利益の提供禁止規定は，保険契約者平等待遇原則を規定したものではなく，保険募集におけるフェア・プレイの確保にあるといわざるをえないとした意見もある（川口幸夫（1962）pp. 43-44）。これと同趣旨のものとしては，新生命保険実務講座刊行会編，中大路義方（1966）p. 335，青谷和夫監修，西村博（1974）p. 581，生命保険新実務講座編集委員会，財団法人生命保険文化研究所編，中島伸一（1991）p. 360がある。

社の破綻前における契約条件変更規制に見られるものである。この洗練を装った団体優先説においても，個々の保険契約者の利益より危険団体全体の利益を優先する考え方が明確に見られる。

なお，「洗練を装った」という表現は，主務大臣による強制的な命令ではなく保険会社の主体的な意志決定によることによって，外見的な印象を改善しようとしたと考えられることから，用いたものである。

洗練を装った団体優先説に基づく規制としては，1995年保険業法には，保険会社の破綻前における契約条件の変更規制（1995年保険業法第240条の2～13）が存在する。また，1939年保険業法には，相互会社の保険金削減（1939年保険業法第46条）が規定されていたが，1995年の保険業法改正の際に廃止された。

2-1-2-3　資産運用に歪みを生じさせたこと

保険料積立金が担保するのは，保険引受けリスクの一部であるため，日本の1939年保険業法において，キャピタル・ゲインは，保険業法第86条準備金に積み立て，インカム・ゲインは，社員配当または保険契約者配当の財源として用いることができるというように，インカム・ゲインとキャピタル・ゲインを区別して考えることになりやすい。しかし，インカム・ゲインとキャピタル・ゲインは，現在の金融技術をもってすれば簡単に入れ替えることが可能である。このため，あえてインカム・ゲインとキャピタル・ゲインとを分けると資産運用に歪みが生じ，保険会社の健全性に悪い影響が出るおそれがある[121]。たとえば，かつては含み益のある株式を売却してキャピタル・ゲインを実現し，それを保険業法86条準備金に計上せず，インカム・ゲインに加算して利差配当の原資にすることが行われた。また，仕組債によってキャピタル・ゲインをインカム・ゲインに変換することもよく行われた。後者の方法は，規制されてきてはいるものの，規制の網を抜ける方法が存在するのが実状であろう。この意味では，新たな商品開発と規制とのイタチごっこになっているといえる。

---

121)　拙稿（2004b）p. 67

## 2-2 保険の定義構築への影響

わが国においては，危険団体は，保険について考える際に除外することは決してできないといってもいいほど重要なものとして位置づけられている。過去の保険学のテキストばかりでなく現代のものを見ても，保険の定義から始まって保険の成立する要件などの危険団体に関わる部分に，相当量のページを割いているのが通例である。我が国における保険本質論華々しい時代の保険の定義は，後述のとおり危険団体の説明そのものであった。また，現代における保険の定義を見ても，危険団体に関する表現が必ずといっていいほど含まれている。保険の定義についての議論が，危険団体についての議論にすり替えられてしまったともいうことができる[122]。

また，現代においても，こうした考え方の影響が残されている。わが国の保険会社のウェブ・ページを見ると，保険は，「思いやり」，「助け合い」，「相互扶助」または「一人は万人のために，万人は一人のために」であるとしていることが多い[123]。こうした考え方は，その根底に危険団体の存在があり，その構成員同士が助け合ったり，相互扶助をしたりするというものである[124]。これは，危険団体という概念が強く認識されたわが国ではよく見られるもので，そうし

---

[122] 水島一也博士は，伝統的保険理論は，「同氏（著者注：田村祐一郎助教授（当時））の示唆するように，保険者の役割を無視ないし過少にしか評価しない」とされ（水島一也（1979）p. 3），「加入者が制度の主体であるかのごとき表現が圧倒的に多くとられている」（水島一也（1979）p. 4）とされる。ここで加入者が制度の主体であるということは，危険団体の存在があってこそのことであり，このために，保険の定義についての議論が，危険団体についての議論になってしまったともいえる。

[123] 損保ジャパン・ディー・アイ・ワイ生命保険株式会社ウェブ・ページ「保険は助け合いの仕組みと言われるワケ」(http://diy.co.jp/knowledge/necessity/mutual.html)（2009 年 11 月 14 日アクセス），第一生命保険相互会社ウェブ・ページ「生命保険を正しく理解し活用するために」(http://www.dai-ichi-life.co.jp/examine/learn/about.html)（2009 年 11 月 14 日アクセス），ソニー生命保険株式会社ウェブ・ページ「生命保険とは」(http://www.sonylife.co.jp/idea/knowledge/insurance/index.html)（2009 年 11 月 14 日アクセス），日本生命保険相互会社ウェブ・ページ「保険の理念」(http://www.nissay.co.jp/okofficial/kojin/hokentoha/5fun/index.html)（2009 年 11 月 14 日アクセス），富国生命保険相互会社ウェブ・ページ「はじめての保険えらび」(http://www.fukoku-life.co.jp/learnt/index.html)（2009 年 11 月 14 日アクセス）など。

[124] 米谷隆三（1954）pp. 344-345，武田久義（2009）p. 10

たことのないアメリカやカナダには見られないようである。しかし，こうした見方には，もともと異論のあるところである[125]。私もこうした考え方には異見がある。たとえ，危険団体の存在を前提にして保険が助け合いであるとしても，保険には助け合いというような要素も含まれているということでしかなく，保険自体の説明にはなっていないと考えるからである。

さらに，危険団体と保険の定義の関係を考えると，危険団体が存在したからこそ保険の定義をしようということになったのである。危険団体がなければ，つまり，前述の要素④および⑤がなければ，要素①から③しか残らず，保証と同様に単なる個々の契約としての定義にしかならないからである。

これに対して，アメリカやカナダにおいては，後述のとおり基本的にはリスクの分散として実質的に危険団体が認識されている。しかし，保険は，日本とは異なり，後述のとおり要素④と⑤を充たす制度としての保険ではなく，保険契約として認識されることが多かった。このため，リスクの分散について議論を行う必要はあまりなく，また，行われた議論も日本と異なりいわば観念論に走ることがなかったため，実際上の大きな影響は生じなかったと考えられる。

## 3．危険団体見直しの必要性

このように，危険団体は，保険の基本的な概念，保険会社のソルベンシーおよび保険契約者等の保護に対して，日本ばかりではなく国際的に見てもきわめて大きな影響と問題点を残している。こうしたことを解決するためには，危険団体を新たな概念に置き換え，それを保険引受けの基礎理論とすることが最も望ましいと考えられる。

---

125) たとえば，水島一也（2006）pp. 10-15

# 第3章 新たな保険引受けの基礎理論

## 1. ALM 手法の援用

　このように危険団体にはさまざまな問題点がある。このため，これらの問題点を解決できる危険団体に代わる新たな概念を構築し，それを保険引受けの基礎理論として位置づけることが急務になっている。新たな概念としては，伝統的危険団体または保険数理的危険団体が保険引受けリスクしか考慮していなかったことが問題であったことに鑑み，これらのリスクに限らず，原則として保険会社が有するすべてのリスクを管理できる手法が基礎になっていることが望ましい。その意味から，現段階では保険会社の資産負債管理（Asset Liability Management，以下 ALM という。）の手法を援用することが最善の方法であると考えられる。

　なお，バリュー・アット・リスクなどのリスク管理の手法を援用するという考え方もあり得る。しかし，リスク管理自体，資産，負債，資本の状況を含む企業の現状を前提にして，当該企業のリスク量を把握し，別途定められた許容できるリスク水準との乖離の程度をつかみ，リスク量を許容できるリスク水準の範囲内に収めようとするものである。このため，現状における保険会社の資産，負債，資本の状況，ことに保険料積立金の状況を前提とせずに新たな保険概念を構築しようとする場合には適していないと考えられる。

　危険団体に代わるべき手法の要件としては，次のものが考えられる。

> ➤ ALM の手法として問題がないこと。これはいうまでもないことであろう。

> 保険会社の資産負債全体を同じレベルで管理できるものであること。これは，危険団体が，保険会社の負債だけに注目したことによって，さまざまな問題が発生していたのであり，この問題点の解決のためには，資産と負債を同じレベルで管理できるものでなければならない。

> 保険会社の資産運用および保険の引受けの現状を適切に反映できるものであること。これは，ALM の手法の中には，確定利付債券だけを想定したものなど，保険会社の実態とかけ離れたものがある。しかし，いくら株式や不動産をすべて売却すればよいといっても，実際の市場に与える影響等を考えるとそうした考え方は実際的ではなく，採用し得ない。保険の引受けについても，実際の保険会社が引き受けている状況に対応できるものでなければならない。

> 現状における責任準備金の計算方法あるいは危険団体の存在を与件としたものではないこと。これは，新たな保険会社を構築しようとする場合に，現状における責任準備金の計算方法あるいは危険団体の存在が与件となっていると，トートロジーになるためである。

上記の要件によって各種手法を評価すると，以下のようになる。

1-1 デュレーション・マッチングとデュレーション・ギャップ分析

デュレーション・マッチングは，デュレーションのコントロールによって価格変動のリスクと再投資のリスクをイミュナイズできるとするものである。これに対して，デュレーション・ギャップ分析は，資産のデュレーションと負債・資本の合成デュレーションのデュレーション・ギャップをコントロールすることによって，より収益を上げようとするものである。これらの手法は，資産，負債の金利リスクを管理するための手法として有効であるとされてきたもので，銀行を中心に使われてきたが，保険会社についても一定程度有効であると考えられてきた[126]。ことに，年金などの金利リスクの管理については実際に

---
126) 日本の生命保険会社の ALM としてデュレーション・マッチング型が適している

保険会社で用いられている[127]。

もともと，デュレーションには，次のようにさまざまな限界があるとされてきた。

> ➢ キャッシュ・フローが確定していないとデュレーションが単なる確率的な数値に過ぎなくなること[128]
> ➢ 金利の期間構造の変動で仮定した確率過程に依存すること。たとえば，マコーレー・デュレーションでは，イールド・カーブが水平で，かつその変動が平行移動であることを仮定している。このため，期間構造の変動として，たとえば，乗法確率過程，加法確率過程，対数確率過程を仮定した場合には対応できない[129]。
> ➢ 金利エクスポージャーの線形近似でしかないこと。イールド・カーブが水平で平行移動を仮定している場合であっても，デュレーションは金利の微小変化に対してしか有効ではない[130]。
> ➢ デュレーション・ギャップ分析の場合，将来の金利変動に伴う資産・負債の構成変化を考慮していないこと。たとえば，一般に金利が変動すれば，顧客は銀行借入の期限前返済または追加借入れの動きや預金の引出しまたは積み増しの動きに出るので，当然マチュリティーに影響を及ぼ

---

とする考え方としては，杉本浩一，星学（2000）pp. 30-31 がある。

[127] こうした保険会社における実態を踏まえ，日本公認会計士協会業種別監査委員会報告第21号（2000）は，保険会社の中で，デュレーション・マッチングを図り，資産・負債の金利リスク変動を適切に管理している場合においても，資産と負債の評価方法が異なる結果，財務諸表上，資本の額が変動し，保険会社の真の財務状況が適切に反映されないこととなるおそれがある。このような事態を避けるため，適切な金利リスク管理の実態を反映する会計処理として，新たに区分を設け，償却原価法に基づく評価を認めるとする報告を出している。

[128] P. Jorion and S. J. Khoury (1995)，邦訳 小川英治監訳，生命保険文化研究所，生命保険金融リスク研究会訳（1999）p. 56

[129] P. Jorion and S. J. Khoury (1995)，邦訳 小川英治監訳，生命保険文化研究所，生命保険金融リスク研究会訳（1999）p. 57．池尾和人・永田貴洋（1999）p. 14

[130] P. Jorion and S. J. Khoury (1995)，邦訳 小川英治監訳，生命保険文化研究所，生命保険金融リスク研究会訳（1999）p. 59．池尾和人・永田貴洋（1999）p. 14

すことなどが挙げられる[131]。
- オフバランス取引を含めた金利リスクの把握が難しいこと[132]

そのうち，期間構造については，コンベクシティを用いることによって，また，微小の金利変動については，$M^2$ を用いる[133]ことによって，その限界を克服してきている。

しかし，保険会社の場合，次のような問題点が指摘できる。

- キャッシュ・フローが確定していなければならないということについては，一般的な保険契約の場合，事故率の変動によってキャッシュ・フローは大きく変わり得ると考えられること
- 実際の保険会社は，債券だけに限定して資産運用を行っているのではなく，株式，不動産等によっても資産運用を行っていること[134]

このため，保険会社一般に用いることは，難しいといわざるを得ない。

1-2 サープラス・アプローチ

これは，資産の時価と負債の現在価値の差額をサープラスとし，サープラスまたは期初の負債の額に対するサープラスの変化額の割合であるサープラス・リターンの変動を計ろうとするものである[135]。サープラスの変動を計るものを

---

131) 宮内篤（1988）p. 79
132) 宮内篤（1988）p. 80
133) P. Jorion and S. J. Khoury (1995), 邦訳 小川英治監訳，生命保険文化研究所，生命保険金融リスク研究会訳（1999）p. 93
134) 保険会社においては，事故率の変動が少ない保険契約で，金利の保証を行っているようなものについては，デュレーション・ギャップ分析を用いている例がある。
135) サープラス・アプローチに触れたものとしては，M. L. Leibowitz, S. Kogelman and L. N. Bader (1992) pp. 28-37, G. C. Taylor (1997) pp. 5-47 がある。前者では，ショートフォール・アプローチ，サープラス・リターン・アプローチをもとに，それらの二つの制約条件を同時に満たすデュアル・ショートフォール・アプローチが提唱されている。後者では，資産は，確定利付債券と株式，不動産などの時価の変動する資産からなり，負債は，損害保険の一つのラインの技術的準備金（Technical

第3章 新たな保険引受けの基礎理論 65

サープラス・アプローチ，サープラス・リターンの変動を計るものをサープラス・リターン・アプローチと呼ぶ。

サープラス・アプローチは，我が国の生命保険会社においては，一般的に用いられているALMの手法である。実際上，サープラス・アプローチを採用している保険会社では，そのソルベンシーが維持されることは前提となっており，より低いリスクでより大きいサープラスの獲得を目指そうとしているものが多いと想定される。

サープラス・アプローチは，定期的にリスクとリターンの関係を監視し，資産ポートフォリオのリバランスのための情報などの提供を行う目的や資本の最適配分問題を取り扱うことに適している[136]。しかし，サープラスを求める計算を行う必要上，負債の評価方法が定められていることが前提となっている。このため，さまざまな責任準備金の評価方法があり得る保険制度を説明し得るものとはなり得ず，危険団体概念に代わることは難しい。

サープラス・リターン・アプローチ[137]では，ある一定のサープラス水準は常に確保されているのでファンドが破産状態に陥ることはないが，市場動向次第で負債サイドが要求する収益を資産サイドが達成できないことは充分考えられる[138]。さらに，サープラス・アプローチと同様に，サープラスを求める計算を行う必要上，負債の評価方法が定められていることが前提となっている。このため，さまざまな責任準備金の評価方法があり得る保険制度を説明し得るものとはなり得ないと考えられ，危険団体概念に代わることは難しい。

---

　　Liabilities）からなるものとされている。そして，両者の差額である純資産について分析を行い，資本の平衡状態（equilibrium）を求めている。また，杉本浩一・星学（2000）pp. 17-32 は，サープラス・アプローチに触れてはいるものの，基本的に生命保険会社のALMとしては，マッチング型が適しているとするものであり，サープラス・アプローチをマッチング型が適しているとする論理に用いているにすぎない。
136）　田中周二，室町幸雄（2000）p. 53
137）　わが国の生命保険会社におけるサープラス・リターン・アプローチのシミュレーションを行ったものとして，牧田清隆（1995）pp. 79-86。サープラス・リターン・アプローチに基づき，生命保険会社の資産運用に関して分析したものとしては，土井一人（1997）pp. 108-129 がある。
138）　牧田清隆（1995）p. 85

1-3　ショートフォール・アプローチ

　生命保険会社におけるもっともシンプルなショートフォール・アプローチは，実際の生命保険会社の運用収益が，予定利率を満たさない場合をショートフォール・リスクとし，予定利率を満たす収益を目標収益として組み込んだ資産選択モデルである[139]。

　このモデルは，ある期間の資産サイドのパフォーマンスが良好で予定利率をクリアーできた場合でも，その間の金利水準次第では負債の現在価値が大きくなり，資産と負債のバランスが悪化することも考えられる[140]という問題点を有する。それ以上に，このモデルは，予定利率の存在を前提にしているが，このこと自体保険数理的危険団体の存在を前提としていることにほかならないと考えられ，危険団体概念に代わる新たな概念を求めるためには適切とはいえない。また，予定利率に代えて，資産負債の総合収益率を用いることも考えられるが，後述のとおりこの方法は必ずしも適切ではないと考えられることから，採用できない。

　さらに，ショートフォール・アプローチとサープラス・リターン・アプローチの欠点を同時に解決するものが，両者を採り入れたデュアル・ショートフォール・アプローチである[141]。しかし，デュアル・ショートフォール・アプローチも，予定利率の存在を前提としたショートフォール・アプローチを用いているのであり，このこと自体保険数理的危険団体の存在を前提としていることにほかならないと考えられ，新たな概念を求めるためには適切とはいえない。

---

139)　ショートフォール・リスクに基づく年金 ALM を生保 ALM に適用する場合について検討を行ったものとして，三木隆二郎（1995）pp. 125-141 がある。
140)　牧田清隆（1995）p. 79
141)　デュアル・ショートフォール・アプローチのシミュレーションを行い生命保険会社への適用の可能性を探ったものとして，牧田清隆（1995）pp. 74-93 がある。

## 1-4 キャッシュ・フロー分析

資産と負債の将来のキャッシュ・フローを複数のシナリオのもとで想定し,将来の収支の状況を把握しようとするものである。少数のシナリオを用いて行う決定論的なものと確率的に多数のシナリオを発生させて行う確率論的なものがある[142]。日本の保険計理人による将来収支分析 (1996年保険業法施行規則第80条,平成12年6月23日号外金融監督庁・大蔵省告示第22号第2条,生命保険会社の保険計理人の実務基準) とカナダの資産負債法 (カナダ保険会社法第365条(2), Canadian Institute of Actuaries, Standards of Practice) がこの手法を用いている典型的な事例である。両者とも,決定論的なものと確率論的なものを選択できるようになっている。

キャッシュ・フロー分析は,次のようなメリットを有す。

> 当該年度だけでなくある一定期間後の将来の収支を予測できる[143]
> 期間損益だけにとどまらず,ある仮定の下でバランスシートの状況が推定できる。これが責任準備金の評価に用いられる最大の理由である[144]
> 予測を複数のシナリオに基づいて計算することから,一定数以上の試行をすることによって確率的にリスクを表すことが可能となる[145]
> 責任準備金積立てが適切に行われているか否か,保険料の設定が適切であるか否かの判断に役立つ[146]

この一方で,

> 予測回数と精度にはトレード・オフの関係がある[147]

---

142) 確率論的なものについての研究としては,たとえば,Edited by W. T. Ziemba and J. M. Mulvey (2000) がある。
143) 高浜一則 (1997) p.65
144) 高浜一則 (1997) p.65
145) 高浜一則 (1997) p.65
146) Working Group on The Use Of Stochastic Valuation Techniques, Canadian Institute of Actuaries (2001) p.3
147) 高浜一則 (1997) p.66

> 資産負債の現状が前提となって計算が行われるため既設の会社に向いており，まったく何もない状態（保険会社の新設の時）から決めることはできないと考えられる
> 現状の資産負債と大きく異なるような想定をすることは困難であると考えられる

などのデメリットを有する。確かに，将来の想定を行うための手段としては現状で最善のものであると考えられるが，危険団体概念に代わるものとしては，新設の会社では既契約が全くない場合には責任準備金を含んだ資産負債最適配分概念の計算ができないなどの難点があり，採用しがたい。

しかし，確率論的なキャッシュ・フロー分析のこうした性格から，後述のとおり責任準備金の積立方式としては，きわめて優れていると私は考えている。

### 1-5　2パラメータ・アプローチ

このように，既存のALMの手法では，危険団体概念に代わるものを見つけることは困難である。そこで，私が考え付いたのが，マーコビッツの2パラメータ・アプローチ[148]を負債にまで拡大して用いるというものである。2パラメータ・アプローチは，個々のリスクが正規分布する前提のもとで，複数のリスクの相関係数が1でなければ，リスクを現状のままにしてリターンを向上させたり，逆にリターンをそのままにしてリスクを減少させたりすることができるとするものである。つまり，複数の資産に投資することによって分散投資効果が得られるとするものである。さらに，その後シャープ[149]の研究に始まり，リントナー[150]が深めた資本資産評価モデル（CAPM）へと発展した。さらには，分離定理やパフォーマンス評価指標としてのシャープ・レシオを生み

---

[148]　H. M. マーコビッツがH. M. Markowitz (1952) pp. 77-91の中で提唱した手法である。
[149]　W. Sharp (1964) pp. 425-442
[150]　J. Lintner (1965) pp. 587-615

出すもととなった。

2パラメータ・アプローチは，次のようなメリットを有する。

- ポートフォリオの目的関数と制約を統一し，それらの情報を効率的にも取り込むことを可能とする。たとえば，空売りの禁止，取引費用・流動性・取引量等の制約を盛り込むことができる[151]。
- 変数が平均と分散だけであるため，使いやすいこと[152]

これに対して，2パラメータ・アプローチには，もともと次のような欠点があるといわれてきた。

- 負債のリスクが考慮されていないこと[153]
- インプットに対するアウトプットの感応度が非常に高いこと（期待収益率の予測のずれがファンドの収益率に大きな影響を及ぼす）[154]。この結果，収益の推定値の高い（低い）証券のウエイトを過大（過小）にする傾向が生じてくる[155]。
- リスク，リターン，リターンの相関などの前提値の設定が難しいこと[156]

私は，さらに次のような欠点もあると考える。

---

151) P. Jorion and S. J. Khoury (1995)，邦訳 小川英治監訳，生命保険文化研究所，生命保険金融リスク研究会訳（1999）p. 166
152) 田中周二編，北村智紀（2004）p. 6
153) Edited by F. J. Fabozzi (1990)，邦訳 ファボッツィ編（1993）p. 45
154) P. Jorion and S. J. Khoury (1995)，邦訳 小川英治監訳，生命保険文化研究所，生命保険金融リスク研究会訳（1999）p. 166，竹内秀典（2000）p. 84, 95
155) P. Jorion and S. J. Khoury (1995)，邦訳 小川英治監訳，生命保険文化研究所，生命保険金融リスク研究会訳（1999）p. 166
156) 田中周二編，北村智紀（2004）p. 6

> リスクとリターンの計算を行う期間によって制限されること（何十年という期間の想定はできない）
> 極値について対応できないこと

　こうした問題点については，過去のデータによる推定上のバイアスを「ベイズ調整」によるデータの平準化によって減少させる方法[157]やIC係数（情報係数）によって，将来の予測超過収益率を調整する方法[158]などによって，解決することができるようになってきている。また，極値については別途ストレステスト等を行うことによって対応することができると私は考えている。しかし，これまで負債のリスクを考慮していないという点については解決の糸口がなかったが，以下のようにして解消できると私は考えた。

　これまで，2パラメータ・アプローチは，資産だけを対象にし負債はその対象に含めることはなかった。これは，資産以外に利益を生むものがないということを大前提にしているからであると考えられる。確かに，負債は，一般的には資産と異なり利益を生むということはない。しかし，負債の中には，負債の計上時点で見積もった将来の支出額が実際の支出額と異なることによって，実際の支出の時点で利益や損失を生じさせるものがある。たとえば，賞与引当金，修繕引当金，退職給付引当金，製品保証引当金などである。さらに，保険会社の責任準備金（正確にいえば，保険料積立金，払戻積立金および未経過保険料）もそうした性格を有する。また，近年では，負債が時価評価されることによって，当該会社の信用リスクを反映して負債の額が変化し，利益または損失が生ずることがある[159]。

　このように，負債には利益を生むものが含まれており，その負債と各資産の収益率の間に何らかの相関がある限り，その負債を無視して2パラメータ・

---

157) P. Jorion (1986) pp. 279-292
158) K. P. Ambachtsheer (1977) pp. 52-56
159) こうした負債の評価は，生命保険会社の監督会計においては問題があるものであるとの主張としては，拙稿（2000）がある。

アプローチを適用し，この結果求められた資産配分を行っても決して最適な配分にはなり得ないことはいうまでもない。ことに，生命保険会社の場合，負債および資本の額に占める責任準備金の額の割合は，極めて高く，その影響は大きいものと考えられるだけになおさらである[160]。このため，少なくとも，保険会社の場合には，資産だけでなく責任準備金も含めて最適な資産，負債の配分を求める必要があるといえる。

ただ，責任準備金は，通常保険募集の結果として生ずるものであり，資産と異なり意図的に増減させることは困難である。そのため，責任準備金を増減させたり，リスク・テークの内容を変えたりする場合には，再保険などの手段を用いることになると考えられる。また，資産だけでなく負債も含めて2パラメータ・アプローチを適用すると，貸借がバランスするとは限らず，資産の方が大きい場合や債務の方が大きい場合も考えられる。債務の方が大きい場合には，無リスクの資産を組み入れることが考えられる。資産の方が大きい場合，一般的な無リスクの資産のように，期待収益率は存在するもののリスクのない負債というのは，存在しないと考えられる。しかし，期待収益率が常にゼロの負債であれば，そのリスクはないわけであり，存在する。それは，一般的な負債でしかない。つまり，何らかの一般的な負債を組み込めばよいことになる[161]。資本も一般的な負債と同様に無リスクであり，本稿では一般的な負債と同様に取り扱うこととする。

このようにすると，実際には，貸借を最適な配分の形でバランスさせることができないこともあり得る。この場合には，より適切な配分を追求することでよしとせざるを得ない。

---

160) 私は，本書の中では，資産だけで最適な配分を求めた場合と，負債も含めて最適な配分を求めた場合を比較しているが，負債も含めて最適な配分を行った方が，適切な配分が行えることが明らかになっている（pp. 57-59）。

161) 2パラメータ・アプローチを保険リスクに応用したものとして，拙稿（1997）pp. 68-81がある。また，責任準備金などの負債ばかりでなく，資産も含めて分散投資の手法としてのマーコビッツの2パラメータ・アプローチを適用できることを指摘したものとして拙稿（1997）pp. 80-81が，実際に，生命保険会社について2パラメータ・アプローチを適用してみたものとして拙稿（2005）pp. 195-236がある。

なお，リスクとリターンの計算を行う期間によって制限されることについては，後述のとおり責任準備金の計算に確率論的なキャッシュ・フロー分析（確率論的シナリオ法）を採用すれば問題が解決できると私は考えている。

このように考えると，保険引受けの基礎理論として採用するに最適なALMの手法は，現段階では，私が考え付いた2パラメータ・アプローチを負債にまで拡大したものであることが判る。

## 2．資産負債最適配分概念

### 2-1　資産負債最適配分概念の構築

この2パラメータ・アプローチを拡大した手法を用いれば，資産と負債の最適な配分を実現することによって保険者がリスクとリターンを適切に管理することができ，合理的に保険を引き受ける基礎を構築することができる。そこで，私は，この考え方を資産負債最適配分概念と名付け，保険引受けの基礎理論として位置づけることを提案するものである。

また，私は，現段階ではこの2パラメータ・アプローチを拡大した手法によることが最善であると考えているが，今後さらに適切な手法が開発される可能性は否定できない。その場合には，この資産負債最適配分概念も見直す必要があるかもしれない。しかし，新たな手法に基づき，保険概念を説明したとしても，それがALMの手法である限り，2パラメータ・アプローチを拡大した手法に基づくものと大きくは変わらないと私は考える。

### 2-2　危険団体の問題点の解決

資産負債最適配分概念であれば，前述の危険団体の問題点は，以下のとおり基本的に回避できると私は考える。

危険団体が価格変動等のリスクを考慮していないことについては，資産負債最適配分概念は，価格変動等のリスクを保険引受けリスクと同じレベルで考慮

しており，まったく問題とならない。このため，保険引受けリスクと価格変動リスク等との間に合成の誤謬が生ずることもなければ，価格変動等のリスクへの備えだけが不十分なものにもなり得ない。また，大数の法則から将来の事故発生率を想定できないことがあり得ることについては，事故差益率に分散があることが資産負債最適配分概念の前提であるため，事故発生率に分散があっても問題にはなり得ない。

　保険契約者よりも危険団体を守りがちであることについては，資産負債最適配分概念には危険団体のように守るべき対象となる存在がないため，それを守るという発想は，出て来ようがない。もちろん，資産負債最適配分概念は，資産，負債を含めた最適な配分を求めるためのものでしかなく，必ず一定程度のリスクが残る。このため，このリスクをどのようにして担保するのかということについては別途対応が必要になる。つまり，団体優先説を基礎とする不倒神話のようなものは生まれようがない。

## 2-3　保険以外への資産負債最適配分概念の適用

　資産負債最適配分概念は，保険だけに限定されて適用されるべきか否かという問題がある。資産負債最適配分概念は，負債に対応する資産が利益を生むことによって結果的に負債が利益を生むということではなく，独自に利益を生み，その利益が変動するものであれば適用できるものである。このため，保険とはまったく異なったものでも資産負債最適配分概念の適用の可能性があることになる。

　たとえば，クレジット・デフォルト・スワップや保証についても，その性格は，実質的に損害保険における信用保険あるいは保証保険と変わるところはない[162]。このように考えると，保険と同様，資産負債最適配分概念が適用できる。さらにいえば，より適切にリスクを引き受けるという観点からすると，資産負債最適配分概念を適用することが望ましいと私は考える。日本自動車連盟

---

162)　拙稿（2001）pp. 145-149

(JAF) も同様である。日本自動車連盟の行っているロードサービスは，現物給付の保険的なものであり，日本自動車連盟の貸借対照表[163]を見ると，流動負債に未経過会費が計上されており，保険会社の未経過保険料に相当すると考えられ，これが利益を生み，それが変動することになり，資産負債最適配分概念が適用できると私は考える。さらに，上記のとおりこれら以外にも負債が利益を生むものが存在しており，資産負債最適配分概念を保険独自のものとすることには，論理上無理がある[164]。

なお，共済については，私は，資産負債最適配分概念を適用すべきであると考えるが，別途の問題も存在することから後述する。

## 2-4 資産負債最適配分概念の意義

このように，保険引受けの基礎に危険団体概念に代えて資産負債最適配分概念を置けば，危険団体が持つ上記のような問題点も基本的に回避できることが判る。保険引受けの基礎に置くべき概念として，資産負債最適配分概念は危険団体概念よりも圧倒的に優れていると私は考える。

こうした考え方に基づいて経営を行っている保険会社は，現実には存在しないと思われるが，こうした考え方に基づけば，危険団体概念よりも，資産と負債を別々に管理するリスク管理のさまざまな手法よりも，合理的かつ適切にリスクとリターンの管理ができることになる。さらに，近年各種のリスクの相関が高まってきている中でリスクの管理が難しくなってきている。そうした観点

---

163) 日本自動車連盟『第47期（平成20年度）収支決算報告』p. 1（日本自動車連盟ウェブ・ページ http://www.jaf.or.jp/profile/disclo/20/image/kessan.pdf）
164) なお，2008年秋の世界的な金融危機で明らかになったとおり，クレジット・デフォルト・スワップのプロテクション・バイヤーは，クレジット・デフォルト・スワップを信用保険や保証保険と実質的にまったく同一のものであると理解していたのであり，その期待に応えるためには，信用保険や保証保険と同様に，少なくとも責任準備金を積み立てるという経理処理がなされている必要があったといえる。こうしたことを前提にして，各金融機関の経理処理を決定すべきであろう。すなわち，クレジット・デフォルト・スワップや保証のように信用保険，保証保険と実質的に変わることのない業務については，損害保険会社以外の金融機関が行うのであれば，損害保険会社と同様に，少なくとも責任準備金等の準備金を計上することを求めることが考えられよう。

からは，責任準備金のリスクとリターンは，一般的な金融のリスクとリターンとは異なることが想定され，保険会社とすればこれを活用しない手はないといえる。また，当然のことながら保険会社が破綻するおそれを最小限にできる可能性を秘めている。

なお，きわめて大きな危険団体が存在するということは，前述のとおり生命保険会社の場合，死差益率の分散が相対的に小さくなる可能性が高いことを意味し，逆に危険団体とはいえないような数の保険契約者しか存在しないということは，死差益率の分散が相対的に大きくなる可能性が高いことを意味する。後者の場合であっても，他の保険リスクや資産運用に係るリスクと上手に組み合せることによって，かえって全体としてのリスクを軽減することが可能である。このため，資産負債最適配分概念の下では，危険団体を構成することは，必要不可欠なものであるとは考えられず，単にリスク管理の一手法として保険会社が任意に採用することがあり得るものと位置づけられることになる。

また，資産負債最適配分概念は，これまでの保険の考え方を一変させる。その典型的な例が保険の定義である。保険の定義については，これまで意見の一致が見られない，学問的に見てきわめて興味を引く問題である。資産負債最適配分概念は，後述のとおりこの問題について解決の糸口を提供することになる。

当然のことながら，資産負債最適配分概念に基づく実務は，今後構築していく必要がある。これまでは，保険会社における保険計理にかかわる保険料積立金の計算等の実務を公正な慣行として認め，それを保険業法の規制に採り入れるように，実務で行われている慣行を保険業法の規制の中に採り入れることが行われてきた。しかし，危険団体概念に立脚した保険計理の実務の基本的な考え方に問題がある以上，それではこれからの保険会社をより適切な方向に誘導することができない。そこで，資産負債最適配分概念に基づいた保険業法における規制を構築すれば，逆に規制が保険会社をリードする形になり，保険会社のより健全な運営が確保できる可能性が高まる[165]。そうした意味からも，資産

負債最適配分概念を保険業法の規制に採り入れることが強く期待される。

---

165) 田中耕太郎博士は,「保険法(私は本稿に於て問題を保険私法のみの考察に限局する)の研究の一大中心は勿論保険者と保険契約者間の契約関係に存するのであるが,然し其れは保険法研究の全部ではなく,其の他に広汎なる範域が存するのであり,而して私は保険契約の研究と雖も従来為されたるが如き純法律学的,一般私法的概念分析よりしてではなく,社会学的,経済的方法に依りて企画せられなければならぬと考ふるものである。即ち保険契約が考察の対象とせらるるにしても,其の一般私法上の概念の範疇の何れに属するやを神経質に論議するに非ずして,其の商的色彩を探求することを目的としなければならないのである。」(田中耕太郎(1932a) pp. 36-37)として,保険法の規制に社会学的,経済的方法を採り入れる必要性を強調していた。私は,この考え方をさらに進めて,保険業法の規制に現在行われている保険計理の方法等よりもさらに合理的な方法を採り入れることによって,保険会社の経営をより健全にしたいと願うものである。

## 第4章　2パラメータ・アプローチによる検証

　ここでは，資産負債最適配分概念が実際に有効に機能することをマーコビッツの2パラメータ・アプローチによって検証する。

### 1．データ

　資産，負債としては，次のものを用いた。以下の資産のデータは，1972年から2011年までであればそろえることができたが，負債のデータは，1972年から2010年までしか入手できず，さらに，1972年から1990年にかけて50歳男子の死亡率が大きく減少しているため死差益率が大変高く出てしまう。そこで，この影響を排除する観点から資産，負債とも，1990年から2010年までとした。

#### 1-1　資　　産

　本来は，実際の生命保険会社の資産運用の内容，保険の引受けの状況をこと細かに反映させることが望ましい。しかし，資産については，個別の資産についての価格情報等は入手が困難であり，インデックス等を用いざるを得ない。さらに，インデックス等であっても過去からのデータが入手できるものが限られていることから，日本国債，日本株，米国株，香港株の資産の運用を行う生命保険会社を想定することとする。

##### 1-1-1　日　本　国　債

1990年から2010年までの10年物利付国債の応募者利回り[166)]を用い，リタ

ーンとしてその間の平均値を使用した。また，1年物の割引国債の数値を用いることも考えたが，1999年以降のデータしかないためこれも使用を諦めた。

### 1-1-2　日　本　株

実際の生命保険会社における株式投資は，東証株価指数（Tokyo Stock Price Index, TOPIX）をベンチマークとしていることが多いと考えられることから，1990年から2010年までのTOPIXの暦年末の終値[167]の対前年増加率を用いた。リターンとしてその間の平均値を用いた。本来は，配当込みTOPIXを用いる方がより適切であるが，データが入手できなかったため使用を諦めた。

### 1-1-3　米　国　株

1990年から2010年までのS&P総合500種株価指数の暦年末終値の対前年増加率に，同時期のUSドル円為替レート（TTM）の対前年増加率[168]を乗じた数値を用いた。リターンとしてはその間の平均値を用いた。

### 1-1-4　香　港　株

1990年から2010年までのハンセン株価指数の暦年末終値の対前年増加率に同時期の香港ドル円為替レート（TTM）の対前年増加率[169]を乗じた数値を用

---

166）　財務省ウェブページ「国債の入札結果」（http://www.mof.go.jp/jgbs/auction/past_auction_schedule/index.html）（2012年1月10日アクセス）（2010年12月まで）の過去の入札結果の平均利回りによる。2011年12月については，株式会社IICパートナーズウェブページ（http://www.iicp.co.jp/library/pdf/kokusai_full.pdf）（2012年1月10日アクセス）（2011）による。
167）　東京証券取引所ウェブページ「株価指数関連データ（指数値・浮動株比率・構成銘柄等）」（http://www.tse.or.jp/market/topix/data/index.html）（2012年1月10日アクセス）の過去データ，TOPIXによる。
168）　S&P総合500種株価指数については，Yahoo Financeウェブページ"S&P 500 (^GSPC)"（http://finance.yahoo.com/q/hp?s=%5EGSPC）（2012年1月10日アクセス），USドル円為替レートについては，三菱UFJリサーチ＆コンサルティングウェブページ「1990年以降の為替相場」（http://www.murc.jp/fx/past_3month.php）（2012年1月10日アクセス）（1990年以降），日本経済新聞（1989年）による。
169）　ハンセン株価指数については，Yahoo Financeウェブページ"HANG SENG INDEX (^HSI)"（http://finance.yahoo.com/q/hp?s=%5EHSI）（2012年1月10日アク

いた。香港株のリターンとしてはその平均値を用いた。

これらの資産について，リスクは，各々のリターンの標準偏差とした。その結果，1990年から2010年までの平均収益率とその分散，標準偏差は，次のようになった（表1）。

表1　日本国債，TOPIX，S&P総合500種株価指数（円換算後），
　　　ハンセン株価指数（円換算後）の平均収益率とその分散，標準偏差

|  | 国債応募者利回り | TOPIX 増加率 | S&P総合500種株価指数増加率（円換算後） | ハンセン株価指数増加率（円換算後） |
| --- | --- | --- | --- | --- |
| 平均収益率 | 0.02213 | -0.02590 | 0.05990 | 0.13415 |
| 分　　散 | 0.00029 | 0.05981 | 0.04920 | 0.12444 |
| 標準偏差 | 0.01691 | 0.24456 | 0.22182 | 0.35276 |

なお，国債以外の公社債，貸付金，不動産など，他の資産を想定しないことについては，リスクとリターンの組合せが異なるだけであり，特段大きな問題は生じないものと私は考える。

1-2　負　　債

保険の引受けについては，データの入手が容易な生命保険における死亡リスクを採り上げることとし，死亡保険の典型として1年満期の定期保険を想定する。1年満期の保険を想定することにしたのは，1年超の保険期間の平準払い保険料の生命保険等であれば，1年超の期間に対応する危険保険料を収受す

---

セス），香港ドル円為替レートについては，三菱UFJリサーチ＆コンサルティングウェブページ「1990年以降の為替相場」（http://www.murc.jp/fx/past_3month.php）（2012年1月10日アクセス）（2010年以降），エース・コンサルティング・グループ ウェブページ「外国為替レート　月末推移表2」（http://www.aceconsulting.co.jp/kawasekinri2.html）（2010年7月9日アクセス）（1996年から2009年まで），日経新聞（1989-1995年）による。

ることになる。しかし，この部分は，1年の期間内で考えると，収益も生まずリスクもない単なる負債でしかない。このため，1年満期の保険だけを想定することにした。また，被令，性別を30歳男子と50歳男子に限定した。これは，計算の便宜を考えた結果であるが，特段の問題は生じないと考えられる。また，費差損益については，データの入手ができないことから考慮しないことで割り切った。

この場合，負債に計上すべき金額は，純保険料となる。これは，期間の経過を考えると実際上未経過保険料を負債として計上することと変わらない。

1年定期保険の純保険料計算に用いる死亡率については，

　　ⅰ．過去の簡易生命表，完全生命表の死亡率をもとに作成する方法
　　ⅱ．過去用いられた全会社生命表等の死亡率を用いる方法

が考えられる。前者の場合，保険金支払額の計算に用いる死亡率として，簡易生命表，完全生命表上の死亡率を使うことができるが，後者の場合には，保険金支払額の計算に用いる死亡率として，この数値に対応したものを入手できないことから，前者の簡易生命表，完全生命表上の死亡率をもとに作成することにした。

具体的には，30歳男子および50歳男子の1990年から2010年までの死亡率を簡易生命表または完全生命表から求め，その平均と標準偏差を計算する。そして，生保標準生命表2007等を参考にして，

$$\text{死亡率} = \min(\text{平均死亡率} + 2 \times \text{標準偏差}, \text{平均死亡率} \times 1.3) \quad \cdots\cdots(3)$$

を純保険料計算に用いる死亡率とした。この結果，保険金支払額の計算に用いる死亡率については，その当時の簡易生命表，完全生命表上の死亡率を用いることになった。

そして，定期保険契約の平均死差益率をリターン，その標準偏差をリスクと

みなした。具体的な死差益率の計算は，次のようにして行った。

死差益は，次のようにして求められる。

死差益＝危険保険料の総額－実際に死亡した被保険者にかかる危険保険金額
　　　……………………………………………………………………………(4)

(4)式の両辺を危険保険金額の総額で割ると，

死差益率＝(純保険料計算に用いた死亡率－実際に支払った死亡保険金に
　　　基づく死亡率)／純保険料計算に用いた死亡率 ………………(5)

となることから，(5)式によることにし，死差益率の平均をリターン，その標準偏差をリスクとした。

この結果，これらの負債の1990年から2010年までの平均収益率（平均死差益率）とその標準偏差は，次のようになった（表2）。

表2　30歳男子，50歳男子の純保険料の平均収益率とその分散，標準偏差

|  | 30歳男子 | 50歳男子 |
|---|---|---|
| 平均収益率 | 0.08436 | 0.17830 |
| 分　　散 | 0.00200 | 0.01122 |
| 標準偏差 | 0.04477 | 0.10595 |

なお，疾病保険契約，傷害保険契約の引受けを行うことを想定しないことについては，定期保険契約を引き受ける場合のリスクとリターンの組合せが異なるだけであり，特段大きな問題は生じないものと私は考える。

## 2. 最適解の算出

資金の借入れ，社債の発行，過去法の保険料積立金のうちの将来の保障にかかる部分などは，前述のとおりリスクもリターンもゼロである。これは，リスク・フリーの証券を含めてマーコビッツの2パラメータ・アプローチに基づく場合と変わらないため，第一段階として危険資産の効率的フロンティアを算出し，第二段階としてリスク・フリーの資産または通常の負債を導入して全体の配分比率を決定することとした。

### 2-1 リスク・フリーの資産と通常の負債を除く最適解算出

最初に，Excelの分析ツールを用いて共分散の計算を行った。なお，Excelの分析ツールは，母集団共分散しか求められないので，それを標本共分散に修

表3 共 分 散

|  | 国 債 | TOPIX | S&P総合500種株価指数(円換算後) | ハンセン株価指数(円換算後) | 30歳男子定期保険純保険料 | 50歳男子定期保険純保険料 |
|---|---|---|---|---|---|---|
| 国 債 | 0.00029 | -0.00092 | -0.00004 | 0.00086 | -0.00028 | -0.00099 |
| TOPIX | -0.00092 | 0.05996 | 0.01809 | 0.04071 | -0.00241 | -0.00105 |
| S&P総合500種株価指数(円換算後) | -0.00004 | 0.01809 | 0.04933 | 0.03888 | -0.00147 | -0.00556 |
| ハンセン株価指数(円換算後) | 0.00086 | 0.04071 | 0.03888 | 0.12475 | -0.00022 | -0.00539 |
| 30歳男子定期保険純保険料 | -0.00028 | -0.00241 | -0.00147 | -0.00022 | 0.00201 | 0.00347 |
| 50歳男子定期保険純保険料 | -0.00099 | -0.00105 | -0.00556 | -0.00539 | 0.00347 | 0.01125 |

正した。その結果は，(表3) のとおりである。

次に，Excel のソルバーを用いて2パラメータ・アプローチによる最適解算出を行った (図1)。ソルバーで用いた条件は，次のとおりである。

ⅰ. 目標収益率の中でリスクが最小になるものであること
ⅱ. 目標収益率＝リターンとなること
ⅲ. 国債，TOPIX，S&P 総合 500 種 (円換算後)，ハンセン株価指数 (円換算後)，30 歳男子定期保険純保険料，50 歳男子定期保険純保険料の占率が各々0以上であること
ⅳ. 国債，TOPIX，S&P 総合 500 種 (円換算後)，ハンセン株価指数 (円換算後)，30 歳男子定期保険純保険料，50 歳男子定期保険純保険料の占率の合計が1となること

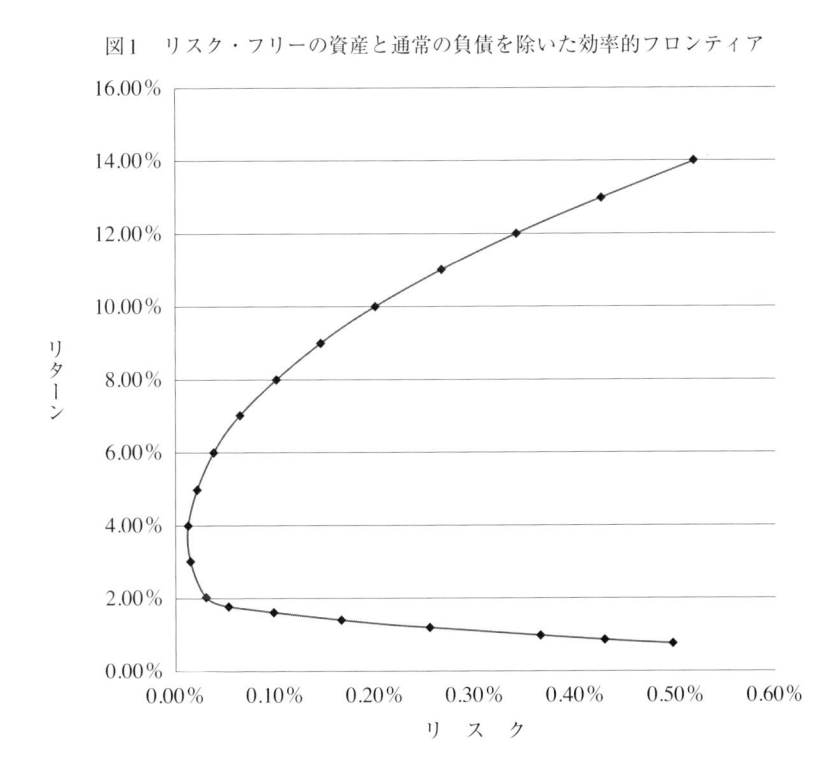

図1　リスク・フリーの資産と通常の負債を除いた効率的フロンティア

## 2-2 リスク・フリーの資産または通常の負債を加味した最適解算出

ここで，リスク・フリーの資産または通常の負債を加味することになるが，上記の結果の場合には，大幅に資産超過になっており，通常の負債を加味することになる。通常の負債は，前述のとおりリターンもリスクも存在しないため，最適なリスクとリターンを求める場合，原点から上記によって得られた効率的フロンティアにひいた接点によって示されることになる。なお，原点を通る直線と上記によって得られた効率的フロンティアとの接点は，リターンを0.0001ずつ動かして最適解の算出を行い，原点からの角度のもっとも大きいものを近似的に採用した。

また，資産と負債の配分については，マーコビッツの2パラメータ・アプローチによって求められた配分比（表4）をもとに，資産の合計を求め（81.31％），資産の合計から30歳男子定期保険純保険料（11.26％）と50歳男子定期保険純保険料（7.43％）の合計を控除し，通常の負債の配分比を求める（62.62％）（表5）。（表5）を資産計と負債計が100％になるように，各項目に100／81.31を乗じて修正したものが（表6）である。これが，通常の負債を加味した最適な資産負債配分となる。この場合のリスクは，0.014％にしか過ぎず，リ

表4 通常の負債を加味しない最適な資産負債配分

| 国債 | TOPIX | S&P総合500種株価指数(円換算後) | ハンセン株価指数(円換算後) | 30歳男子定期保険純保険料 | 50歳男子定期保険純保険料 | 合計 |
|---|---|---|---|---|---|---|
| 78.77% | 1.52% | 1.02% | 0.00% | 11.26% | 7.43% | 100.00% |

表5 通常の負債を加味した最適な資産負債配分

| 国債 | TOPIX | S&P総合500種株価指数(円換算後) | ハンセン株価指数(円換算後) | 資産計 | 30歳男子定期保険純保険料 | 50歳男子定期保険純保険料 | 負債計 |
|---|---|---|---|---|---|---|---|
| 78.77% | 1.52% | 1.02% | 0.00% | 81.31% | 11.26% | 7.43% | 18.69% |

表6 通常の負債を加味した最適な資産負債配分（貸借対照表形式）

| 資産の部 | | 負債の部 | |
|---|---|---|---|
| 国債 | 96.87% | 30歳男子定期保険純保険料 | 13.85% |
| TOPIX | 1.87% | 50歳男子定期保険純保険料 | 9.14% |
| S&P総合500種株価指数（円換算後） | 1.26% | 通常の負債 | 77.02% |
| ハンセン株価指数（円換算後） | 0.00% | | |
| 資産計 | 100.00% | 負債計 | 100.00% |

ターンは，4.04%になる。

このように，（表6）が示すとおり資産だけでなく負債も含めて最適な配分，つまり，最小のリスクでリターンが最大となる資産，負債の配分を求められることが判明した。

## 2-3 従来方式との比較

次に，資産だけで最適な資産配分を求め，負債は，保険営業等の結果のままとする一般的に保険会社で用いられてきた方式との比較を行う。

共分散については，（表3）の資産部分をそのまま用いる。日本国債，TOPIX，S&P総合500種株価指数（円換算後），ハンセン株価指数の平均収益率（円換算後）とその分散，標準偏差については，（表1）のとおりである。次に，Excelのソルバーを用いて2パラメータ・アプローチによる最適解算出を行った（図2）。

このうち，もっともリスクが小さい組み合わせは，リスクが0.027%，リターンが2.4%になった。その資産配分は，次のとおりである（表7）。

表7 最適な資産の配分比

| 国債 | TOPIX | S&P総合500種株価指数（円換算後） | ハンセン株価指数（円換算後） | 合計 |
|---|---|---|---|---|
| 98.14% | 1.14% | 0.72% | 0.00% | 100.00% |

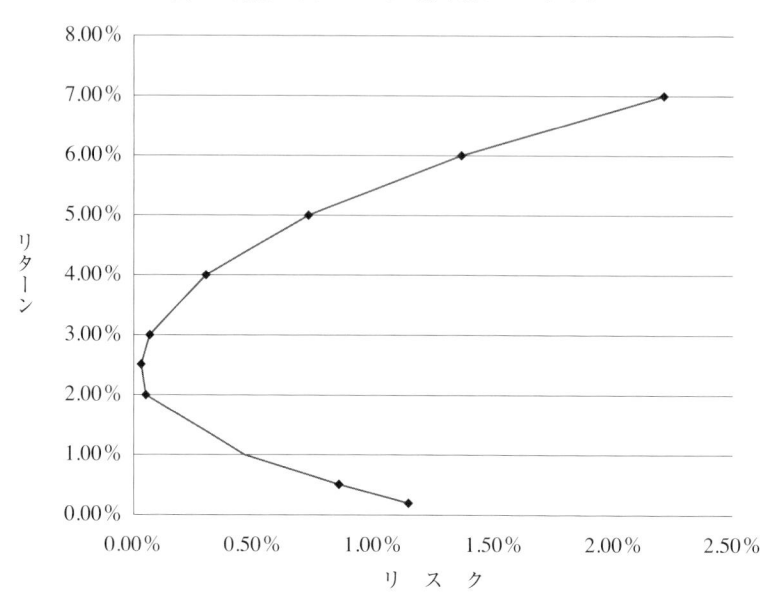

図2 資産のみについての効率的フロンティア

（表7）をもとに，30歳男子定期保険を55％，50歳男子定期保険を45％と想定すると，次のような貸借対照表になる（表8）。

表8 最適な資産および負債の配分比

| 資 産 の 部 | | 負 債 の 部 | |
|---|---|---|---|
| 国 債 | 98.14％ | 30歳男子定期保険純保険料 | 55.00％ |
| TOPIX | 1.14％ | 50歳男子定期保険純保険料 | 45.00％ |
| S&P総合500種株価指数（円換算後） | 0.72％ | | |
| 資 産 計 | 100.00％ | 負 債 計 | 100.00％ |

　この場合のリスクとリターンを求めると，リスクが0.090％，リターンが8.732％になる。これを前述の通常の負債を加味した最適な資産負債配分のリスク0.014％，リターン4.04％とを，シャープの測度によって比較すると

97.02となり，通常の負債を加味した最適な資産負債配分の288.57に比べて大きくパフォーマンスが落ちることが判る。言い換えれば，こうした従来方式は，リスクとリターンの関係からして必ずしも最適な配分ではないことが判る。

このように，資産負債最適配分概念は，資産だけで最適な資産配分を求め，負債は，保険営業等の結果のままとする一般的に保険会社で用いられてきた方式よりも優れていることが判る。

## 2-4　相対的に小規模な危険団体の場合

本試行においては，保険金支払額の計算に用いる死亡率をその当時の簡易生命表，完全生命表上の死亡率とした。このことは，全国民が加入しているきわめて大規模な危険団体を想定していることになる。しかし，実際の保険会社においては，それほどたくさんの被保険者を集めるということはあり得ない。このため，大数の法則が成立しても保険金支払額の計算に用いる死亡率の分散が相対的に大きくなることがあり得，危険団体として小規模で大数の法則が成立しないような場合には，保険金支払額の計算に用いる死亡率の分散がさらに大きくなる可能性が高い。こうした場合，（表2）における純保険料の平均収益率の分散と標準偏差が大きくなり，（表3）の共分散の数値に影響が出るに過ぎない。このため，理論的に（図1）と同様の効率的フロンティアを描くことができることになると私は考える。

このことの意味するところは，生死のリスクの引受けに当たっては，大数の法則が成立しにくいような（分散が大きい）場合であっても，保険金支払額の計算に用いる死亡率とその分散さえ把握できれば，資産，負債の最適な配分を行いリスクとリターンを管理することが可能になるということである。

この結果，小規模な危険団体の場合であっても，資産の配分を変化させたり通常の負債を変化させたりすることによって，大数の法則が成立し，危険団体が大きい場合に比べて，大きくリスクを変えない資産，負債の配分が可能になる。さらには，危険団体の大きさの如何にかかわらず，現在のわが国の生命保

険会社における実務のように，資産側だけで最適配分を求め，負債側は，生命保険の募集の状況によって定まることに比べると，当然のことながらリスクを小さくできることになる可能性は高い。

確かに，生死のリスクの引受けには，大数の法則と危険団体は存在していた方が，分散を小さくすることができるので望ましいといえる。生死のリスクの分散が小さくなれば，資産側でよりリスクを取り高いリターンを狙うことが可能になるなど，経営としての選択肢が増える可能性が生ずる。つまり，少なくとも生死のリスクに関しては，大数の法則と危険団体の存在は，必ずしも不可欠なものではなく，生命保険会社のリスク管理上存在していた方が望ましいというものであることが判る。このことは，生死のリスクに限らず，一般的な保険リスクについても当てはまる。

しかし，このような考え方を採用しようとする場合，資産の適切な配分を実現することについての問題は少ないが，負債の適切な配分を実現することは，保険募集との関係で難しいことがあり得る。そこで，借入れ，社債の発行など通常の負債を増減させれば，負債の適切な配分を行うことができると私は考える。

このように考えれば，生死以外の純粋リスクの引受けの場合であっても，事故発生率とその分散さえ推定できれば，基本的な考え方はそのまま適用できるため，同様の結論を得ることができることになる。

## 3．危険団体概念等のあり方

以上，資産負債最適配分概念が有効に機能することをマーコビッツの2パラメータ・アプローチによって検証し，資産負債最適配分概念は，有効に機能することが証明できた。

私が提案しているようになると，資産負債最適配分概念は，危険団体概念に代って保険引受けの基礎理論としての地位を占めることができる。また，収支相等の原則および給付反対給付均等の原則は，もともと将来の保険料収入と保

険金支出を一つのシナリオでしか想定しないため合理的でないこと，保険引受けリスクだけの想定よりも他のリスクを含めた資産負債最適配分概念に基づく想定の方が合理的であることから，第3章で述べるとおり必要のないものになると私は考える。

これに対して，大数の法則は，これからも多数の被保険者を集めることによって分散を小さくすることができるという意味のリスク管理の有効な手段の一つとして残ることになる[170]。

確かに，今回のマーコビッツの2パラメータ・アプローチに基づく最適解算出には，いくつかの課題が残されている。

第一は，算出の前提が必ずしも精緻なものとはなっていないことである。算出の前提をさらに精緻にし，保険会社の実態に近づけるのは，今後の課題ではあるが，基本的な考え方が変わるわけではないので，資産，負債の配分の内訳が変わる程度の影響しかないものと考えられる。

第二は，資産負債最適配分概念に基づき保険会社がどのようにリスク管理を行えばよいのかということについて検討が必要であるということである。

第三は，実際の保険会社においては，資産負債最適配分概念をそのまま適用することには困難が伴う可能性があるということである。現在の資産，負債の状況からすると，資産負債最適配分概念が示す最適な配分を実現することは，きわめて困難であるかもしれない。しかし，そのことは，資産負債最適配分概念が適切でないということにはならない。実際問題として，最適に近いより適切な配分ができればリスクとリターンは改善できるのであり，当面はそれでよしと考えるべきであろう。

第四は，極値についての対応ができないことであり，その点についてはストレステスト等で対応する必要がある。

---

170) 保険プールのように，保険会社内部以外にも危険団体を構成して，リスクを軽減しようとしているものがある。これらのものは，当然のことながら，資産負債最適配分概念の下でもその存在が否定されることはなく，リスクを軽減するものとしての機能は，生き残ることになる。

しかし，こうした点が残されていても，資産負債最適配分概念の本質的な面には影響が及ばないことは明らかであり，大きな問題とはならないと私は考える。

# 第5章　保険の定義のあり方

## 1．定義すべき保険とは何か

　「保険」（insurance）という用語は，日本語でも英語でも多様な意味で用いられている。私は，制度としての保険を意味する保険（insurance）という用語は，厳密に言うと，「保険」学（insurance science），「保険」の歴史（history of insurance）などきわめて限られた場合にしか用いられないと考えている。実際上，「保険」という用語は，保険契約（insurance contract）または保険者（insurer）もしくは保険会社（insurance company）の意味で用いられていることが多い。たとえば，「保険」金（insurance money）は，「保険契約」に基づいて保険者から保険金受取人または被保険者に支払われる金員である。「保険」料（insurance premium）は，「保険契約」に基づいて保険契約者から保険者に支払われる金員である。「保険」の引受け（insurance underwriting）は，保険者として「保険契約」を締結することを意味するものと考えられる。「保険」の目的（subject of insurance）は，「保険契約」の目的を意味するものである。

　また，保険者または保険会社の意味で用いられる場合もある。たとえば，「保険」会計（insurance accounting）は，保険者または保険会社の会計である。「保険」持株会社（insurance holding company）は，保険会社を傘下に有する持株会社である。また，「保険」子会社（insurance affiliate）は，子会社である保険会社を意味する[171]。

　このため，保険として定義すべきものは，何を意味する保険であるのかとい

---

171) 本書においても，私は，従来からの慣行に従って「保険」という用語を使用している。このことは，本節の最終的な結論と整合的である。

う問題が出てくる。この問題の提起自体，きわめて奇妙なものであるが，こうした現状の下では，この問題は，避けることのできないものである。当然のことながら，定義すべき保険が何なのかが決まらなければ定義のしようもないからである。

定義すべき保険の第一の可能性は，制度としての保険であり，第二は，保険契約としての保険であり，第三は，実際に定義されている事例は見あたらないが，保険業，保険者または保険会社としての保険である。しかし，次の理由から，もし保険を定義するのであれば第一の制度としての保険を定義することが望ましいと私は考える。

 i．保険契約，保険業，保険者または保険会社の定義は，本来，言葉を正確に使う観点から，保険としてではなく保険契約，保険業，保険者または保険会社としてすべきであると考えられること。いいかえれば，保険契約，保険業，保険者または保険会社の意味で用いられる保険は，保険契約，保険業，保険者または保険会社の省略形であると考える方が素直である。
 ii．保険を保険契約または保険業，保険者もしくは保険会社として定義しても，保険契約または保険業，保険者もしくは保険会社という用語を用いないことは実際上できないと考えられること[172]

しかし，制度としての保険を定義しても，他の意味を表す保険という用語は残り，さらにそうした意味としての保険の方がよく使われる実態に変化はないと私は考える。

---

172) たとえば，保険を契約として定義しているウェスト・バージニア州法では，契約である保険とは別に，保険契約（insurance contracts）という用語が用いられている（WEST VIRGINIA STATUTES W. Va. Code § 33-6-10 など）。

## 2．保険の定義における問題点

これまで述べてきたさまざまな保険の定義を整理すると，次のいずれかに当てはまることが判る。

ⅰ．要素①，②，③からなる保険契約を，要素④，⑤を充たすものが引き受ける制度としての保険
ⅱ．要素④，⑤を充たす制度としての保険
ⅲ．要素④，⑤を充たす者によって引き受けられる要素①，②，③からなる保険契約
ⅳ．要素①，②，③からなる保険契約

なお，実際には，要素①が表現されないこともある（制度には，過程等を含む。以下，本節において同じ。）。

このような整理を前提に既存の定義の問題点を明らかにしたい。

### 2-1 制度としての保険と保険契約の定義の相似性

上記整理のうち，ⅰとⅲは，実質的にほとんど変わらない。つまり，これらの定義によれば，制度としての保険と保険契約の定義がほとんど変わらない状態にあるということになる。このことは，わが国の保険法において，ある契約が保険契約に該当するといえるためには，形式的に保険契約の定義（保険法第2条第1号）を充足するだけでは足りず，解釈論により確定される実質的な保険としての定義を充足するもののみが保険契約であるという，いわば書かれざる定義があることになる[173]と解されていることからもよく理解できる。ここでは，実質的な制度としての保険の定義が要素①から⑤に該当し（上記のⅰ），実質的な保険としての定義を充足する保険契約も，要素①から⑤を充たすこと

---

173) 山下友信（2009）p. 3

になる（上記のⅲ）。

　このように，制度としての保険と保険契約の定義は，実質的にほとんど変わらないことになり得るわけで，あえて制度としての保険を定義することの意義は，薄れがちである。

### 2-2　危険団体に基づく定義

　上述のとおり保険の定義を構成する要素④および⑤は，実質的に危険団体と表裏一体の関係にあることになる。このため，保険の定義に要素④および⑤を採り入れようとする限り，その定義は，危険団体を前提にしていることになる。

　しかし，危険団体には前述のとおりさまざまな問題点があることに加え，危険団体は，保証等の場合にも存在し得ること，さらには，本書の提言する資産負債最適配分概念に基づくと，危険団体は，保険にとって必要不可欠なものではなくなることを考えると，今後危険団体に基づく定義をするということは，私には考えられない。

　こうした状況で，資産負債最適配分概念が保険独自のものでないことを考え合わせると，他との区別をするためのメルクマールとしての定義として残るのは，要素①から③を充たすものしかない。しかし，要素①から③からなる保険は，保険契約の定義そのものでしかない。このため，制度としての保険を定義することの意義は見いだせない。

### 2-3　保険と保険類似のものとの区別のための定義

　定義という用語は，「ある概念の内容やある言葉の意味を他の概念や言葉と区別できるように明確に限定すること。また，その限定。」[174]とされている。このため，保険の定義も，他の概念と区別するためのものでなければおかしいと考えられる。区別されるべき類似の概念としては，前述のとおり自家保険，

---

174）　松村明編（1995）

貯蓄，保証，共済，賭博，富くじ，無尽，頼母子講，保険デリバティブ，年金，変額年金，サービス契約などが挙げられる．

　前述のとおりもし保険を定義するのであれば，基本的には制度としての保険を定義することが望ましい．このため，区別されるべき類似の概念も，制度としての保険に対応するものであって保険契約に対応しないものである必要がある．しかるに，共済以外のもの，すなわち，自家保険，貯蓄，保証，賭博，富くじ，無尽，頼母子講，保険デリバティブ，年金，変額年金，サービス契約は，すべて保険契約に対応する契約，商品等の概念であることが判る．たとえば，預金であれば，契約は預金であり，引受者は銀行等であり，両者を含めた制度としての概念は存在しない．そして，これらは，全く別々の定義がなされている．このため，これらのものと区別するために保険を定義することは，意味がなく，たとえば，預金は保険契約と，銀行は保険会社と区別すればよい．つまり，これらのものと区別するために，制度としての保険を定義する必要性は，必ずしもないということになる．

　これに対して，共済との区別をするためには，前述のとおり要素①から⑤を用いて，制度としての保険を定義しても意味がなく，保険と共済の区別のメルクマールとして，助け合いや相互扶助が大きな意味を持っていると考えられている．しかし，資産負債最適配分概念の下では，共済における助け合いや相互扶助の基礎とされる危険団体概念が，共済事業にとって不可欠なものから存在した方が望ましいものへと変化する．そして，それに代わって資産負債最適配分概念が導入される．もちろん，共済について資産負債最適配分概念を導入しないという選択肢もあるが，保険との競争が前提にあれば，保険だけが資産負債最適配分概念を導入すると，共済は，ソルベンシー維持の観点から明確に劣後することになるため，そうした選択肢はなかなか採り得ないのではないかと考えられる．こうした点については，今後の検討が必要になるが，共済が助け合いや相互扶助をその基本に置くことについては，これまでより難しくなると私は考えている．この問題の如何に関わらず，共済との区別のために制度としての保険を定義しても意味がない状況には，変わりはない．

## 3．保険の定義のあり方

以上の議論を整理すると，次のようになる。

i．保険を定義するとした場合，定義すべき保険は，保険契約としての保険や保険業，保険者または保険会社としての保険ではなく，制度としての保険であると考えられる。
ii．制度としての保険の定義と保険契約の定義は，実際上相似性が高くなりがちであり，制度としての保険の定義をする意義が薄れる。
iii．資産負債最適配分概念を導入し危険団体が否定されると，制度としての保険を定義することの意味がなくなる。
iv．保険と保険類似のものとの区別のメルクマールとしての保険の定義も，次の理由から必ずしも必要ない。
  ➢ 制度としての保険に対応する概念は，共済しかないが，共済との区別は，要素①から③に加えて，資産負債最適配分概念を用いてもできないこと
  ➢ 共済以外のものは，保険契約に対応する概念であること

このように，私は，制度としての保険を定義する必要性は必ずしもなく，保険契約または保険業，保険者もしくは保険会社を定義すればよいと考える。

なお，このように考える場合，保険という言葉をどのような意味のものとして使うかという問題は残される。私は，制度としての保険は，保険契約と保険会社からなっていること，保険は，保険契約，保険業，保険者または保険会社の意味で用いられてきたことから，今後，「保険は，保険契約，保険業または保険者もしくは保険会社を意味する」と解するのが適切であると考える。

また，この本の表題である『新保険論』は，副題にもあるとおり保険に関する新たな基礎的理論を構築しようとするものである。より正確に言えば，保険会社が保険契約を引き受ける際に基礎とすべき新たな理論を構築しようとする

ものである。つまり，保険という言葉を保険会社または保険契約という意味で使っているのである。

## 第6章　責任準備金のあり方

　保険会社の責任準備金，中でも保険料積立金は，保険契約者等の保護のための中心的な存在であるばかりでなく，危険団体を載したものとしても注目される。そこで，本章では，保険会社の保険料積立金について，生命保険の場合を中心に検討を行う[175]。

## 1．1995年保険業法における責任準備金規制

### 1-1　生命保険会社の責任準備金規制

#### 1-1-1　標準責任準備金制度の導入

　1995年に行われた保険業法の改正によって，責任準備金に係る規制も大幅に変更された。その一つが標準責任準備金制度の導入である。まず，規制のなかった責任準備金積立てについて，保険会社は，毎決算期において，保険契約に基づく将来における債務の履行に備えるため，責任準備金を積み立てなければならない（1995年保険業法第116条第1項）とされ，標準責任準備金の対象契約，積立方式，予定死亡率，予定利率について，内閣総理大臣は必要な定めをすることができる（1995年保険業法第116条第2項）とされた。

　標準責任準備金の対象契約は，保険会社が2005年4月1日以降に締結する保険契約については，次に掲げるものに該当しないもの（1996年保険業法施行規則第68条第3項，平成16年10月22日金融庁告示第59号，平成13年3月30日号

---

[175] 前述のとおり，損害保険のように保険期間1年の保険の場合には，責任準備金は，未経過保険料だけから構成されることになり，資産負債最適配分概念がそのまま適用できることになる。

外金融庁告示第24号）である．

　ⅰ．責任準備金が特別勘定に属する財産の価額により変動する保険契約であって，保険金等の額を最低保証していない保険契約
　ⅱ．保険料積立金および払戻積立金を積み立てない保険契約並びに保険料積立金を計算しない保険契約
　ⅲ．保険約款において，保険会社が責任準備金および保険料の計算の基礎となる予定利率を変更できる旨を約してある保険契約
　ⅳ．損害保険契約
　ⅴ．保険期間が1年以下の保険契約
　ⅵ．外国通貨をもって保険金，返戻金その他給付金の額を表示する保険契約

　ここで，標準責任準備金の積立方式および予定死亡率その他の責任準備金の計算の基礎となるべき係数の水準は次のとおりとされている（平成8年2月29日号外大蔵省告示第48号）．具体的には，積立方式は，平準純保険料式保険料積立金とする．予定死亡率は，2007年4月1日以降に締結する保険契約については，生保標準生命表2007（死亡保険用），生保標準生命表2007（年金開始後用）または第三分野標準生命表2007の死亡率の欄に掲げる率とする．予定利率は，1999年4月1日以降については，毎年10月1日を基準日として，基準日の属する月の前月から過去3年間に発行された利付国庫債券（10年）の応募者利回りの平均値または基準日の属する月の前月から過去10年間に発行された利付国庫債券（10年）の応募者利回りの平均値のいずれか低い方のもの（以下，「対象利率」という．）を次の表の対象利率に区分してそれぞれの数値に同表の安全率係数を乗じて得られた数値の合計値（以下，「基準利率」という．）が，基準日時点で適用されている予定利率と比較して0.5％以上乖離している場合には，基準利率に最も近い0.25％の整数倍の利率（基準利率が0.25％の整数倍の利率と0.125％乖離している場合は，基準利率を超えず，かつ，基準利率に最も近い0.25％の整数倍の利率とする．）を予定利率とし，基準日の翌年の4月1日以降締結する

保険契約に適用することとする。

表9　対象利率ごと

| 対象利率 | 安全率係数 |
| --- | --- |
| 0%を超え，1.0%以下の部分 | 0.9 |
| 1.0%を超え，2.0%以下の部分 | 0.75 |
| 2.0%を超え，6.0%以下の部分 | 0.5 |
| 6.0%を超える部分 | 0.25 |

このように，標準責任準備金における予定死亡率および予定利率は，一旦決定されるとその後の変更は行わないいわゆるロック・イン方式が採用されている。

なお，前述の予定死亡率以外の予定死亡率を責任準備金の計算の基礎として用いることが適当であると認められる保険契約にあっては，前述の予定死亡率，予定利率は適用しない（平成8年2月29日号外大蔵省告示第48号）。また，以上に基づき計算した保険料積立金または払戻積立金の額がそれぞれの契約者価額を下回る場合には，当該契約者価額をもって保険料積立金とする（平成8年2月29日号外大蔵省告示第48号）。

生保標準生命表2007（死亡保険用）については，前述のとおり「将来経験する死亡率が変動予測を超える確率を約2.28%（2σ水準）におさえるように補整した。（男女各々400万件を想定した変動予測）ただし，補整幅に年齢間で極端な差異が生じるのを避けるため，粗死亡率の130%を上限として補整した。」[176]とされている。

こうした標準責任準備金制度が導入された背景には，「今後，規制緩和，自由化等の流れの中で保険商品が多様化，複雑化する一方，資産運用リスク等が増大していくものと見込まれる。他方，これまでの保険料率，配当に関する規制は順次緩和する必要がある。このように変化する環境の中で，これまで負債

---

176) 日本アクチュアリー会（2006）『標準生命表の改定案および作成方法』別紙2-②

の大宗を占め,保険金等の支払いに充当されてきた保険会社の責任準備金についてもその在り方を再検討する必要がある。」[177]という問題意識があった。さらに,「具体的には,これまで生命保険会社については健全性を最も重視した純保険料式（平準式）による責任準備金の積立てが中心となっている。しかしながら,純保険料式による積立てであっても,例えば評価利率が高い場合には責任準備金の積立ては薄くなることから,ソルベンシー・マージンの充実と併せて健全性を維持する必要があるとの指摘がある。」[178]とし,「このため,今後は,責任準備金の積立方式のみならず,計算基礎率（評価利率,予定事業費率,予定死亡率）やソルベンシー・マージンの水準等を視野に入れ,総合的に生命保険会社の健全性の維持を図っていく必要がある。」[179]と考えられたのである。

平準純保険料式保険料積立金による積立てについては,もともと論理的に見て万全のものではないこと,事業費の支出実態を必ずしも反映しておらず,状況によっては必要以上に社内に利益を留保することになること,新規参入会社にとっては参入障壁となる可能性があること等[180]の問題点が指摘されていた。

こうした反論があったにもかかわらず,標準責任準備金として平準純保険料式保険料積立金による積立てを原則としたのは,従来から平準純保険料式保険料積立金による積立てを行政当局が推進してきたことばかりではなく,責任準備金繰入額の法人税法上の損金算入限度額が,平準純保険料式保険料積立金によるとされていること[181]が大きな理由になっていたと私は考えている。つまり,標準責任準備金の積立方式がチルメル式保険料積立金等になると,損金算入限度額が引き下げられるおそれがあると考えられたことが大きい。その一方で,前述のような反論に考慮して,平準純保険料式保険料積立金による積立てを標準とし,標準以外の積立ても認めることとしたのであろう。

---

177) 保険審議会（1992）pp. 63-64
178) 保険審議会（1992）p. 64
179) 保険審議会（1992）p. 64
180) 保険審議会（1992）p. 64 など。
181) 直審（法）46「生命保険会社の所得計算等に関する取扱いについて」（1962）

## 1-1-2　生命保険会社の責任準備金

生命保険会社は，毎決算期において，次に掲げる区分に応じ，当該決算期以前に収入した保険料を基礎として，保険料及び責任準備金の算出方法書に記載された方法に従って計算し，責任準備金として積み立てなければならない（1996 年保険業法施行規則第 69 条第 1 項）。

ⅰ．保険料積立金
　　保険契約に基づく将来の債務の履行に備えるため，保険数理に基づき計算した金額
ⅱ．未経過保険料
　　未経過期間に対応する責任に相当する額として計算した金額
ⅲ．払戻積立金
　　保険料または保険料として収受する金銭を運用することによって得られる収益の全部または一部の金額の払戻しを約した保険契約における当該払戻しに充てる金額
ⅳ．危険準備金
　　保険契約に基づく将来の債務を確実に履行するため，将来発生が見込まれる危険に備えて計算した金額

なお，決算期までに収入されなかった保険料は，貸借対照表の資産の部に計上してはならない（1996 年保険業法施行規則第 69 条第 3 項）とされている。

## 1-1-3　未経過保険料

前述のとおり生命保険会社は，毎決算期において，未経過期間に対応する責任に相当する額として計算した金額を未経過保険料として計上しなければならない。

さらに，決算期以前に保険料が収入されなかった当該決算期において有効に成立している保険契約のうち，当該決算期から当該保険契約が効力を失う日ま

での間に保険料の収入が見込めないものについては，当該決算期から当該保険契約が効力を失う日までの間における死亡保険金等の支払のために必要なものとして計算した金額は，未経過保険料として積み立てるものとする（1996年保険業法施行規則第69条第2項）。

1-1-4　保険料積立金および払戻積立金

保険料積立金および払戻積立金は，次に定めるところにより積み立てる（1996年保険業法施行規則第69条第4項）。

ⅰ. 標準責任準備金の対象契約に係る保険料積立金および払戻積立金については，前述した大蔵省告示第48号により計算した金額を下回ることができない。
ⅱ. 標準責任準備金の対象契約外の保険契約（特別勘定を設けた保険契約を除く。）に係る保険料積立金および払戻積立金については，平準純保険料式により計算した金額を下回ることができない。
ⅲ. 標準責任準備金の対象契約以外の保険契約のうち特別勘定を設けた保険契約に係る保険料積立金および払戻積立金については，当該特別勘定における収支の残高を積み立てなければならない。
ⅳ. 生命保険会社の業務または財産の状況および保険契約の特性等に照らし特別な事情がある場合には，標準責任準備金の対象契約については，上記ⅰの規定を適用せず，標準責任準備金の対象契約以外の保険契約（特別勘定を設けた保険契約を除く。）については，上記ⅱの規定を適用しない。ただし，この場合においても，保険料積立金および払戻積立金の額は，保険数理に基づき，合理的かつ妥当なものでなければならない。

これらの規制のため，保険料積立金については，標準責任準備金対象契約および標準責任準備金対象契約以外の保険契約（特別勘定を設けた保険契約を除く。）ともに，平準純保険料式保険料積立金により計算した金額を原則とするもの

の，生命保険会社の業務または財産の状況および保険契約の特性等に照らし特別な事情がある場合には，チルメル式保険料積立金等の積立方式を採用できるものと解される[182]。つまり，平準純保険料式保険料積立金は，標準でしかなく，最低ではないことになる。このため，平準純保険料式保険料積立金を積み立てていることは，保険契約者等の保護のための機能としては限界があることになる。実際に，破綻に瀕した生命保険会社は，破綻の直前に平準純保険料式保険料積立金を全期チルメル式保険料積立金に変更し，両者の差額を利益または剰余金として認識することができると私は考えている。

なお，実質的な最低保険料積立金は，保険会社向けの総合的な監督指針に，「チルメル式責任準備金の積立てを行っている場合には，新契約費水準に照らしチルメル歩合が妥当なものとなっているか」[183]とあることから，監督当局は，新契約費水準に照らして妥当なチルメル歩合の全期チルメル式保険料積立金であると考えているのではないか。

1-1-5　追加責任準備金

以上により積み立てられた責任準備金では，将来の債務の履行に支障を来すおそれがあると認められる場合には，保険料及び責任準備金の算出方法書を変更することにより，追加して保険料積立金および払戻積立金を積み立てなければならない（1996年保険業法施行規則第69条第5項）。ここでいう「以上により積み立てられた責任準備金では，将来の債務の履行に支障を来すおそれがある」か否かの判断は，次に述べる保険計理人による1号収支分析によって行われる。

---

182) 金融庁（2009）II-2-1-2 は，以下で述べるとおりチルメル式保険料積立金を認める記述をしている。また，保険料積立金および払戻積立金の額は保険数理に基づき，合理的かつ妥当なものでなければならないとされていることおよび1939年保険業法施行規則第31条第2項で営業保険料式保険料積立金が認められていたことを考えると，チルメル式保険料積立金以外にも，少なくとも営業保険料式保険料積立金が認められるものと考えられる。
183) 金融庁（2009）II-2-1-2

## 1-1-6　保険計理人による収支分析

保険計理人は，毎決算期において，次に掲げる事項について確認し，その結果を記載した意見書を取締役会に提出しなければならない（1995年保険業法第121条第1項，1996年保険業法施行規則第79条の2，第81条）。

ⅰ．生命保険会社の場合，当該生命保険会社が引き受けているすべての保険契約に係る責任準備金が健全な保険数理に基づいて積み立てられているかどうか。
ⅱ．生命保険会社の場合，将来の収支を保険数理に基づき合理的に予測した結果に照らし，保険業の継続が困難であるかどうか。

保険計理人が，毎決算期において行う上記確認の基準は，次のとおりで（1996年保険業法施行規則第80条），これらの基準は，日本アクチュアリー会が作成し，金融庁長官が認定した基準とされ（平成12年6月23日号外金融監督庁・大蔵省告示第22号第2条），「生命保険会社の保険計理人の実務基準」と呼ばれている。

ⅰ．責任準備金が1996年保険業法施行規則第69条（生命保険会社の責任準備金）または第70条（損害保険会社の責任準備金）に規定するところにより適正に積み立てられていること。これを1号収支分析という。
ⅱ．将来の時点における資産の額として合理的な予測に基づき算定される額が，当該将来の時点における負債の額として合理的な予測に基づき算定される額に照らして，保険業の継続の観点から適正な水準に満たないと見込まれること。これを3号収支分析という。

### 1-1-6-1　1号収支分析

1号収支分析は，⑴と⑵に分かれ，1号収支分析⑴は，「経済環境，経営環境，販売・投資などの経営政策ならびにそれらの相関性を考慮し，確率論的に

作成したシナリオのもとに将来の収支を予測することによって，会社が将来の保険金などの支払能力を維持し得るかどうかを判断するもの」（生命保険会社の保険計理人の実務基準第12条第1項）をいい，いわゆる確率論的シナリオ法によるものである。

保険計理人は，シナリオの設定に際しては，少なくとも以下の点について留意しなければならない（生命保険会社の保険計理人の実務基準第12条第2項）とされている。

ⅰ．金利シナリオは，責任準備金として積み立てるべき合理的な水準を判断するために，適切な金利モデルに基づいて，十分な数のシナリオを作成しなければならない。

ⅱ．評価差額金のうち，株式に係るものの取崩しによる責任準備金積立財源への充当は，原則として行わない。ただし，健全性の維持に問題がないと判断される場合には，合理的な基準に従い，継続的に株式に係る評価差額金を取り崩し，これを責任準備金積立財源に充当することとして，1号収支分析(1)を行うことができる。

ⅲ．新契約高，保険契約継続率，死亡率など保険事故発生率，事業費，外貨建資産（責任準備金の通貨と異なる通貨建の資産をいう。以下同じ。）の資産運用収益，資産配分など資産運用状況，配当金，価格変動準備金・危険準備金への繰入れ等については，過去の実績値等をもとに，将来の変化等を見込んだ合理的なものでなくてはならない。ただし，クローズド型の将来収支分析を行う場合は，将来の新契約高をゼロとするとともに，将来の事業費について，新契約締結に係る事業費をゼロとする。

一般勘定における将来の株式・不動産の価格，為替レートなどの変動による損益の発生については考慮しないものとし，特別勘定においては，過去の実績値等から合理的なものでなくてはならない。

以下の項目などについては，第1号に掲げる金利シナリオおよび以下の各

項目について，相互の影響を考慮しなければならない。

イ．新契約進展率
ロ．保険契約継続率
ハ．死亡率など保険事故発生率
ニ．事業費
ホ．資産配分など資産運用状況

保険計理人は，1号収支分析(1)の結果，以下に該当する場合には現在の責任準備金の水準は十分であると判断することができる（生命保険会社の保険計理人の実務基準第12条第3項）。

 i．標準責任準備金を基準とする保険契約については，90％以上のシナリオにおいて，分析期間中の最初の5年間の事業年度末において標準責任準備金の積立てが可能である場合
 ii．金融庁長官の認可に基づく責任準備金を基準とする保険契約については，90％以上のシナリオにおいて分析期間中の最初の5年間の事業年度末において金融庁長官の認可に基づく責任準備金（ただし，特別の事情により，特定の事業年度だけ積立てることが認可された責任準備金を除く。）の積立てが可能である場合

これに対して，1号収支分析(2)は，「複数のシナリオのもとに将来の収支を予測することによって，会社が将来の保険金などの支払能力を維持し得るかどうかを判断するもの」（生命保険会社の保険計理人の実務基準第13条第1項）をいう。ここで用いられるシナリオが1号基本シナリオで，1号基本シナリオは，次の各号に定めるシナリオをすべて適用した場合とされており（生命保険会社の保険計理人の実務基準第13条の2），いわゆる決定論的シナリオ法である。

i. 金利は，過去の実績などから予測される合理的な金利変動リスクを反映したものでなくてはならないが，1号基本シナリオの金利については，少なくとも以下の金利シナリオを含まなければならない。

　　イ．直近の長期国債応募者利回りからスタートし，5年間にわたり，毎年X／5％ずつ低下し，以降は一定で推移
　　ロ．直近の長期国債応募者利回りからスタートし，翌事業年度始にX／2％低下し，以降は一定で推移

ここで，Xは，「直近の長期国債応募者利回り－分析期間期初の標準利率」とゼロのいずれか大きい方である。

ii. 評価差額金のうち，株式に係るものの取崩しによる責任準備金積立財源への充当は，原則として行わない。ただし，健全性の維持に問題がないと判断される場合には，直近の株式に係る評価差額金のうち，以下のイまたはロのいずれかを上限として，継続的に株式に係る評価差額金を取り崩し，これを責任準備金積立財源に充当することとして，1号収支分析(2)を行うことができる。

　　イ．株式の帳簿価額×直近の長期国債応募者利回り－当該株式の株主配当
　　ロ．株式の帳簿価額×分析期間期初の標準利率－当該株式の株主配当

また，株式以外の資産に係る評価差額金の取崩しおよび含み益の実現による責任準備金積立財源への充当は，一切行わない。

iii. 将来の株式・不動産の価格，為替レートなどの変動による損益の発生については考慮しない。また，債券等の資産については，金利シナリオによる増減を見込まないものとする。

iv. 特別勘定に属する資産の残高および資産運用収益については，ⅰおよび

iii に定めたシナリオを使用する。すなわち，i で定める金利シナリオを使用し，将来の株式・外国証券・国内債券等の時価変動による評価損益を見込まないものとする。

v. 外貨建資産の資産運用収益については，以下のとおりとする（為替レートは，直近のものを使用）。

  イ．ニューマネーについては，すべて，長期国債（国内）に投資したものとし，オールドマネーについては，直近の長期国債応募者利回りで運用収益が得られるものとする方法
  ロ．その他，合理的な方法

vi. 新契約高は，オープン型の1号収支分析を行う場合は，以下のイまたはロのいずれかとする。

  イ．直近年度（「直近年度」とは，意見書の対象となる事業年度をいう。以下同じ。）の新契約高
  ロ．直近年度を含む過去3年間の新契約高の平均値

また，新契約の商品構成比も，原則として，上記のイまたはロのいずれかとする。これに対して，クローズド型の1号収支分析を行う場合は，直近年度の翌年度以降の新契約高をゼロとする。

vii. 保険契約継続率は，原則として，商品および経過年数ごとに，直近年度または直近年度を含む過去3年間の保険契約継続率の平均値とする。

viii. 死亡率など事故発生率は，原則として，商品および経過年数ごとに，直近年度または直近年度を含む過去3年間の死亡率など事故発生率の平均値とする。

ix. 事業費については，オープン型の1号収支分析を行う場合は，原則として，直近年度の事業費または直近年度を含む過去3年間の事業費の

平均値とする（新契約高シナリオにおいて，直近年度の新契約高を採用した場合は，直近年度の事業費，新契約高シナリオにおいて，直近年度を含む過去3年間の新契約高の平均値を採用した場合は，直近年度を含む過去3年間の事業費の平均値とする）。これに対して，クローズド型の1号収支分析を行う場合は，原則として，直近年度の事業費のうち，新契約締結に係る事業費を除いた額が，そのまま維持されるものとする。

x. 資産配分および資産構成比については，直近年度における資産配分および直近の資産構成比等をもとに，合理的なシナリオを設定する。

xi. 配当金は，原則として，直近年度の配当率が据え置かれるものとする。

xii. 価格変動準備金，危険準備金Ⅰ，危険準備金Ⅱおよび危険準備金Ⅳの繰入については，原則として，それぞれのリスク量に応じて，法定最低繰入基準を下回らない範囲で，計画的に繰り入れることとし，危険準備金Ⅲについては最低保証に係る収支残（収支残の算出にあっては，最低保証リスクに対応する保険料積立金の積増額（あるいは取崩額）を含める。）を繰り入れることとする。

xiii. ⅰからxiiまでのほか，分析期間の期初においてすでに実施している経営政策の変更および法令の改正についても，これを反映することとする。

保険計理人は，1号収支分析(2)の結果，以下に該当する場合には現在の責任準備金の水準は十分であると判断することができる（生命保険会社の保険計理人の実務基準第13条第3項）。

ⅰ. 標準責任準備金を基準とする保険契約については，分析期間中の最初の5年間の事業年度末において標準責任準備金の積立てがすべてのシナリオで可能である場合

ⅱ. 金融庁長官の認可に基づく責任準備金を基準とする保険契約については，分析期間中の最初の5年間の事業年度末において金融庁長官の認

可に基づく責任準備金（ただし，特別の事情により，特定の事業年度だけ積み立てることが認可された責任準備金を除く。）の積立てがすべてのシナリオで可能である場合

１号収支分析(1)の10％を超えるシナリオにおいて，または，１号収支分析(2)のいずれかのシナリオにおいて，分析期間中の最初の５年間の事業年度末に必要な責任準備金の積立てが不可能となった場合，保険計理人は，現状の責任準備金では不足していると判断し，会社がその責任準備金不足相当額の解消に必要な額を積み立てる必要があることを，意見書に示さなければならない（生命保険会社の保険計理人の実務基準第14条第１項前段）。

ここで，責任準備金不足相当額は，以下のとおり計算する（生命保険会社の保険計理人の実務基準第14条第２項）。

ⅰ．１号収支分析(1)においては，各シナリオについて，分析期間中の最初の５年間の事業年度末に生じた責任準備金の不足額の現価の最大値を計算し，その値の上位10％を除いたもののうち最大値を責任準備金不足相当額とする。
ⅱ．１号収支分析(2)においては，すべてのシナリオの，分析期間中の最初の５年間の事業年度末に生じた責任準備金の不足額の現価の最大値を，責任準備金不足相当額とする。

１号収支分析の結果，責任準備金不足相当額が発生した場合において，保険計理人は，以下の経営政策の変更により，責任準備金不足相当額の一部または全部を積み立てなくてもよいことを意見書に示すことができる。ただし，これらの経営政策の変更は，ただちに行われるものでなくてはならない（生命保険会社の保険計理人の実務基準第14条第３項）。

ⅰ．一部または全部の保険種類の配当率の引下げ

ⅱ．実現可能と判断できる事業費の抑制

ⅲ．資産運用方針（ポートフォリオ）の見直し

ⅳ．一部または全部の保険種類の新契約募集の抑制

ⅴ．今後締結する保険契約の営業保険料の引き上げ

　上記によらず，責任準備金不足相当額の一部または全部の積立てを，ソルベンシー・マージン基準を維持できる範囲内での内部留保等の取崩しにより行う場合においては，ただちに，当該取崩しを行い，これを責任準備金に繰り入れなくてはならない。ただし，将来の内部留保等の繰入れを法定下限未満とすることにより責任準備金不足相当額を解消できる場合は，内部留保等を取り崩さないことができるものとする（生命保険会社の保険計理人の実務基準第14条第4項）。

1-1-6-2　3号収支分析

　3号収支分析は，保険業法第121条第1項第3号の規定に基づき，将来にわたり，保険業の継続の観点から適正な水準（以下，これを「事業継続基準」という。以下，同じ。）を維持することができるかどうかを確認するために行われるもので（生命保険会社の保険計理人の実務基準第27条第1項），将来の時点における資産の額として合理的な予測に基づき算定される額が，当該将来の時点における負債の額として合理的な予測に基づき算定される額を上回ることを確認することにより行われる(生命保険会社の保険計理人の実務基準第27条第2項第1号)。実際に，事業継続基準は，金融機関等の更生手続の特例等に関する法律（以下，更生特例法という。）における更生手続開始の申立てを行う必要があるか否かの判断を行うために用いられる。また，保険会社の破綻前における契約条件の変更規制（1995年保険業法第240条の2～13）における保険業の継続が困難となる蓋然性の判断の基準として用いられることも想定されている模様である[184]。

　ここで，「将来の時点における資産の額として合理的な予測に基づき算定さ

---

184)　金融庁（2009）Ⅲ-2-5-1 参照のこと。

れる額」とは，3号収支分析を行った場合の，資産（時価評価）から資産運用リスク相当額を控除した額をいう。ここで，資産運用リスク相当額とは，ソルベンシー・マージン比率の分子のリスクの合計額のうちの資産運用リスク相当額をいう。ただし，評価差額金がマイナスの場合は，資産運用リスク相当額の金額から当該評価差額金に係る繰延税金資産を控除するとされている（生命保険会社の保険計理人の実務基準第27条第2項第2号）。

また，「将来の時点における負債の額として合理的な予測に基づき算定される額」とは，次のiとiiの合計額をいうとされている（生命保険会社の保険計理人の実務基準第27条第2項第3号，第4号）。

i．事業継続基準に係る額
ii．負債の部の合計額から，次に掲げる額の合計額を控除した額

　　イ．責任準備金
　　ロ．価格変動準備金
　　ハ．配当準備金未割当額
　　ニ．評価差額金に係る繰延税金負債
　　ホ．劣後特約付債務（ソルベンシー・マージン比率の計算におけるソルベンシー・マージン総額として計算される額に限り，資産運用リスク相当額を限度とする。）

事業継続基準に係る額とは，それぞれの保険契約について，全期チルメル式責任準備金と解約返戻金相当額のいずれか大きい方の額を計算したものの合計額とする。ただし，影響が軽微であると判断される場合には，それぞれの保険契約ごとに，全期チルメル式責任準備金と解約返戻金相当額のいずれか大きい方の額を計算するのではなく，保険数理上妥当な範囲でまとめられた保険契約群団ごとに計算することができる（生命保険会社の保険計理人の実務基準第28条）。

3号収支分析は，3号基本シナリオに基づき，毎年行うものとし，3号収支

分析を行う期間（以下，「分析期間」という。）は，少なくとも将来10年間とする（生命保険会社の保険計理人の実務基準第29条第1項）とされている。また，保険計理人は，3号収支分析の結果，分析期間中の最初の5年間の事業年度末において，「将来の時点における資産の額として合理的な予測に基づき算定される額」が，「将来の時点における負債の額として合理的な予測に基づき算定される額」を上回ることを確認する（生命保険会社の保険計理人の実務基準第29条第2項）。

3号収支分析のシナリオの各要素は，以下に定めるとおりとし（生命保険会社の保険計理人の実務基準第30条第1項），これを3号基本シナリオと呼ぶ。

ⅰ．金利は，直近の長期国債応募者利回りが横ばいで推移するものとする。
ⅱ．株式・不動産の価格や為替レートについては，変動しないものとする。また，外貨建資産の資産運用収益，新契約高，保険契約継続率，死亡率等の事故発生率，事業費，資産配分・資産構成比，配当金，価格変動準備金・危険準備金への繰入については，第13条の2（1号基本シナリオ）の該当する各号に定める規定を準用する。
ⅲ．配当準備金繰入額のうち積立配当金として留保されるもの等以外は，原則として，保険契約者に支払われることとし，その額を資産から減少させることとする。
ⅳ．配当準備金の残高は，原則として，前年度決算の配当準備金繰入額のうち積立配当金として留保されるもの，積立配当金の利息，および，積立配当金の引き出し分（保険契約の消滅によるものを含む。）等を考慮して，計算することとする。なお，積立配当金の引き出し分は，その額を資産から減少させることとする。
ⅴ．劣後性債務・社債・基金については，その約定に従って，利息を支払うこととする。また，期限のあるものについては，期限到来時に約定に従って返済・償還または償却を行い，期限到来後は再調達しないこととする。

vi. その他の負債については，著しい変動の予想されるものを除き，原則として，直近の残高がそのまま推移することとする

3号収支分析において，分析期間中の最初の5年間の事業年度末において，次に定めるⅰの額が，ⅱの額に不足する（この不足額を「事業継続基準不足相当額」という。以下同じ。）場合は，その旨を，意見書に記載しなければならない。ただし，満期保有目的債券および責任準備金対応債券の含み損を算入しないものとした場合に事業継続基準不足相当額が解消されるときは，分析期間を通じた十分な流動性資産の確保を条件に事業継続困難とはならない旨を，併せて意見書に記載することができる（生命保険会社の保険計理人の実務基準第31条第1項）。

ⅰ. 将来の時点における資産の額として合理的な予測に基づき算定される額
ⅱ. 将来の時点における負債の額として合理的な予測に基づき算定される額

事業継続基準不足相当額は，3号収支分析における，分析期間中の最初の5年間の事業年度末に生じた事業継続基準不足相当額の現価の最大値とする（生命保険会社の保険計理人の実務基準第31条第2項）。

3号収支分析の結果，事業継続基準不足相当額が発生した場合において，保険計理人は，以下の経営政策の変更により，事業継続基準不足相当額を解消することができることを，意見書に示すことができる。ただし，これらの経営政策の変更は，ただちに行われるものでなくてはならない（生命保険会社の保険計理人の実務基準第31条第3項）。

ⅰ. 一部または全部の保険種類の配当率の引下げ
ⅱ. 実現可能と判断できる事業費の抑制
ⅲ. 資産運用方針（ポートフォリオ）の見直し

ⅳ．一部または全部の保険種類の新契約募集の抑制
　ⅴ．今後締結する保険契約の営業保険料の引き上げ

　経営政策の変更により，事業継続基準不足相当額を解消できることを，意見書に示す場合，意見書には，具体的な経営政策の変更の内容を記載するとともに，附属報告書に，その経営政策の変更を実現することにより，事業継続基準不足相当額を解消できることを示さなくてはならない。また，翌事業年度の意見書に，以下の点について記載しなくてはならない（生命保険会社の保険計理人の実務基準第31条第5項）。

　ⅰ．経営政策の変更が実現されたかどうか
　ⅱ．経営政策の変更の一部または全部が実現されなかった場合，その原因は何か
　ⅲ．経営政策の変更の一部または全部が実現されなかった場合，これらの経営政策の変更について，今後，どのように対応するか

## 1-2　危険団体の存在の有無と責任準備金規制の問題点
### 1-2-1　標準責任準備金

　前述のとおり保険数理の一般的な実務における平準純保険料式保険料積立金の計算は，過去法であるので，標準責任準備金は，保険数理的危険団体を前提にしていると私は考える。

### 1-2-2　保険計理人による確認

　1号収支分析は，前述のとおり生命保険会社の場合，当該生命保険会社が引き受けているすべての保険契約に係る責任準備金が健全な保険数理に基づいて積み立てられているかどうかを確認するためのものである。
　1号収支分析(1)は，金利について確率論的に作成したシナリオを用い，たとえば，標準責任準備金を基準とする保険契約については，90％以上のシナリ

オで分析期間中の最初の5年間の事業年度末において標準責任準備金の積立てが可能である場合には，保険計理人は，現在の責任準備金の水準は十分であると判断することができるとされている。1号収支分析(2)は，金利について決定論的に作成したシナリオを用い，たとえば，標準責任準備金を基準とする保険契約については，分析期間中の最初の5年間の事業年度末において標準責任準備金の積立てがすべてのシナリオで可能である場合には，保険計理人は，現在の責任準備金の水準は十分であると判断することができるとされている。これに対して，死亡率など保険事故発生率については，1号収支分析(1)の場合には，過去の実績値等をもとに，将来の変化等を見込んだ合理的なものでなくてはならない。1号収支分析(2)の場合には，原則として，商品および経過年数ごとに，直近年度または直近年度を含む過去3年間の死亡率など事故発生率の平均値とするとされている。

つまり，1号収支分析により求められる保険料積立金は，平準純保険料式保険料積立金などの予定利率をシナリオによって定めたものに過ぎないことがわかる。このため，1号収支分析による責任準備金は，保険数理的危険団体を前提にしていると私は考える。

3号収支分析は，前述のとおり「将来の時点における負債の額として合理的な予測に基づき算定される額」には，それぞれの保険契約について，全期チルメル式責任準備金と解約返戻金相当額のいずれか大きい方の額を計算したものの合計額である事業継続基準に係る額が含まれている。このため，3号収支分析自体も保険数理的危険団体に基づいているということができる。

1-2-3 責任準備金規制の問題点

標準責任準備金については，1995年保険業法施行前の新契約について適用がないこと，予定利率がロック・イン方式であること等の問題点が従来から指摘されてきた[185]。加えて，危険団体を前提に置いているため，前述のとおり危

---

185) 拙稿（2004）p. 31 など。

険団体が考慮する保険引受けリスク以外のリスクが軽視される傾向にある。

危険準備金と価格変動準備金については，ソルベンシー・マージン比率のリスク相当額の計算と基本的には変わらないため，リスク相当額が過小である。保険計理人の将来収支分析については，保険引受けリスクだけではなく，価格変動リスク等の資産運用に係るリスクも考慮しているが，たとえば，3 号収支分析は，決定論的なものであること，価格変動リスクを十分には考慮していないこと，金利について上昇，下降のシナリオがないことなどの理由で適切な分析を行うことができないおそれが高いなどの問題点が指摘される[186]。このように，保険会社のソルベンシー維持のための規制が不十分であったことが，平成に入ってからのわが国の生命保険会社の破綻の遠因となったと私は考えている[187]。

確かに，1995 年に保険業法が改正されたときには，その後平成に入って破綻した生命保険会社のうちの数社は，こうした規制を遠因として経営が相当に悪化し始めていた[188]。保険業法における保険会社のソルベンシー維持に係る規制を厳しい水準で改正すると，そのうちの何社かは即座に破綻するおそれがあり，このため，大蔵省としては，実際上保険業法における保険会社のソルベンシー維持に係る規制を相当程度甘いものとせざるを得なかった面があったことは否定できないと考えられる。

このように，1995 年保険業法における責任準備金規制は，危険団体が原因

---

186) 拙稿（2004）p. 26
187) 拙稿（2002）pp. 75-76
188) 2004 年 8 月 28 日付けの朝日新聞朝刊「破綻生保，5 社に兆候」によれば，「97 〜 01 年に破綻した生命保険 7 社のうち，日産，東邦，第百，大正，千代田の 5 社は破綻の 1 〜 6 年前にすでに実質債務超過に陥っていたことが明らかになった。」とし，さらに，「92 年度からその後破綻した 7 社全社が利差損（逆ざや）に転落。93 〜 94 年度には多くの会社が三利源の合計額（現在の基礎利益に相当）でも赤字となった。しかし各社とも公表決算では株式売却などで利益をひねり出し，当期剰余（最終利益）を確保し続けた。第百は 94 年度決算の三利源合計額は 234 億円の赤字だったが，当期剰余は 70 億円。営業成績に大きく影響する契約者への配当を払い続けるため，無理な益出しを重ねたとみられる。」とされる。これは，朝日新聞の情報公開請求に基づき金融庁が開示した旧大蔵省や金融監督庁の検査報告書などで判明したものである。

となったさまざまな問題点を抱えていることが判る。

## 2. 1900年および1939年保険業法における責任準備金規制

### 2-1　1900年保険業法における責任準備金規制

#### 2-1-1　責任準備金

保険会社は保険契約の種類に従い，各事業年度末において存する契約につき，責任準備金を計算し，これを特に設けた帳簿に記載することを要する（1900年保険業法第95条）とされていた。また，生命保険契約またはその再保険契約に対する責任準備金は，保険料積立金と未経過保険料に区別することを要するが，これを区別することができないものについてはこの限りではない（1900年保険業法施行規則第25条）とされ，1939年，1995年保険業法とは異なり，危険準備金は，責任準備金に含まれてはいなかった。

保険料積立金については，1900年保険業法施行規則第26条に定めがあり，「生命保険会社カ純保険料式ニ依テ保険料積立金ヲ算出セサルトキハ貸借対照表中責任準備金ノ下ニ純保険料式ニ依テ算出シタル金額ヲ付記シ之ヲ農商務大臣ニ差出スコトヲ要ス」とされていたが，1912年の改正で，「生命保険会社カ純保険料式ニ依テ保険料積立金ヲ算出セサルトキハ責任準備金明細表中各保険料積立金ノ下ニ純保険料式ニ依テ算出シタル金額ヲ付記シ之ヲ農商務大臣ニ差出スコトヲ要ス」となり，さらに，1926年の改正で，「保険料積立金ハ純保険料式ニ依リテ計算シタル額ヲ下ルコトヲ得ス但シ生命保険契約ニシテ契約後五年ヲ経過セス且保険料払込期間内ニ在ルモノニ対スル保険料積立金ニ付テハ此ノ限ニ在ラス」として，5年チルメル式保険料積立金による積立てを容認するものとなった。また，「保険料積立金ヲ純保険料式ニ依リテ計算セサルトキハ商工大臣ニ提出スルモノニハ各保険料積立金ノ左側ニ純保険料式ニ依リテ計算シタル額ヲ付記スルコトヲ要ス」（書式第二号附録丁ノ一備考第七号）とされた。

このように，保険料積立金の計算は純保険料式によることが原則とされてい

たが，チルメル式等の方法によることも認められていた。しかし，主務大臣に報告されていた純保険料式による保険料積立金とチルメル式等による保険料積立金の差額については，一切公表されていなかった[189]。また，チルメル歩合についても法令上は定めがなかったが，「行政上の内規により（保険業監督の初期から）之を保険金額の千分の二十と制限して居た。尚ほ若し其の流用し得べき金額が千分の二十に達しないときは，其の金額を以て限度となし，積立金が決して負数となることを許さない」[190]とされていた。

なお，危険準備金についての法令上の規制は存在しなかったが，実際の死亡率が予定死亡率より超過する危険に供えるため，危険準備金の積立てが行われていた。危険準備金は，死亡超過準備金とも称されていた[191]。

また，予定死亡率を定めた生命表についての規制はなく，実際には，さまざまな生命表が用いられていた。たとえば，1925年当時用いられていたのは，終身保険に限ってみて主要なものだけを挙げてみても，次のように多数に及ぶ[192]（表10）。

表10 用いられていた生命表（1925年当時，終身保険）

| 生 命 表 | 採用していた会社数 |
|---|---|
| 英国十七会社表 | 15 社 |
| 亜米利加実験表 | 1 社 |
| 亜米利加経験表 | 1 社 |
| 日本三会社表 | 6 社 |
| 統計局男子第二表 | 4 社 |
| 森村氏表 | 2 社 |
| 藤澤氏第二表 | 1 社 |

（出典）中村喜代治（1925）pp. 99-101

当時は，わが国最初の経験表である日本三会社表[193]が完成はしていたもの

---

189) 森荘三郎（1928）p. 2
190) 森荘三郎（1928）p. 4
191) 三浦義道（1929）p. 405
192) 生命保険協会（1942）p. 501 を参照のこと。

の，実際にはそれほど使われず，英国十七会社表などの海外の生命表が多数使われていることが目につく。その後，1912年から1927年の間の19社の生命保険会社の経験に基づき作成された商工省日本経験生命表[194]が1931年に完成し，これが第二次世界大戦後までの間，広く用いられた。

このように，1900年保険業法にあっては，法令では，責任準備金の内訳，積立方式等を定めるにすぎず，その詳細について定めることはしなかった。その計算方法，計算基礎の選択については，その当時存在していた保険計理の慣行を採り入れることを前提としていたと考えることができる。

2-1-2 平準純保険料式保険料積立金の積立て

このように1900年保険業法では，保険料積立金の積立方式には，平準純保険料式，チルメル式等が混在することとなった。しかし，各種の積立方式の中でどれがもっともすぐれているかについては，当時から定説がなかった。また，平準純保険料式保険料積立金の問題点についても，「(平準)純保険料式算定方法が一般に採用された主因は，此方法の計算仮定や計算方法が，会社実際の経験や取扱に安全に符合するもの故，此方法により算出せらるる責任準備金ならば，必然的に科学的安全性の保証が伴はれるものであるから，安心して準拠して善いと認められた事にある。然るに，世間の事情は常に一定の状態を継続するものではなく，其変遷影響は会社の実際経験に及び，過去に定められた計算仮定や計算方法と会社経験とは著しく異つて来たのである。然るに此の純保険料式算定方法は，此等事情の変化に適応せしむる為には頗る融通性の少ない算法であったのである。例へば現価計算の基礎仮定を変更せんが為には，同時に純保険料額を変更する必要を生ずる。而して尚ほ純保険料式算定方法の理論を徹底させる為には，同時に営業保険料額の変更をも必要とするに至るものである。又新しくは利益配当問題の発生に対しても，科学的なる対策樹立に困

---

193) 明治生命保険株式会社，帝国生命保険株式会社，日本生命保険株式会社編 (1911) pp. 277-282
194) 生命保険会社協会 (1933) p. 30

難を生じた。此の如き事情の変化の結果，純保険料式算定方法を採用しても，実際的には技巧的な基礎仮定により，便宜的に算出せられる責任準備金で経営するの止むなき事態に陥つたのであつた。即ち形式的に純保険料式算定方法を継続採用して居ても，実質的には其計算方法採用の為の金科玉条と言はるべき「科学的にして正確安全なる準備金，基礎仮定と実際経験との一致」と言ふ様な条件は，新なる周囲の事情の変化の為に，根本的に冒されて了つたのである。」[195]などの指摘が見られた[196]。

この一方で，「負債の全額が其のまゝ負債として表はされるのであるから，最も正式な計算方法である。」[197]として，純保険料式の正当性を主張する意見もあった。また，各国の法令が純保険料式のみを認めたり，チルメル式歩合やチルメル期間に種々の制限を加えたりする理由として，森荘三郎博士は，①保険会社の財力を弱めること，②保険会社が無謀なる競争をすること，③保険契約者の利益が害されること，④保険契約者利益配当率につき不正競争の具に供せられることを挙げる[198]。そして，チルメル式の問題点を「（チルメル式流用額は，）或は前記の如き事業費の不足を補ふために流用せられて，会社の実力以上の新契約の獲得費に充てられ，或は保険契約者及び株主に対する利益配当の資源に供せられて，会社の営業利益以上の配当を競ふが如き結果となる。一言にして尽せば無謀の競争となる。その結果は解約失効の増加となり，略奪契約の横行となり，事業費の増加となる。要するに保険業の健全なる発達を阻害する結果となる」[199]とした。

しかし，実際には，1924 年度（大正 13 年度）末における商工省の調査によれば，当時のわが国の生命保険会社 44 社（徴兵保険会社を含む）のうち，純保険料式を採用する会社は，4 社にすぎず，3 社が 10 年チルメル式，37 社が全

---

195) 気賀真一郎（1937）p. 128
196) チルメル式擁護論としては，磯野正登（1926）pp. 17-32 などが挙げられる。
197) 森荘三郎（1928）p. 4
198) 森荘三郎（1928）p. 6
199) 森荘三郎（1928）p. 6

期チルメル式を採用していた[200]という。

1926年1月，商工省は，生命保険会社各社にチルメル式保険料積立金の制限を求めた[201]が，生命保険協会が「チルメル式責任準備金の件」と題する答申を提出し[202]，結果的にこれをもとに決着が図られ，1912年保険業法施行規則第26条が前述のとおり改正された。

## 2-2　1939年保険業法における責任準備金規制

### 2-2-1　責任準備金

1939年保険業法における責任準備金に関しては，「保険会社ハ毎決算期ニ保険契約ノ種類ニ従ヒ責任準備金ヲ計算シ且之ヲ特ニ設ケタル帳簿ニ記載スルコトヲ要ス」(1939年保険業法第88条第1項) とされていた。これは，1900年保険業法第95条の「各事業年度ノ終ニ於テ存スル契約ニ付キ」とされていたものを，「毎決算期ニ」と変えたにすぎない。ただ，責任準備金の区別については，「生命保険契約又ハ其ノ再保険契約ニ対スル責任準備金ハ之ヲ保険料積立金，未経過保険料及危険準備金ニ区別スルコトヲ要ス但シ之ヲ区別スルコト能ハザルモノニ付テハ此ノ限ニ在ラズ」(1939年保険業法施行規則第30条) とされ，危険準備金についての規制が新たに設けられた。危険準備金の積立てについては，個人保険及び団体保険については，死差益の5％以上を毎年危険準備金として積み立てるものとする。ただし，その積立限度は，個人保険にあつては危険保険金の1,000分の1，団体保険にあつては1,000分の2とし，死差損を生じたときはその額を限度として，また，特別の事由がある場合には大蔵大臣の承認を得て，取り崩すことができるものとする (1983年3月31日蔵銀第696号「生命保険会社の経理について」1(3)ロ(ニ)) とされていた。

また，保険料積立金の積立方式に関しては，「純保険料式ニ依リテ計算シタ

---

200)　森荘三郎 (1928) p.7
201)　「資産状態を公告せしむ」『中外商業』1926年1月14日 (生命保険協会 (1942) pp.463-464)
202)　生命保険会社協会 (1926) p.83

ル額ヲ下ルコトヲ得ズ」として，平準純保険料式保険料積立金を原則と定める一方で，「生命保険契約ニシテ契約後五年ヲ経過セズ且保険料払込期間内ニ在ルモノニ対スル保険料積立金ニ付テハ此ノ限ニ在ラズ」（1939年保険業法施行規則第31条第1項）として，5年チルメル式保険料積立金を容認するものとなっていた。これは，1926年改正保険業法施行規則第26条と同様の規制である。さらに，「保険会社ハ保険業法第百条ノ規定ニ依ル業務及財産ノ管理又ハ契約ノ移転ノ命令アリタル場合其ノ他特別ノ事情アル場合ニ於テハ前項ノ規定ニ拘ラズ保険数理上支障ナキ範囲内ニ於テ大蔵大臣ノ認可ヲ受ケ営業保険料式其ノ他ノ方式ニ依リ保険料積立金ノ計算ヲ為スコトヲ得」（1939年保険業法施行規則第31条第1項，第2項）とする例外が新たに設けられた。この例外によって，5年を超えるチルメル式保険料積立金，営業保険料式保険料積立金の積立てが認められるようになった。

1939年保険業法の保険料積立金に係る規制が前述のようになっている中で，保険料積立金の積立方式については，さまざまな議論がなされていた。純保険料式の場合，新契約費が大きければ大きいほど費差損が大きくなることなどを捉えて，平準純保険料式保険料積立金よりもチルメル式保険料積立金の方がよいとする主張[203]も見られた。

なお，当時の生命保険会社の保険料積立金の説明は，「保険料積立金は生命保険特有のものである。すなわち，長期の生命保険にあっては，被保険者の年齢の変化にともない各年度の死亡危険率は異り，従って保険料は毎年異るはずであるが，便宜上毎年同じ額に平均した保険料を徴収しているため（平準保険料），いわば後年度のために先払いされている部分があること，前事業年度迄の責任準備金及び当該年度に収受した保険料が一定の利率で利殖されることが予定されること，及び養老保険では満期生存に際して支払うべき保険金額が毎年の保険料に計算されていることなどの理由により，保険料の一部を積立てることを要する。」[204]とするなど，過去法によるものとなっていたことに留意す

---

203) 髙津知足（1973）pp. 159-181.
204) 大森忠夫（1957）p. 369。同趣旨のものとしては，田中誠二（1975）pp. 78-79,

る必要がある。

　また，予定死亡率を定めた生命表についても規制はなかった。1931年に完成した商工省日本経験生命表が，前述のとおり第二次世界大戦後までの間広く用いられた。しかし，第二次世界大戦後，各種のスルファミン剤や抗生物質が発見され，その普及発達をみるに及んで，人間の寿命は世界の全地域にわたってめざましく伸長し，商工省日本経験生命表を実態にそぐわないものとし，国民表である第8回生命表が基礎表として採用されるに至った[205]。その後，第9回生命表，第10回生命表を経て，経験表である日本全会社生命表（1960～'63）（略称，第1回全会社表）が採用されるに至った。その後，全会社表は，『日本全会社生命表（1965～'69）』，『日本全会社生命表（1972～'76）』，『日本全会社生命表（1979～'80）』，『日本全会社生命表（1984～'85）』と改訂が続けられた。

　日本全会社生命表（1960～'63）以降の経験表は，安全割増を含むものであった。たとえば，日本全会社生命表（1960～'63）から日本全会社生命表（1972～'76）までの安全割増は，危険論的な考え方が採用され，粗死亡率の$2\sigma$とされていた[206]。その後，安全割増の方法は変更され，原則として粗死亡率の$2\sigma$とするが，これにより得られる死亡率が年齢によって過大なものとなるのを避けるため，粗死亡率の130％を上限とした[207]。この考え方は，前述のとおりその後の生保標準生命表1996（死亡保険用），生保標準生命表2007（死亡保険用）に引き継がれていくことになる。

　また，1900年保険業法第5条と同様に，保険事業の免許を受けようとする場合には，保険料及責任準備金算出方法書を添付することが求められ（1939年

---

　　　日本生命保険相互会社法規研究会（1969）p. 422，青谷和夫監修，鴨田二三男（1974）p. 73，保険業法研究会編（1986）pp. 108-109，鴻常夫監修，寺本尚司（2001）p. 672，洲崎博史（1995）p. 168などがある。さらに，1995年保険業法のコンメンタール等でも同趣旨の説明が，保険研究会編（1996b）p. 123にある。これに対して，保険料積立金について，将来法の観点から説明を行うものとしては，古瀬政敏（2002）pp. 330-331がある。
205）　菱沼従尹（1955）pp. 67-68
206）　生命保険協会編（1972）p. 22，生命保険協会編（1976）p. 15，生命保険協会編（1983）p. 158
207）　生命保険協会編（1987）p. 120，生命保険協会編（1992）pp. 170-171

保険業法第1条第4号），その変更には，1900年保険業法第8条と同様に主務大臣の認可を受けることが必要とされていた（1939年保険業法第10条第1項）。

このように，1939年保険業法では，直前の1900年保険業法と実質的にはほとんど変わらない規制になっていたといえる。

2-2-2　純保険料式行政

1962年に保険審議会が出した「生命保険計理に関する答申」は，当時の生命保険業界の状況を，「責任準備金の積立は，現行法令では純保険料式を原則とし，特別の事情あるときは，営業保険料式その他の方式によることができることになつているが，現在は大部分の会社が全期チルメル式によつており，決算の結果によつて事実上任意にそれ以上の積立を行なつているにすぎない。」[208]とした。その上で，「保険事業を円滑に，かつ，支障なく運営するためには，責任準備金の充実を図ることは当然であるが，保険料，契約者配当その他保険計理の総合的な関係において規制されるべき性質のものと考える。（中略）われわれは，この問題について検討を加えた結果，保険料の算出に使用した計算の基礎，すなわち各種計算要素について将来の変動に対処しうる積立金としては，純保険料式を目標とし，その目標達成のため，各社の実情に応じ計画的かつ段階的な積立方式を定めて，これを着実に実行することが必要であるとの結論に達した。」[209]とした。

その後，大蔵省は，この答申を受けて，「責任準備金の積立て目標を純保険料方式とし，その目標達成のため各社の実情に応じ計画的かつ段階的な積立方式を定めてこれを着実に実行することが肝要である。」[210]として，純保険料式責任準備金の積立てを目標とするに至った。平準純保険料式保険料積立金の積立てが目標とされた理由は，

---

208)　保険審議会（1989a）p. 16
209)　保険審議会（1989a）p. 17
210)　蔵銀第1002号「責任準備金の充実について」（1968）

ⅰ. 料率および保険契約者配当の競争範囲を拡大していくにあたっては，保険契約者の利益が害されるような過当競争を誘発しないための基盤の整備のために必要であること[211]
ⅱ. 資本自由化に伴う外国企業との競争に備え，責任準備金の充実により経営体質の強化を図ること[212]
ⅲ. 募集制度等の改善を通じて経費の節減・経営の効率化を図ること[213]

などが挙げられていた。なお，ⅰの理由は，「上位の生命保険会社の新契約獲得を抑制し，下位の生命保険会社の競争上の地位を保護するという側面を持っていたこと」[214]を黙示的に示していたと考えることができる。

ここで注目すべきは，「当局は従来からしばしは経営の健全化，効率化のため，事業費の節減，継続率および募集制度の改善等について強く要請し，これを受けて各社それぞれ改善計画を策定し，その達成に努めてきたところであるが，必ずしも所期の成果をみるに至っていない」[215]ことは，「各社の責任準備金の充実についての認識と配慮が不充分なまま，ややもすれば効率を軽視した量的拡大競争が行なわれてきたことにも起因していると考えられる」[216]としたことである。さらに，「各社の経営の実績が保険料，配当等に反映されるいわゆる有効競争がいつそう進展していく今後の環境を前提とすれば従来のような量的拡大のみをこととする経営のあり方は許されず，担保力特に責任準備金の充実は，業務運営上もつとも基本的かつ緊要な課題であるといわなければならない。」[217]としたのである。つまり，「（生命保険会社各社の）体力差を無視した過当競争に歯止めをかけ」[218]ようとしたのである。

---

211) 保険審議会（1989c）p. 101
212) 保険審議会（1989d）p. 138
213) 保険審議会（1989d）p. 138
214) 岩原紳作（1992）p. 131
215) 蔵銀第1002号「責任準備金の充実について」（1968）
216) 蔵銀第1002号「責任準備金の充実について」（1968）
217) 蔵銀第1002号「責任準備金の充実について」（1968）
218) 御田村卓司，福地誠，田中淳三（1996）p. 23

その後，1969年の保険審議会答申においては，「すでに所定の計画に基づく責任準備金の積増しが行なわれている一方，統一経理基準の設定が行なわれ，これらを実施しつつ料率および契約者配当が決定されなければならないとされているが，今後とも引続きこれらの措置の厳正な実行をはかつていくことが肝要である。」[219]とされ，純保険料行政がさらに推し進められることとなった。

ところが，1975年の保険審議会答申では，（上記iiiの目的）は「間接的にしか果されておらず，純保行政は，会社間の過当な業容拡大競争を抑え，募集制度の改善を図るという政策意図の達成のためには，不十分な役割をしか（原文のまま）果し得なかったと評価せざるを得ない。」[220]とされ，「責任準備金については，将来の支払準備として必要な額を積立てることは当然であるが，保険料の水準，契約者配当その他保険計理の総合的な関係において規制されるべきものであるので，生命保険会社は，今後は契約者配当等契約者サービスの充実，適正化を十分考慮する経営姿勢に転換を図っていくことが必要である。」[221]として，純保険料行政の見直しが示唆された。

しかし，その後の1979年の保険審議会答申は，「昭和50年答申のこのような指摘は，当時の高金利水準，我が国経済の活況等を反映したものと思われるが，現時点では，事業環境はむしろ厳しい方向に移らざるを得ないと考えられるので「生命保険事業の健全性」をより確実なものとしておくために，従来どおり，純保険料式の積立てを目標とした行政を行うべきである。なお，純保険料式という厳しい積立てを行うため，経営効率化に向けて，営々と進めてきたこれまでの経営努力は，今後の厳しい事業環境において今後ともこれを続けていくことが特に必要であることはもちろんである。」[222]として，純保険料式行政への回帰を明確にした。このように，平準純保険料式保険料積立金の積立ては，生命保険会社の健全性の維持のためになされたものではなく，生命保険業

---

219)　保険審議会（1989c）p. 101
220)　保険審議会（1989d）p. 138
221)　保険審議会（1989d）p. 138
222)　保険審議会（1989b）p. 164

界の秩序ある競争を維持確保するためのものであった。

　その後、1991年の保険審議会保険経理小委員会報告に至って、「生命保険会社の純保険料式による積立てについては、次の観点から見直してはどうか、という指摘がある。」[223]とした。

ⅰ．平準純保険料式保険料積立金は事業費の支出実態を必ずしも反映しているものではなく、このため費用と収益とが対応しているとは言えない。この結果、必要以上に利益を社内に留保し十分な契約者還元がなされていないのではないか。
ⅱ．新規参入会社にとっては、平準純保険料式保険料積立金が参入障壁となるのではないか。
ⅲ．平準純保険料式保険料積立金のみによって健全性の確保を図るのではなく、ソルベンシー・マージンのような考え方の導入によっても健全性を確保できるのではないか。

　さらに、「生命保険会社においては、当面、純保険料式を基本とすることが考えられるが、将来も純保険料式という一定の積立方式で対処することが適当かどうか、という問題があろう。今後の方向としては、健全性確保を念頭においたソルベンシー・マージンの考え方を導入し、所定の基準の下で、各社の資産内容等の実情に応じ、責任準備金の積立方式にも弾力性を持たせることが考えられる。この場合、各社の保険計理人の役割が一層重要なものになると考えられるため、保険計理人の主体的な判断により責任準備金の評価を行うというバリュエーション・アクチュアリーの在り方を検討する必要がある。」[224]として、純保険料式行政の転換を示唆した。この考え方が、先に述べた1995年保険業法における標準責任準備金等に係る規制の導入につながったと私は考える。

---

223)　保険経理小委員会（1991）p.148
224)　保険経理小委員会（1991）p.151

### 2-3　危険団体の存在と責任準備金規制の問題点

#### 2-3-1　責任準備金

1900年保険業法および1939年保険業法における責任準備金規制は，平準純保険料式保険料積立金の積立てを原則としており，1995年保険業法における責任準備金規制と同様に，保険数理的危険団体の存在を前提にした制度であるということができる。

#### 2-3-2　責任準備金規制の問題点

1900年保険業法および1939年保険業法における責任準備金規制においては，1995年保険業法における標準責任準備金以上に危険団体が考慮する保険引受けリスク以外のリスクが軽視された。その意味では，危険団体の問題点がもっとも大きく出た規制であったと言えよう。

## 3．ニューヨーク州，カナダにおける責任準備金規制

ここでは，ニューヨーク州およびカナダにおける生命保険監督会計における責任準備金規制について検討を行う。なお，これらの責任準備金規制とは別に，一般に公正妥当と認められた会計原則（Generally Accepted Accounting Principal 以下，"GAAP"という。）における責任準備金に係る規制が存在する[225]。また，GAAPにおける保険料積立金についての検討が，国際会計基準審議会（International Accounting Standard Board, IASB）[226]などで行われている。これらの

---

225) この典型的なものとしては，アメリカのGAAPがある。しかし，アメリカのGAAPは，責任準備金として純保険料保険料積立金の計上を求める一方で，新契約費の繰延べを求めるなど，典型的な繰延法であり，危険団体に基づくものといえる。このように，これらの規制は，黙示的に危険団体を前提においており，本書の検討において省略しても，実質的に問題にはならないと，私は考える。なお，アメリカのGAAPについては，R. T. Herget et al. (2006)，邦訳 社団法人日本アクチュアリー会国際関係委員会訳（2008）を参照のこと。
226) 検討状況については，International Accounting Standard Board (2007a)，International Accounting Standard Board, (2007b) などを参照のこと。

規制は，その目的が生命保険監督会計とは大きく異なることに加え，実質的に生命保険監督会計における責任準備金の積立方法と変わらないものであり，危険団体の存在を前提にしたものと考えられるため，ここでは検討を行わない。

## 3-1　ニューヨーク州の責任準備金規制
### 3-1-1　責任準備金の積立て

生命保険，年金保険，傷害医療保険の事業を営む認可を受けているすべての保険者は，次の準備金を維持しなければならない。ただし，特段の定めがある場合は，この限りではない（ニューヨーク州保険法第1304条，第1113条（a）(1)，(2)，(3)）として，生命保険会社における責任準備金（valuation reserve）の積立てを要求している。

 i ．その契約に適用される本章に定められた死亡表および利率に基づいて計算した生命保険または年金保険のすべての有効な保険証券または契約に係る責任準備金
 ii ．通知の有無を問わず就業不能者に対する責任準備金を含む就業不能給付および災害死亡給付に係る責任準備金
iii ．監督官によって当該保険者の保有保険証券，被保険者証および契約のために必要と認められる追加責任準備金

監督官は，外国保険会社を除くニューヨーク州内で事業を営むすべての生命保険会社が保有する発行済みの生命保険証券および契約に係る責任準備金を毎年評価し，または評価させなければならない。監督官はその責任準備金の計算に使用された死亡表，利率および方式を特定して責任準備金の額を確認することができる。責任準備金の算出にあたり，監督官は，群団方式および1年未満等の端数に対して近似的な平均値などを用いることができる（ニューヨーク州保険法第4217条（a)(1)）。

3-1-2 評価の基礎

最低責任準備金の積立方式等については，3-1-3のように定められているが，監督官は，自己の裁量で，ニューヨーク州で事業を営むすべての生命保険会社によって発行された条件体および超過危険体の生命保険証券に適用される死亡率の基準を変更することができる（ニューヨーク州保険法第4217条 (a)(3)(A)）。

また，ニューヨーク州で事業を営むすべての生命保険会社で，保険証券および契約の評価の基礎として，責任準備金の最低基準を総額で上回る責任準備金の評価の基礎を採用してきた者は，引続き当該基礎を責任準備金の評価の基礎として使用することができる（ニューヨーク州保険法第4217条 (a)(4)(A)）。

1940年1月1日以降，ニューヨーク州で事業を営むすべての生命保険会社は，より低い予定利率による責任準備金の評価に関する規制（ニューヨーク州保険法第4217条 (c)(8)）を充たしていたことを条件として，いつでも責任準備金の最低基準を総額で上回る責任準備金の評価の基礎をその保険証券および契約の評価の基礎として採用することができる。また，当該高い基準を採用した会社は，監督官の承認があればより低い評価基準を採用できる。ただし，いかなる場合にも本項所定の最低基準を下回ってはならない。なお，責任準備金についてのアクチュアリー意見書を提出するために，有資格アクチュアリーが必要であると決定した追加責任準備金の積立ては，より高い評価基準の採用とみなされてはならない（ニューヨーク州保険法第4217条 (a)(4)(B)）。監督官は，当該変更が当該会社の保険契約者および年金受取人にとって最も利益になると認められた場合には，当該変更を承認することができる（ニューヨーク州保険法第4217条 (a)(4)(C)）。

3-1-3 最低責任準備金の積立方式，予定利率，予定死亡率

3-1-3-1 最低責任準備金の積立方式

最低責任準備金の積立方式，予定利率，予定死亡率についての規制は，標準不没収法（第4221条）の発効日より前に発行された団体年金および生存保険契約について別段の定めのある場合を除き，当該発効日以降に発行された保険証

券および契約に限って適用される（ニューヨーク州保険法第4217条（c）(1)）。また，別段の定めのある場合を除き，保険証券および契約の評価の最低基準は，監督官式責任準備金評価法（the commissioners reserve valuation method）によるものとする（ニューヨーク州保険法第4217条（c）(2)）。

　監督官式責任準備金評価法は，以下のように定義される。本節第4218条に別段の定めのある場合を除き，監督官式責任準備金評価法による定額の保険金を給付し，定額の保険料の支払いを求める生命保険，生存保険証券の責任準備金は，もしあれば，当該保険証券によって給付される将来の保証された保険金額の評価時点における現在価値が，すべての将来の修正純保険料の評価時点における現在価値を超過する額でなければならない。すべての当該保険証券における修正純保険料は，当該給付金額に対する個々の保険証券の保険料の一定割合でなければならず，保険証券の発行日におけるすべての当該修正純保険料の現在価値が，保険証券によって給付される当該保険金額の保険証券の発行日における現在価値および次のiがiiを超過する額の合計額に等しくなければならない（ニューヨーク州保険法第4217条（c）(6)(A)）[227]。

ⅰ．第1保険年度以降に給付される当該保険金額の発行日における現在価値を，発行日における最初の契約応答日以降，当該保険証券が毎年の契約応答日に，1年につき支払われる年金の現在価値で除したものに等しい平準年払純保険料。当該平準年払純保険料は，当該保険証券発行時の年齢よりも年齢が1歳高い，（保険金額が）同額の保険料払込期間19年の終身生命保険の平準年払純保険料を超えてはならない。

ⅱ．第1保険年度に給付される保険金額に対する一年定期純保険料

　この方法によると，相当数の契約について，初年度の責任準備金の額がゼロになり，新契約の募集に伴って生ずる法定のサープラスの重い負担を減らすこ

---

[227]　実際の計算方法については，M. A. Tullis and P. K. Polkinghorn (1990) p. 26 参照のこと。

とができる[228]効果がある。

　ここで，第4218条の別段の定めは，次のようになっている。本州で保険事業を営むすべての保険会社が発行するすべての生命保険証券の対価である実際の保険料または年金保険料が，監督官式責任準備金評価法に基づいて計算された修正純保険料ならびに最低評価基準に含まれる金利および死亡表を用いて計算された修正純保険料または標準不没収法（第4221条（k））の発効日より前に発行された更新可能定期保険契約に基づく将来の更新の場合に，アクチュアリー会会報 Vol. XXVII（1975）に掲載された現代CSO表（the Modern CSO Mortality Table）に基づいて計算された修正純保険料より少ない場合には，当該証券に求められる最低責任準備金は，当該証券について実際に用いられている死亡表，金利および方式に従って計算された責任準備金と，監督官式責任準備金評価法および監督官式責任準備金評価法の修正純保険料の計算のために定められた死亡表および金利を用い，当該修正純保険料が実際の保険料を超える各々の契約年度において，当該証券の対価である実際の保険料によって置き換えられる当該修正純保険料を用いて計算された責任準備金のいずれか大きい方でなければならない（ニューヨーク州保険法第4218条（a）（1））。

3-1-3-2　予定利率

　適用される予定利率については，（表11）のとおりである（ニューヨーク州保険法第4217条（c）(2)）。

　以下の責任準備金の評価の最低基準を決定する際に用いる利率は，暦年法定評価用利率または当該保険証券，契約もしくは年金について監督官が適宜承認する利率より高い利率でなければならない（ニューヨーク州保険法第4217条（c）(4)(A)）。

ⅰ．1982年1月1日以降の特定の暦年に発行されるすべての生命保険契約
ⅱ．1982年1月1日以降の特定の暦年に発行されるすべての個人年金契約

---

228)　M. A. Tullis and P. K. Polkinghorn (1990) p. 27

表 11　保険証券等の種類ごとの予定利率

| 保険証券等の種類 | 予定利率 |
|---|---|
| 1966 年 1 月 1 日より前に発行されたすべての生命保険証券<br>1960 年 1 月 1 日より前に発行されたすべての個人年金および生存保険の契約 | 3.0% |
| 1966 年 1 月 1 日以降，1974 年 6 月 13 日より前に発行されたすべての生命保険証券<br>1960 年 1 月 1 日以降，本項 3 号発効日より前に発行されたすべての個人年金および生存保険の契約 | 3.5% |
| 1974 年 6 月 13 日以降，1979 年 1 月 1 日より前に発行されたすべての生命保険証券 | 4.0% |
| 1979 年 1 月 1 日以降に発行されたすべての生命保険証券 | 4.5% |
| 団体年金契約に基づいて購入されたもしくは購入されるすべての年金 | 5.0% |

　　　　および生存保険契約ならびに会社の選択権行使によって，当該日以前に発行された個人据置年金契約に基づいて，当該日以降の特定の暦年に購入されたすべての年金

ⅲ．団体年金および生存保険契約に基づいて，1982 年 1 月 1 日以降の特定の暦年に購入されるすべての年金および生存保険契約

ⅳ．もしあれば，1982 年 1 月 1 日以降の特定の暦年に，GIC（guaranteed interest contracts）によって保有される金額の純増加

ここで，暦年法定評価用利率とは，別段の定めのある場合を除いて，生命保険については次の算式によって求めるものとする。その結果は，概ね 0.25% で切り捨てるものとする（ニューヨーク州保険法第 4217 条（c）(4)(B)）。

$$I = 0.03 + W \times (R1 - 0.03) + W \times (R2 - 0.09) / 2$$

　　　W：加重要素
　　　R1：基準利率 R と 0.09 のうちいずれか小さい方
　　　R2：基準利率 R と 0.09 のうちいずれか大きい方

加重要素は，（表 12）のとおり定められている（ニューヨーク州保険法第 4217 条 (c)(4)(D)(i)）。

表 12 保証期間ごとの加重要素

| 保証期間 | 加重要素 |
| --- | --- |
| 10 年以下 | 0.50 |
| 10 年超 20 年以下 | 0.45 |
| 20 年超 | 0.35 |

また，基準利率は，追加給付の付加を規定するなどの条件（ニューヨーク州保険法第 4217 条 (c)(4)(B)(vi)）を充たした一時払証券を除くすべての生命保険について，ムーディーズ・インヴェスター・サービス社が公表するムーディーズ月次平均社債利回りの，証券が発行される年の直前の暦年の 6 月 30 日に終了する 36 ヶ月の平均と，12 ヶ月の平均のいずれか低い方と定義される（ニューヨーク州保険法第 4217 条 (c)(4)(F)(i)）。ムーディーズ月次平均社債利回りがムーディーズ・インヴェスター・サービス社からもはや公表されなくなった場合，または，全米保険監督官協会（National Association of Insurance Commissioners, NAIC）がムーディーズ月次平均社債利回りをもはや基準利率の決定に適当でないと決定した場合には，全米保険監督官協会によって採択され，かつ監督官によって認められた代替基準利率決定方法を代わりに用いることができる（ニューヨーク州保険法第 4217 条 (c)(4)(G)）。

先に触れなかったすべての暦年に発行された上記一時払証券を除くすべての生命保険証券の暦年法定評価用利率が，直前の暦年に発行された同様の生命保険証券の同時期の実際利率と 0.5% 以下しか乖離していない場合には，当該生命保険証券の暦年法定評価用利率は，直前の暦年の実際の利率に等しいものとする。この規定を適用するために，ある暦年に発行された生命保険証券の暦年法定評価用利率は，（1979 年について定義される基準利率を用いて）1980 年について決定されるものとする。さらに，標準不没収法（第 4221 条 (k)）の発効日と

は無関係に，以降の各暦年について決定されるものとする（ニューヨーク州保険法第4217条 (c)(4)(C)）。

### 3-1-3-3 予定死亡率

予定死亡率については，(表13) に定めるところによる（ニューヨーク州保険法第4217条 (c)(2)(A)）。

表13 保険証券の種類ごとの死亡表

| | |
|---|---|
| 就業不能・災害死亡給付に対するものを除く，標準体として発行されたすべての普通生命保険証券で，標準不没収法（第4221条 (h)）の発効日より前に発行されたもの | 1941年監督官標準普通保険死亡表 |
| 上記発効日以後かつ標準不没収法（第4221条 (k)）の発効日より前に発行された保険証券 | 1958年監督官標準普通保険死亡表。ただし，女性のリスクについて発行されたすべての種類の保険証券については，修正純保険料および現価のすべてを，被保険者の実年齢より6歳以内若い年齢で計算することができる。 |
| 標準不没収法（第4221条 (k)）の発効日以後に発行された保険証券および会社の選択により1981年以後かつ標準不没収法（第4221条 (k)）の発効日より前に発行された不没収給付を規定しない保険証券 | (i) 1980年監督官標準普通保険死亡表，または (ii) 会社の選択により，一以上の特定の生命保険種類については10年間選択死亡表付1980年監督官標準普通保険死亡表，または (iii) 全米保険監督官協会によって1980年以後採択され，かつ当該保険証券の評価の最低基準の決定に際して使用することを監督官が認めたすべての普通保険死亡表，または (iv) 特定の保険リスクのグループに対して監督官が認めたその他の普通保険死亡表，もしくは当該死亡表の修正表 |

### 3-1-4 最低責任準備金

いかなる場合も，すべての生命保険証券の会社の責任準備金の総額は，就業不能および災害死亡給付を除き，監督官式責任準備金評価法および当該保険証券に対する不没収給付算出の際に用いられる死亡表および金利に従って計算された責任準備金の総額ならびに本節第4218条に従って計算された責任準備金

の総額を下回ってはならない（ニューヨーク州保険法第4217条（c）(7)）。

3-1-5　危険団体の存在の有無と問題点

このように，ニューヨーク州保険法は，監督官式責任準備金評価法を採用し，修正純保険料という他には見られない特別な考え方を用いてはいる。しかし，監督官式責任準備金評価法は，平準純保険料式保険料積立金の一類型でしかなく，わが国と同様，保険数理的危険団体を前提にしていると私は考える[229]。

また，日本における責任準備金規制と同様，保険数理的危険団体が考慮するリスクのうちの保険引受けリスク以外のリスクが軽視される傾向にあったといえる。

3-2　カナダの保険契約準備金規制

カナダの保険契約準備金に係る規制は，わが国やニューヨーク州とは大きく異なり，カナダ資産負債法に基づいて保険契約準備金を計算することとされている。

3-2-1　契約保険料式保険契約準備金

カナダにおける保険契約準備金の評価方法は，契約保険料式（Policy Premium Method, PPM）と呼ばれるもの（カナダ公認会計士協会CICAハンドブック（The Canadian Institution of Chartered Accountants, CICA Handbook（以下，CICAハンドブックと呼ぶ。））第4210.24条）が用いられてきた。これは，アポインティッド・ア

---

[229]　これらの規制とは別に，ニューヨーク州保険法においては，特別な定期保険契約に係る責任準備金について規制する，いわゆるXXX規制（ニューヨーク州保険法規則第147号）と，アクチュアリーの意見書およびメモランダムについてのガイドラインと基準を定めるニューヨーク州保険法規則第126号がある。前者は，責任準備金規制のループホールを狙った新型の定期保険に対する規制であり，従来型の規制の延長線上にあるものでしかないこと，後者は，本書で触れた責任準備金規制の範囲内でのものでしかないこと，決定論的な金利シナリオを前提におくことから，本書では検討を行わなかった。

クチュアリーによる最良推定（best estimate）によって求められた現実的な仮定に基づいて計算された営業保険料式保険料積立金に，逆偏差のためのマージン（a margin for adverse deviation，a provision for adverse deviation (PAD) とも呼ぶ。）を加えたものである[230]。契約保険料式保険料積立金は，1992年に導入されたもので，それまでの方式がGAAPに適用できなかったのと異なり，GAAPにも適用できるようになった[231]ことは画期的であった。

### 3-2-2　カナダ資産負債法による保険契約準備金の評価

カナダでは，2001年からカナダ資産負債法（Canadian asset liability method，以下，CALMという。）による保険契約準備金の評価を義務づけた。具体的には，アポインティッド・アクチュアリーは，会計年度末における保険会社の保険数理準備金およびその他の保険契約準備金を評価しなければならない（カナダ保険会社法第365条（1））。アポインティッド・アクチュアリーによる評価は，一般に認められた保険数理の実務（Generally Accepted Actuarial Practice）に従わなければならないとされている（カナダ保険会社法第365条（2））。これを受けて，カナダのアクチュアリアル標準委員会は，一般に認められた保険数理の実務として，実務基準（Standards of Practice，以下，"SOP" という。）を定めている[232]。以下では，最新のSOPである2009年12月現在のものに従って説明を行う。

ここで，アポインティッド・アクチュアリーは，保険会社の取締役会によって指名され，保険契約者準備金の評価に対する仮定および手法が，認められた保険数理の実務，適用すべき法律，ならびに関連する規則およびディレクティ

---

230) 古瀬政敏（1997）pp. 66-67，H. Essert (1994) p. 1141, 1109，M. A. Tullis and P. K. Polkinghorn (1990) pp. 31-33 参照のこと。
231) M. A. Tullis and P. K. Polkinghorn (1990) p. 31
232) SOPは，当初2001年から用いられるようになり，2006年10月に大幅な改定が施され，最終的には2009年12月に現在の形となっている。SOPの2002年版については，荻原邦男（2005）pp. 98-110を参照のこと。また，2002年版の邦訳としては，日本アクチュアリー会 保険会計部会訳（2003）がある。さらに，SOP制定の経緯およびドラフトの概要については，古瀬政敏（2000）pp. 46-58を参照のこと。

ブに合致することを確保する責任を有することなどを求められている者をいう（SOP 2140.16）。

　もともとカナダでは，分離勘定の保険契約にかかる責任準備金の積立方法について確率的なシミュレーションが検討されてきていた。カナダの分離勘定商品である変額年金保険は，伝統的に年金の支払期日または死亡時に，当初の積立金の75％を保証するというものであったが，次第に変貌を遂げ，10年後の年金の支払開始時または死亡時に元本の100％を最低保証するというものになり，さらには，収益が上がった場合に，それをロック・インして元本に算入し，10年間の期間をリセットして，新たな10年間の保証を行うことができるというラチェット条項を導入することによって，10年という期間を延ばすものが出てきた。死亡給付金も支払われるが，その保証についても，同様のラチェット条項が導入されてきた[233]。

　こうした分離勘定商品については，確率的な分析が最善であるとされた[234]。これは，確率的な分析が持つ次のような特徴が考慮されたものであると考えられる。

ⅰ．保証期間にわたって，経済的・行動シナリオの範囲で，現存の資産負債についてのモデル化が可能であること[235]

ⅱ．すべての再投資やヘッジによるリバランスは，当該保険者の投資慣行と矛盾しないようにすることができること[236]

ⅲ．ファンド手数料，解約手数料，ファンドのスウィッチイング，死亡，失効，保証期間のリセット，投資収益を考慮できること[237]

ⅳ．デリバティブを用いたヘッジを行っている場合でも，その市場条件をモデル化することができること[238]

---

233) JOINT WORKING GROUP (1998) pp. 3-4
234) JOINT WORKING GROUP (1998), Canadian Institute of Actuaries (2002) など。
235) JOINT WORKING GROUP (1998) p. 12 参照のこと。
236) JOINT WORKING GROUP (1998) p. 12 参照のこと。
237) JOINT WORKING GROUP (1998) p. 12 参照のこと。

v．各々の変数について静的または動的方法でモデリングができること[239]
vi．個々の保険会社における契約引受の実態を反映させられること[240]
vii．個々の会社における業務の状況や会社の置かれた環境にふさわしい仮定を選択することができること[241]

そして，理想的な理論的枠組みは，確率的手法を直ちに最低資本，保険契約準備金の必要額を決定するための確率的手法への移行をもたらすであろう[242]とされていた。

そして，こうした分離勘定商品で用いられた確率的手法[243]が，前述のとおり一般の生命保険にも適用されることとなった。


3-2-3 SOPの適用される範囲

SOPの基準は，GAAPに従って作成される場合の保険者の財務諸表における保険契約準備金の評価に適用されるが（SOP 2110. 01），SOPの基準は，異なった会計基準に従った評価に対しても手引きとなり，たとえば，GAAPとは異なった，法令に従って計算された保険契約準備金にも適用される（SOP 2120. 04）[244]。このため，本書で検討する保険監督法における保険契約準備金についての基準にもなっている。


3-2-4 カナダ資産負債法

3-2-4-1 カナダ資産負債法

アポインティッド・アクチュアリーは，CALMに従って保険契約準備金を

---

[238] JOINT WORKING GROUP (1998) p. 12 参照のこと。
[239] JOINT WORKING GROUP (1998) p. 12 参照のこと。
[240] A. Brender (1998) p. 298 参照のこと。
[241] A. Brender (1998) p. 298 参照のこと。
[242] Canadian Institute of Actuaries (2002) p. 5
[243] Canadian Institute of Actuaries (1993)
[244] カナダでは，GAAPと保険監督法の会計基準が一致しており，両者に同一のSOPが適用されても，実際上の問題は生じない。

計算しなければならない（SOP 2320.01）。評価の対象となる保険契約は，その時点で引受けが確約されているものを含む，貸借対照表作成日現在における有効な契約またはそれ以前に有効であったが貸借対照表作成日以降にキャッシュ・フローを生じさせる契約である（SOP 2130.03）。評価の対象となる各々の保険契約に関する保険契約準備金は，貸借対照表作成日以降に当該負債の期間の間に発生する保険料，給付金，保険金，費用および税金から生ずるネット・キャッシュ・フローによって構成されていなければならない（SOP 2130.04）。構成されるキャッシュ・フローは，出再保険，保険契約者によるオプションの行使などの効果を含まなければならない（SOP 2130.05）。評価にあたっては，貨幣の時間価値を考慮しなければならない（SOP 2130.06）。

「保険契約」には，再保険契約，年金契約などの実質的に保険契約に類似した金融商品および保険契約を発行するという危険引受けの確約が含まれる（SOP 2130.07）。「保険契約者」は，団体契約の個人の被保険者，保険金支払請求者，保険金受取人，保険契約の申込者および保険契約とみなされる非保険サービスの顧客を含む（SOP 2130.08）。

財務諸表を作成する者は，継続企業基準か清算基準のいずれかを選択する。アポインティッド・アクチュアリーは，当該評価をその選択に従わせることが望ましい（SOP 2130.10）。

保険契約準備金は，保険料積立金および支払備金からなる（SOP 2130.12）。特定のシナリオに基づくCALMによる保険契約準備金の額は，当該シナリオの最後の負債のキャッシュ・フローによってゼロになると見込まれる貸借対照表作成日における対応する資産の額に等しい（SOP 2320.02）。更新[245]または更新と実質的に変わらない調整[246]については，当該保険者の当該更新または調整に対する裁量が契約上制約されており，かつ，保険契約準備金の額が当該更

---

245) 更新は，保険者が新たな保険期間に対し，保険料または給付金額を調整する裁量を持って，保険期間の最後に契約を更新することを意味する（SOP 2320.18）。
246) 調整は，更新におけるのと同様に，保険者の給付金額または保険料を調整することを意味する（SOP 2320.18）。

新または調整を考慮した結果よりも大きくなるのであれば，負債の価額には，すべての更新または調整を反映しなければならない（SOP 2320.03）。保険契約準備金が包含するキャッシュ・フローを推測する場合には，アポインティッド・アクチュアリーは，保険契約者の合理的な期待を考慮するとともに，株主勘定への移転と同質のものおよび所有権に対する配当以外の保険契約者配当を含めなければならない（SOP 2320.04）。

評価の対象となる保険契約は，貸借対照表作成日現在有効な契約で当該時点で保険証券の発行が約束されているもの，または，かつて有効な契約で貸借対照表作成日以降にキャッシュ・フローを生み出す保険契約を含む（SOP 2130.18）。

3-2-4-2 仮　　　定

アポインティッド・アクチュアリーは，複数のシナリオに基づいて保険契約準備金を計算しなければならず，保険契約準備金が担保する契約に関する保険者の債務から見て十分ではあるが，過大ではないシナリオを採用しなければならない（SOP 2320.05）。特定のシナリオによる仮定は，シナリオで検証された仮定とその他の仮定からなる。シナリオで検証された仮定は，逆偏差のためのマージンを含んでいてはならず，かつ，その他の仮定の最良推定は，シナリオで検証された仮定と整合的でなければならず，逆偏差のためのマージンを含んでいなければならない（SOP 2320.06）。

3-2-4-3 シナリオで検証された仮定

シナリオで検証された仮定には，少なくとも金利の仮定を含まなければならず（SOP 2320.07），金利の仮定のシナリオは，次のものを含んでいなければならない（SOP 2320.08）。

- ➢ 基本シナリオ
- ➢ 決定論的な手法に基づく各々の指定シナリオ
- ➢ 確率論的な手法に基づく各々の指定シナリオを包含する範囲
- ➢ 保険者の置かれた状況からして適切と認められるその他のシナリオ

シナリオのうち選択されたものが決定論的なものである場合には，アポインティッド・アクチュアリーは，保険契約準備金が保険契約準備金の最大となる指定シナリオによる保険契約準備金を下回らない選択されたシナリオのための保険契約準備金の範囲の上部に入る保険契約準備金を採用することが望ましい（SOP 2320.50）。

また，選択されたシナリオが確率論的なものである場合には，アポインティッド・アクチュアリーは，保険契約準備金が，選択されたシナリオ群の保険契約準備金の60パーセンタイル値以上の保険契約準備金の平均から，同じく80パーセンタイル値以上の保険契約準備金の平均の範囲に入るシナリオを採用することが望ましい（SOP 2320.51）。

多数のシナリオによって保険契約準備金を計算し，保険契約準備金が相対的に多額になるシナリオを採用することによって，検証された仮定についての逆偏差のためのマージンが求められることになる（SOP 2320.52）。

3-2-4-4　その他の仮定

シナリオで検証された仮定以外の各々の仮定（その他の仮定）に関する逆偏差のためのマージンは，当該仮定に含まれる逆偏差のためのマージンから求められる（SOP 2320.53）。特定のシナリオ独自の仮定は，シナリオで検証された仮定および各々のその他の仮定であり，両者は相互に関連する。たとえば，保険契約者配当ならびに借り手および保険者によるオプションの行使は，金利と強く相関する。失効は，状況次第で相関があることもないこともあり得よう。相関のあまりない事象に関する仮定は，すべてのシナリオについて共通であることが望ましい（SOP 2320.54）。

3-2-4-5　保険契約準備金の期間

保険契約準備金の期間は，必ずしも約定された保険の期間と一致しなくても構わない（SOP 2320.17）。保険契約準備金の期間は，貸借対照表作成日以前に行われたすべての更新と調整を反映しなければならない。状況次第では，当該期間は，当該貸借対照表作成日以降の一または一以上の更新または調整を考慮しても構わない（SOP 2320.19）。

### 3-2-4-6　保険契約者の合理的期待

　保険者の契約は，保険契約者に対する義務を契約上明示する。契約の条項は，保険契約者配当，経験率による返還，遡及的なコミッションの調整の決定，保険料を調整する権利等を，保険者の裁量に任せるかもしれない（SOP 2320. 28）。保険者の裁量に任せられた事項は，黙示的に引受けおよび保険金支払いの実務ならびに特別な契約上の義務を創設する権利を含んでいる（SOP 2320. 29）。保険契約者の合理的期待とは，こうした条項についての保険者による裁量権の行使に対する保険契約者の合理的期待として，保険契約者に帰される可能性のあるものなどである（SOP 2320. 30）。

　保険者のこうした条項についての裁量権の行使にかかる仮定を選択する場合には，アポインティッド・アクチュアリーは，保険契約者の合理的期待を考慮に入れることが望ましい。保険契約者の合理的期待を考慮すると，保険契約準備金の額ばかりでなく，財務諸表の開示にも影響の及ぶ可能性がある（SOP 2320. 31）。

### 3-2-4-7　保険契約者配当

　保険契約者配当から生ずると仮定されたキャッシュ・フローは，定期的（通常各年）に支払われる配当と消滅時およびその他繰り延べられた配当からなるものであることが望ましい。ただし，株式保険者における剰余から株主勘定への移転と同質のものから生ずるキャッシュ・フローを除く（SOP 2320. 35）。保険契約者配当から生ずると仮定されたキャッシュ・フローは，省略または保険契約準備金の他の構成要素や保険契約準備金以外の負債と重複して計上しないことが望ましい（SOP 2320. 36）。

　特定のシナリオで選択された保険契約者に対する配当率は，当該シナリオの他の構成要素と矛盾するものでないことが望ましく，保険者の惰性，保険契約者の合理的期待および市場の圧力が当該シナリオの想定している変化に対して配当率が感応的であることをいかに排除するかを考慮することが望ましい（SOP 2320. 37）。現行の配当率が経験的に見て将来低下すると想定される場合には，アポインティッド・アクチュアリーは，その低下に応じて低下後の配当

率を維持すると想定することが望ましい。現行の配当率が経験的に見て最近の低下を反映しておらず，保険者は低下させようとする方針であり，そして，低下させることが遅れると保険契約者の合理的期待に反することが惹き起こされる場合，アポインティッド・アクチュアリーは，当該反応を仮定することが望ましい（SOP 2320.38）。

### 3-2-4-8　キャッシュ・フローの予測

保険契約準備金の計算に当たっては，アポインティッド・アクチュアリーは，貸借対照表作成日現在の準備金に対して資産を割り当て，当該作成日以降の資産のキャッシュ・フローを予測し，試行錯誤の過程を経て，最終的なキャッシュ・フローがゼロになるよう資産を調整することが望ましい（SOP 2320.40）。不動産のような特定の資産のキャッシュ・フローを予測する場合には，第三者の業務の成果を利用することも適切とされよう（SOP 2320.41）。

### 3-2-4-9　所　得　税

所得を基礎に課せられる税（以下，「所得税」という。）から生ずるキャッシュ・フローは，関連する契約と当該契約の保険契約準備金に対応する資産に関するキャッシュ・フローに限定することが望ましい（SOP 2320.43）。


### 3-2-5　金利の仮定

### 3-2-5-1　金利シナリオ

シナリオで検証された仮定における金利シナリオは，貸借対照表作成日から最後のキャッシュ・フローの時までの予測期間について，投資戦略およびデフォルト・フリーの資産の金利と信用リスク・プレミアムから構成される（SOP 2330.01）。各々の金利シナリオは，当該シナリオと整合的なインフレ率に関する仮定を含むことが望ましい（SOP 2330.02）。

投資戦略は，各々のタイプ，信用リスクの分類と保険契約準備金に対応する投資された資産の期間に対して，再投資するのか否かを明らかにする。保険者の現在の投資戦略の仮定は，当該投資戦略および当該投資戦略固有のリスクに従って，再投資するのか否かについての投資判断を黙示的に示す（SOP 2330.

04)。各々のシナリオに対する投資戦略は，保険者の現在の投資方針と整合的であることが望ましい。そのため，保険契約準備金は，当該方針を変更することによって生じうるすべての増加するリスクに対して何ら準備をしないことが許容される（SOP 2330.05）。

債券以外の資産で運用する場合，債券以外の資産の割合は，（当該期間のネット・キャッシュ・フローが正負いずれかであるかにかかわらず）各々の期間ごとに，当該保険者の現在の投資方針に従わなければならないことをアポインティド・アクチュアリーは確保することが望ましい（SOP 2330.06）。資産について仮定される期間の数は，イールドカーブの形状および勾配に関する仮定の変更を許容するに十分多数であることが望ましい。このことは，最低限，短期，中期，長期からなることを示唆している（SOP 2330.07）。外国の金利についてのシナリオは，これまでの正の相関が続くと期待される場合を除いて，カナダの金利から独立して公式化することが望ましい（SOP 2330.08）。

3-2-5-2 基本シナリオ

売買される金融商品の金利は，当該保険者の現在の投資戦略を用いた次のような金利シナリオに基づく。

> ➢ 貸借対照表作成日から20年間における，貸借対照表作成日以降に有効となるリスク・フリーの金利は，貸借対照表作成日における均衡市場のリスク・フリーの市場カーブによって示唆されるフォワード・レートに等しく，
> ➢ 貸借対照表作成日から40年以降における，リスク・フリーの金利は，過去におけるカナダの長期リスク・フリーの債券の利回りの60ヶ月および120ヶ月の移動平均の和半に等しく，
> ➢ 貸借対照表作成日から20年目から40年目までの間における，フォワード・リスク・フリーの金利は，毎年同じ割合で逓減または逓増させた結果を用いて決定され，かつ，

すべての期間のデフォルト・リスク・プレミアムは，現在の投資戦略および貸借対照表作成日現在，市場で有効なリスク・プレミアムと整合的である（SOP 2330.09.1）。

金利リスクに関する逆偏差のためのマージンは，決定論的，確率論的手法ともに，貸借対照表上の保険契約準備金と基本シナリオを適用して求められた保険契約準備金との差額として求められる（SOP 2330.09.2）。

3-2-5-3　指定シナリオ

将来の投資収益やインフレ率は非常に不確定であるため，すべての保険者の保険契約準備金の計算においては，ある共通の仮定を考慮することが望ましい。それは，後述の9つの指定シナリオである（SOP 2330.10）。指定シナリオは，貸借対照表作成日以降に取得または売却される債券の投資に適用される（SOP 2330.11）。

指定シナリオの結果として，ある会計期間における予測されたネット・キャッシュ・フローが正の場合には，アポインティッド・アクチュアリーは，借入金がもしあればその未払残高を返済することに使用しなければならず，債券投資のすべての残余を再投資すると仮定することが望ましい（SOP 2330.12）。債券以外の資産に再投資する場合の限度は，増加する債券以外の資産の運用が保険契約準備金を減少させるような状況において適用されるよう意図されている（SOP 2330.13）。指定シナリオの結果として，ある会計期間のネット・キャッシュ・フローが負である場合には，アポインティッド・アクチュアリーは，投資を行わないことによって負のキャッシュ・フローをなくすか，借入れを行うか，または，その両者を行うことが望ましい。保険者が投資決定を管理するためには，すべての借入れは，投資方針に沿って行われ，短期で，実質的に正の予測ネット・キャッシュ・フローによってすみやかに返済されるものであることが望ましい（SOP 2330.14）。

指定シナリオは，投資の売買のための金利および買い入れる投資のタイプ，期間についてのガイダンスを示すが，売却された投資のタイプ，期間についてのガイダンスを示すものではない（SOP 2330.15）。

最終的な予測期間に対する短期のカナダのリスク・フリーの金利の指定範囲は，次のように計算される。

> ➢ 短期金利の下限は，91日カナダ・リスク・フリーの金利の過去60ヶ月と120ヶ月の移動平均の和半の90％と3％の少ない方の金利
> ➢ 短期金利の上限は，91日カナダ・リスク・フリーの金利の過去60ヶ月と120ヶ月の移動平均の和半の110％と10％の大きい方の金利

ここで，91日間カナダ・リスク・フリーの金利は，四半期ごとに複利で支払われる短期金利（V122531，カナダ政府91日財務省短期証券）に等しい年利として定義される（SOP 2330.15.1）。

最終的な予測期間に対する長期のカナダのリスク・フリーの金利の指定範囲は，次のように計算される（SOP 2330.15.2）。

> ➢ 長期金利の下限は，長期カナダ・リスク・フリーの債券金利（償還までの期間が10年超のもの）の過去60ヶ月と120ヶ月の移動平均の和半の90％と5％の少ない方の金利
> ➢ 長期金利の上限は，長期カナダ・リスク・フリーの債券金利（償還までの期間が10年超のもの）の過去60ヶ月と120ヶ月の移動平均の和半の110％と12％の大きい方の金利

ここで，長期カナダ・リスク・フリーの債券金利（償還までの期間が10年超のもの）は，半年ごとに複利で支払われる長期金利（V122544，カナダ政府国債のベンチマーク金利）に等しい年利として定義される（SOP 2330.15.2）。

金利の指定範囲の幅は，厳密に7％とする。このため，金利の範囲の下限が3％（短期金利の場合）または5％（長期金利の場合）を下回る場合，範囲の上限は，当該下限金利に厳密に7％を加えたものとなり，10％（短期金利の場合）または12％（長期金利の場合）とはならない。金利の範囲の上限が10％（短期金

利の場合）または12％（長期金利の場合）を上回る場合，範囲の下限は，当該上限金利から厳密に7％を減じたものとなり，3％（短期金利の場合）または5％（長期金利の場合）とはならない（SOP 2330. 15.3）。

指定シナリオにおけるパラメーターは，カナダ・ドルで表示される投資に適用される。各々の指定シナリオのために，アポインティッド・アクチュアリーは，もし，外国通貨で表示される投資とカナダ・ドルで表示される投資の間の過去の相関の継続が許容するのであれば，当該相関に基づいて外国通貨で表示される投資に対応するパラメーターを決定することが望ましい。それができない場合には，アポインティッド・アクチュアリーは，当該外国通貨で表示されている投資に対する独立したシナリオを準備することが望ましい（SOP 2330. 16）。

各々の指定シナリオ1から6のための，保険者の種類，期間別の債券投資の再投資戦略は，次のとおりである（SOP 2330. 17）。

- ➢ 貸借対照表作成日現在にあっては，当該保険者が現在買い入れている配分による
- ➢ 貸借対照表作成日から20年経過以降は，20年以下のリスク・フリーの利付債券とする
- ➢ 貸借対照表作成日から20年の間は，貸借対照表作成日現在の配分から20年以下のリスク・フリーの債券へ，毎年同じ割合で逓減または逓増させた結果

3-2-5-3-1　指定シナリオ1

売買された資産のリスク・フリーの金利は，

- ➢ 貸借対照表作成日現在にあっては，当該保険者が行っている投資の配分における金利とする。
- ➢ 貸借対照表作成日からの1年間は，貸借対照表作成日におけるリスク・

フリーの金利の90%とする。
- 貸借対照表作成日から20年経過以降は，SOP 2330.15.1から2330.15.3で定められた短期金利の下限金利と長期金利の下限金利とする。
- 貸借対照表作成日1年目から20年の間は，貸借対照表作成日以降1年間の金利から当該下限金利へ，毎年同じ割合で逓減または逓増させた結果とする。
- 短期と長期の境界の金利は，当該資産の利回りと短期，長期金利の間の過去の相関に従って，当該資産の期間に応じて適切な収益率を用いて決定する（SOP 2330.18）。

3-2-5-3-2　指定シナリオ2

指定シナリオ1の90%を110%に，短期金利の下限を短期金利の上限に，長期金利の下限を長期金利の上限に置き換える以外は，指定シナリオ1と変わらない（SOP 2330.19）。

3-2-5-3-3　指定シナリオ3

長期のリスク・フリーの金利は，上述の長期の指定範囲の下限と上限の間を1%ずつ周期的に変動する。その第一周期は不規則である。貸借対照表作成日から1年経過した時点の金利は，次のようになる（SOP 2330.20）。

- もし，貸借対照表作成日現在の金利が長期の上限に満たない場合には，その金利が当該範囲の境界から整数分の差異であるような貸借対照表作成日現在の金利より大きい次の数値となる。その後は，毎年1%ずつ，長期の上限に至るまで増加し，その時点からは，（下限から上限までの）周期は規則的に続き，かつ，
- もし，貸借対照表作成日現在の金利が長期の上限以上である場合には，その金利が当該範囲の境界から整数分の差異であるような貸借対照表作成日現在の金利より小さい次の数値となる。その後は，毎年1%ずつ，長期の上限に至るまで減少し，その時点からは，（下限から上限までの）

周期は規則的に続く。

　短期のリスク・フリーの金利は，1期以上，通常は3年以内にわたって，貸借対照表作成日現在の金利から対応する長期金利の60％までで，不規則に変化する。その後は，対応する長期金利の60％を維持する（SOP 2330.21）。

3-2-5-3-4　指定シナリオ4

　不規則な第一周期において，長期の上限に向かって増加するのではなく，長期の下限に向かって減少することを除けば，指定シナリオ3と変わらない（SOP 2330.23）。

3-2-5-3-5　指定シナリオ5

　貸借対照表作成日以降毎年の短期金利は，対応する長期金利の一定割合とすることを除き，指定シナリオ3と変わらない。その割合は，40％から120％までの間を周期的に毎年20％きざみで変動する。第一周期だけは不規則で，1年目の割合は，実際の割合が120％以下である場合には，貸借対照表作成日現在の実際の割合より大きい20％きざみの割合とし，そうでない場合には120％とする。その後は周期的に変動する（SOP 2330.24）。

3-2-5-3-6　指定シナリオ6

　長期の金利に関しては，指定シナリオ4と同じである（SOP 2330.25）。短期金利に関しては，貸借対照表作成日から1年目までの間を除き，指定シナリオ5と同じである。1年目までの間の割合は，実際の割合が40％以上である場合には，貸借対照表作成日現在の実際の割合より小さい20％きざみの割合とし，そうでない場合には40％とする（SOP 2330.26）。

3-2-5-3-7　指定シナリオ7

　売買された投資の金利は，貸借対照表作成日においては基本シナリオの100％とする。また，貸借対照表作成日から1年目以降は，基本シナリオの90％とする（SOP 2330.27）。

3-2-5-3-8　指定シナリオ8

　売買された投資の金利は，貸借対照表作成日においては基本シナリオの100

%とする。また，貸借対照表作成日から1年目以降は，基本シナリオの110%とする（SOP 2330.28）。

3-2-5-3-9　指定シナリオ9

貸借対照表作成日における投資戦略および市場で実現可能な信用リスク・プレミアムと整合的なリスク・フリーの金利と信用リスク・プレミアムが継続することを想定している（SOP 2330.29）。

3-2-5-4　その他のシナリオ

アポインティッド・アクチュアリーは，指定シナリオに加えて，置かれた環境から見て適切な他のシナリオを選択することができる。もし，現在の金利が指定範囲の限界に近いか，限界の外にある場合には，指定範囲外にある金利を，当面いくつかのシナリオに含めることができる。金利の変化の程度の合理性は，考慮すべき期間に大きく依存している。他の妥当なシナリオには，イールド・カーブが平坦になりまたは勾配が急になるものだけではなく，平行にシフトするものを含める。その他のシナリオには，信用リスク・プレミアムの範囲が貸借対照表作成日現在の実際のプレミアムの50%から200%までのものを含めることが望ましい（SOP 2330.30）。

3-2-5-5　確率論的シナリオ

確率論的モデルを用いる場合，アポインティッド・アクチュアリーは，確率論的モデルが決定論的である指定シナリオの適用によって求められた範囲外の保険契約準備金を生成するシナリオを含むことを確保することが望ましい（SOP 2330.32）。


3-2-6　その他の仮定

3-2-6-1　経済的仮定

3-2-6-1-1　逆偏差のためのマージン

次のような重要な理由は，最良推定の仮定を適切に推定することの困難さを示している（SOP 2340.0001）。

- 関連する経験がほとんどない。
- 将来の経験を推定することが困難である。
- オペレーショナル・リスクが最良推定を想定する可能性に逆のインパクトを与える。
- 資産を引き受ける基準が劣っていたり，十分に管理されたりしていない。
- 流動性についての懸念が存在する。

また，最良推定の仮定が潜在的に悪化する可能性を示す他の重要な理由には，次のものが含まれる（SOP 2340.0002）。

- リスクの重要な集中および／または多様性の欠如が存在し，または
- 最良推定の仮定が逆のインパクトを与えることが成立し続ける可能性があるというようなオペレーショナル・リスクが存在する。

### 3-2-6-1-2　確定利付き資産の投資収益

確定利付きの資産の収益から生ずるキャッシュ・フローの予測は，資産価格の下落および借手と発行者のオプションによって修正された資産の期間にわたる約定のキャッシュ・フローであることが望ましい（SOP 2340.01）。

### 3-2-6-1-3　確定利付き資産の価格の下落

アポインティッド・アクチュアリーの資産価格の下落の最良推定は，次のものによって定まることが望ましい（SOP 2340.02）。

- 資産の種類，信用格付け，流動性，期間，発行からの経過期間
- 借手と発行者の他の債券に対する劣後性
- 特定のタイプの投資における当該保険者の信用リスクを取る基準，多様性
- 将来を示唆している限度において，当該保険者の経験

- 保険業界の経験
- 保証付きモーゲージにあるような価格の下落に対する保証，および
- 借手および発行者による逆選択の可能性

資産価格の下落は，貸借対照表作成日現在に毀損している資産および貸借対照表作成日以降に毀損することになる資産から構成され，金利の毀損，元本の毀損，経営破綻にかかる費用を含む（SOP 2340.03）。

シナリオについての逆偏差のためのマージンは，原則として低いものが当該シナリオの最良推定の25％，高いものが同じく当該シナリオの最良推定の100％とする（SOP 2340.06）。

3-2-6-1-4　確定利付き資産における借手および発行者によるオプションの行使

借手および発行者によるオプションの例としては，モーゲージローンの期日前弁済，ローン期間の延長，債券の繰上げ償還がある（SOP 2340.08）。仮定される行使は，当該シナリオの金利に依存する。商業的借手および発行者による逆選択は，通常激しいものとすることが望ましい（SOP 2340.09）。予測キャッシュ・フローには，オプションの行使によるすべての違約金を含むことが望ましい（SOP 2340.10）。

3-2-6-1-5　変動利付き資産等の投資収益

アポインティッド・アクチュアリーによる変動金利付き資産の投資収益に関する最良推定としては，過去の当該資産クラスおよび指標の過去のパフォーマンスに基づくベンチマーク以上に適切なものは存在しないであろう（SOP 2340.11）。普通株式の配当および不動産の賃貸収入の仮定における逆偏差のためのマージンは，低マージンの場合5％，高マージンの場合20％とする（SOP 2340.12）。普通株式および不動産のキャピタル・ゲインの仮定における逆偏差のためのマージンは，最良推定の20％に変動がもっとも不利なときの価格の変動の仮定を加えたものとする。その時期は，検証によって決定されなければならないが，通常簿価が最大のときとなる。仮定された変動の時価に対する割合

は，次のとおりである（SOP 2340.13）。

- 北アメリカの普通株式に対して分散投資されているポートフォリオの場合，30%，かつ，
- それ以外のポートフォリオの場合，二つのポートフォリオの相対的なボラティリティによって決まる25%から40%の範囲

3-2-6-1-6　税　　　制

最良推定が，税制改正について明示的なまたは実質的に明示的な決定を予想しなければならない場合を除き，最良推定は，貸借対照表作成日現在の税制が続くものとし，逆偏差のためのマージンは，ゼロとすることが望ましい（SOP 2340.15）。

3-2-6-1-7　外国為替

保険契約準備金およびそれに対応する資産が外国の通貨で表示されている場合には，必要な仮定には，外国為替レートを含むことが望ましい（SOP 2340.16）。切迫した不利な通貨切下げを予想しなければならない場合を除き，最良推定は，貸借対照表作成日現在の外国為替レートが続くものとすることが望ましい。また，通貨のミスマッチに関する逆偏差のためのマージンがあることが望ましい（SOP 2340.17）。

3-2-6-2　非経済的仮定

3-2-6-2-1　逆偏差のためのマージン

アポインティド・アクチュアリーは，低マージンと高マージンの間で次のように逆偏差のためのマージンを選択することが望ましい（SOP 2350.01）。

- 後述する各々の最良推定の仮定について明記され，かつ，
- 各々他の最良推定の仮定の5%および20%（または－5%および－20%）

次のような重要な理由が最良推定の仮定を適切に推定することの困難さを示

している（SOP 2350.03）。

- 当該保険者の経験の信頼性がデータの一次情報源としては低すぎる
- 将来の経験を推定することが困難である
- リスクのコーホートが均質性に欠けている
- オペレーショナル・リスクが，最良推定を想定する可能性に逆のインパクトを与える。

最良推定の仮定が潜在的に悪化する可能性を示す他の重要な理由には，次のものが含まれる（SOP 2350.031）。

- リスクの重要な集中，および／または，多様性の欠如が存在する
- 最良推定の仮定が逆のインパクトを与えることが成立し続ける可能性があるというようなオペレーショナル・リスクが存在する
- 過去の経験が将来の経験を表さないかもしれず，当該経験が悪化するかもしれない

しかしながら，異常に高い不確実性に対して，または，求められた逆偏差のためのマージンが割合で示され，最良推定が異常に低いために当該マージンが非合理的に低い場合には，高マージン以上を選択することが適切である（SOP 2350.04）。

### 3-2-6-2-2　保険死亡率

アポインティッド・アクチュアリーの保険死亡率についての最良推定は，次のものによって決まることが望ましい。さらに，すべての逆選択の効果を含めなければならない（SOP 2350.05）。

- 被齢，性別，喫煙習慣，健康およびライフ・スタイル
- 契約の経過期間

- 保険のプランおよび支払われた給付金
- 当該保険者の引受けに関する慣行(再保険者へ任意再保険を出再するか否かの慣行等)
- 保険金額の大きさ
- 当該保険者の販売システムおよび販売慣行

 もし,アポインティッド・アクチュアリーの最良推定が,保険契約準備金を減少させる効果を持つ死亡率の長年にわたる低下傾向を含んでいる場合,アポインティッド・アクチュアリーは,増加または減少を相殺することによって当該傾向を否定することが指定される。そうでなければ,アポインティッド・アクチュアリーは,逆偏差のためのマージンを選択することが望ましい(SOP 2350.06)。対千死亡率についての逆偏差のためのマージンの低いものと高いものは,各々3.75および15の加算で,各々は,生命保険の被保険者の見積もられた到達年齢における短縮された平均余命の最良推定によって分けられる(SOP 2350.07)。

 実際に用いられる死亡率については,個々の保険会社の経験死亡率と多数の保険会社の経験をまとめた死亡率などが想定されている[247]。ただ,個々の会社の経験死亡率をそのまま使わず,データの信頼性を向上させるために,個々の保険会社の経験死亡率に多数の保険会社の経験をまとめた死亡率を加味し,個々の保険会社の経験死亡率の信頼性を向上させることが推奨されている[248]。

3-2-6-2-3 引出しおよび一部引出し

 引出し率に関するアポインティッド・アクチュアリーの最良推定は,次のものによって決められ,すべての逆選択の効果を含めることが望ましい(SOP 2350.19)。

- 契約のプランおよびオプション

---

247) Canadian Institute of Actuaries (2002) pp. 7-8
248) Canadian Institute of Actuaries (2002) pp. 15-21

- 生命保険の被保険者の到達年齢
- 契約の経過期間
- 保険料の支払い方法と払い方
- 保険料の支払い状態
- 保険金額の大きさ
- 契約の競争力，解約手数料，継続ボーナス，引出しに関する税制，引出しに対するその他の誘因と否定的な誘因
- 保険契約者と募集人の知識
- 当該保険者の販売システム，手数料，転換，乗換えおよびその他の販売慣行，ならびに，
- 金利シナリオ

　保険者の引出しに関する経験は，適切かつ通常信頼できる。それは，新しい商品や最近の商品で経験のない経過期間については，役立たない。このことは，それらの商品の保険契約準備金が引出し率に容易に反応する場合には，アポインティッド・アクチュアリーにとって大きな問題である（SOP 2350.20）。

　逆偏差の低マージンは，引出率の最良推定の5%，高マージンは，引出率の最良推定の20%を，状況に応じて加減算する。逆偏差のためのマージンが保険契約準備金を増加させることを確実にするためには，加算と減算の選択を金利シナリオ，年齢，保険契約の経過期間，その他のパラメーターによって変化させることができる。一部引出しの場合には，引出額と一部引出率についての仮定が必要とされる（SOP 2350.25）。

　次の追加的で重要な事項は，失効率の減少が保険契約準備金を増加させるような状況の下で，逆偏差のためのマージンの水準を決定する際に考慮される（SOP 2350.26）。

- （エージェントの）報酬契約が（保険契約の）継続を促進する，または，
- 契約の解約が明らかに保険契約者にとって不利益である

次の追加的で重要な事項は，失効率の増加が保険契約準備金を増加させるような状況の下で，逆偏差のためのマージンの水準を決定する際に考慮される（SOP 2350. 261）。

- ➢ （エージェントの）報酬契約が（保険契約の）消滅を促進する
- ➢ 契約の解約が明らかに保険契約者にとって利益である
- ➢ 引出率の減少がさらなる引出しの引き金となる条項を当該契約が有している

3-2-6-2-4　逆選択失効

厳密に言うと，失効は，権利喪失による契約の終了を意味するが，逆選択の場合にはすべての契約の終了または不没収給付オプションにおける延長保険の選択を含むようになってきた。逆選択失効（Anti-selective lapse）は，健康な保険契約者が保険契約を失効させまたは不健康な保険契約者が保険契約を失効させない傾向で，当該保険者の死亡率，罹患率における経験を同時に悪化させるものである（SOP 2350. 27）。

逆選択失効の程度について自信を持って評価することは，困難である。逆選択失効の程度が保険契約者が認識した利益の程度に比例するものとすることは，妥当である。しかし，逆選択失効は，保険契約者の認識された利益によって惹き起こされた傾向に過ぎない。保険契約者は，自己の健康の実際の状態について知らないかもしれない。保険契約者は，長期的な損失を伴う短期的な利益を選ぶことを軽率に望むか，財務的な圧力によって余儀なくされるかもしれない。このように，不健康な保険契約者は，保険料が増額された場合もはや手の届く範囲ではないと考えて保険契約を失効させるかもしれない。健康な保険契約者は，不案内または怠慢によってよりよい保険契約に乗り換えることができる保険契約をそのまま継続させるかもしれない。さらに，逆選択失効は，保険契約者が認識した利益に係る判断の効果を変えないかもしれない。たとえば，不健康な保険契約者は，健康な保険契約者が継続する必要性を認識してい

る保険契約をもはや不要であるとして失効させるかもしれない。しかしながら，適切で信頼できる経験がなければ，アポインティッド・アクチュアリーは，健康な保険契約者の契約を失効させないことが継続する保険契約者の最良推定に望ましい影響を与えることを想定できない（SOP 2350.28）。

アポインティッド・アクチュアリーの仮定の前提は，保険契約者の判断が

> 保険契約者の認識された利益にかなう傾向があり，かつ
> 保険者の利益にかなわない傾向がある

ことが望ましい（SOP 2350.29）。

健康な保険契約者の認識した利益が契約を失効させる可能性がある事例は，以下のとおりである（SOP 2350.30）。

> 定期保険の更新時における保険料の増額
> 再加入方式の定期保険の更新における好ましくない引受判断
> アジャスタブル保険における給付の減額または保険料の増額
> ユニバーサル保険の期間終了を避けるために必要な保険料で，積立金を減少させるもの
> 保険契約者配当率の減少
> 優先引受クラスの導入のように，よりよい保険契約への乗換えの提供または入手の可能性
> 不没収給付の著しいが一時的な増加（急増），かつ，
> 保険者の信用格付けの低下

### 3-2-6-2-5 費　　用

アポインティッド・アクチュアリーは，関連する保険契約および契約に対応する資産に係る間接費を含む費用を配賦する最良推定の仮定を選択することが望ましい。当該保険者のその他の費用は，保険契約準備金の評価にはかかわら

ない。その他の費用には次のものが含まれる（SOP 2350.31）。

- 貸借対照表作成日以前に発生した契約にかかわるマーケティングおよび新契約のための費用で，関連する保険契約のためのもの
- 関連する保険契約および対応する資産にかかわらない費用。たとえば，資本に対応する資産の投資費用

仮定は，金利シナリオと整合的な将来の費用のインフレーションを考慮に入れたものであることが望ましい（SOP 2350.32）。安定した保険者の費用に関する経験は，費用の配賦が保険契約準備金の評価にふさわしいものであれば（または，会社の費用を各保険部門に再配賦するなど，アポインティッド・アクチュアリーが保険契約準備金の評価にふさわしくない点を修正できるのであれば），適切である（SOP 2350.33）。個々の保険者は，費用率が低下することを予想するかもしれないが，アポインティッド・アクチュアリーは，自信を持って予想される減少だけを想定することが望ましい（SOP 2350.34）。

投資費用には，次のものが含まれる（SOP 2350.35）。

- 事務管理費（内部および外部の両者を含む）
- 投資収益に関連する費用（繰延報酬，繰延手数料，繰延税金など）
- 金融投資のために借り入れた金銭の金利

インフレーションが原因となる場合を含む費用の逆偏差のためのマージンは，低マージンの場合2.5％，高マージンの場合10％とする。過去安定的に推移してきた保険料税のような税金に対する逆偏差のためのマージンは必要ない（SOP 2350.38）。

3-2-6-2-6　保険契約者の有するオプション

保険契約者の有するオプションには，次のようなものがある（SOP 2350.40）。

- 追加的な保険を購入する
- 定期保険から終身保険に転換する
- 延長定期保険の不没収オプションを選択する
- ユニバーサル保険の一部引出しを行う
- 自在型保険料保険の保険料の額を選択する

アポインティッド・アクチュアリーは，保険契約者が合理的期待を持つ約款上のオプションと約款の範囲外のオプションの行使について，最良推定の仮定を選択することが望ましい（SOP 2350.41）。

アポインティッド・アクチュアリーの最良推定は，次のものによって決まることが望ましく，加えて，逆選択について仮定することが望ましい（SOP 2350.42）。

- 被保険者の到達年齢
- 契約の経過期間
- 保険のプランおよび支払われた給付
- 過去の保険料の支払いパターン
- 保険料支払い方法
- 保険契約者および募集人の知識
- 当該保険契約の競争状態
- 当該保険者の販売システムおよびその他の販売慣行

アポインティッド・アクチュアリーは，保険契約者のオプションの行使についての妥当で代替的な仮定が保険契約準備金に与える影響を検証し，相対的に高い保険契約準備金を採用することによって逆偏差に対する準備をすることが望ましい（SOP 2350.43）。

### 3-2-7 危険団体の存在の有無と問題点

当初の CALM においては，保険契約準備金は，契約保険料式であることが明記されていた[249]。当初の CALM と現在の CALM は，基本的には変わるところはない。加えて，キャッシュ・フローとして計算の対象とするのは，保険料，給付金，保険金，費用および税金であること（SOP 2130.04）および保険契約準備金の計算の対象となるシナリオは，金利に限定されていること（SOP 2320.05, 2320.53）から，逆偏差のためのマージンを除けば，実質的にそれまで用いられてきた契約保険料式の保険料積立金の変形であると私は考えている。ただ，わが国の保険計理人による収支分析と同様，予定利率がシナリオによって定められていることが，一般的な保険料積立金の計算と異なるところである。このため，CALM による保険契約準備金の計算は，保険数理的危険団体を前提にしていると私は考える。

なお，他のリスクは，逆偏差のためのマージンで対応することになっており，わが国の保険計理人による収支分析と比べれば相当精緻にできているとはいえ，合成の誤謬が生ずるおそれも否定できない。加えて，逆偏差のためのマージンを積み立てるリスクについては，各々のリスク間の相関を考慮したりリスク・マージンの変動を想定したりすることはできない。

## 4. 保険料積立金のあり方

### 4-1 資産負債最適配分概念の下での保険料積立金積立方式

危険団体概念の下では，純保険料式保険料積立金の場合には，保険料積立金が担保する保険リスクと金利リスク[250]が通常の予測の範囲内のリスクとなり，それらを超えるリスクと資産運用等のリスクが通常の予測を超えるリスクとな

---

249) Canadian Institute of Actuaries (2001), 6.4.1
250) 理論的には，危険団体が価格変動等のリスクを考慮することは，割引率を金利とするのではなく，責任準備金に対応する価格変動のある資産を含む資産の総合的な収益率を用いれば，可能である。その適否については，第2章第2節を参照のこと。

る傾向が見られる。また，営業保険料式保険料積立金の場合には，保険料積立金が担保する保険リスクと金利リスク，事業費リスク[251]が，通常の予測の範囲内のリスクとなり，それらを超えるリスクと資産運用等のリスクが通常の予測を超えるリスクとなることについても同様である。これらの方式によれば，資産運用等のリスクが通常想定されるリスクに含まれていないため，資産運用等のリスクについての対応が保険リスクに比べて不十分になるおそれがある。日本およびニューヨーク州の責任準備金にかかる規制は，ともにこうした問題点を含んでいると考えられる。また，CALM を採用するカナダにあっても，こうした問題は，程度の差はあれ存在している。このように，現行の積立方式もさまざまな問題点を抱えていることから，資産負債最適配分概念と整合的な責任準備金の積立方式を検討する必要がある。

なお，本項の検討においては，保険料積立金の意義が従来のものとは異なる点が出てくるため，通常予測される保険引受けリスク以外のリスクも含む分散可能リスクへの対応を行う準備金を保険料積立金と呼ぶことにする。このため，わが国の 1995 年の責任準備金のうち，危険準備金等については，その一部が新たな保険料積立金に含まれることになる。責任準備金については，従来どおりとする。

資産負債最適配分概念の基礎となった2パラメータ・アプローチは，個々の資産と負債の配分比を決定することはできるが，配分の絶対額とその前提となる期間（たとえば1年間）を超えるような期間についての個々の資産と負債の配分比の決定を行うことはできない。このため，保険料積立金の額を決めるためには，次のようにして行うことが考えられる。

i. 2パラメータ・アプローチに基づいて個々の資産と負債の配分比を決定する。この配分比は，2パラメータ・アプローチの前提となる期間（たとえば1年間）についてのものになる。

---

[251] 事業費リスクという用語は，ほとんど使われないものであるが，ここでは，事業費の額が増減するリスクをいうものとする。

ⅱ．既存の保険会社の場合には，既存の貸借対照表をもとに，2 パラメータ・アプローチの前提となる期間について保険料積立金の計算を行う。その結果求められた保険料積立金の額が，ⅰで求められた保険料積立金の配分比になるように，個々の資産と負債の額を決定する。

ⅲ．新設の保険会社の場合には，個々の資産と負債の配分だけが決まっても，個々の資産と負債の絶対額が存在しないと貸借対照表を決めようがない。このため，第 1 章第 2 節で 2 パラメータ・アプローチによる検証を行ったのと同様に，想定される保有契約について純保険料の計算を行い，これを保険料積立金として認識する。未経過保険料として保険料積立金が決まれば，個々の資産と負債の絶対額とその配分を決めることができる。

ⅳ．このようにしてできあがった貸借対照表について，必要に応じて 1 年超の部分を含むように保険料積立金の計算を再度行い，保険料積立金の必要額を求める。

## 4-2 公正価値による責任準備金の評価

GAAP における責任準備金についての検討が，国際会計基準審議会（International Accounting Standard Board, IASB）[252]などで行われている。しかし，生命保険監督会計においては，本来的に負債をその公正価値によって評価すること自体が，次の理由から望ましくないと私は考えている[253]。

① 保険契約は市場で取り引きされることがない

保険契約については，一般的には市場で取り引きされることがない。確かに，保険契約の買取りが行われている事例はある。たとえば，イギリスやオーストラリアでは，養老保険契約の売買が行われている例が見られる。これは，たとえば，養老保険契約を解約しようとする保険契約者の生命保険契約を投資

---

252) 検討状況については，International Accounting Standard Board (2007a), International Accounting Standard Board, (2007b) などを参照のこと。
253) 拙稿（2000）pp. 24–27

信託がブローカーを通して買い取るもので、買い手にとっては将来の配当収入等が期待できるためローリスク・ハイリターンの投資となり、売り手にとっては解約した場合に受け取ることのできる返戻金より多くの現金を入手することができるということから行われているものである[254]。また、引受生命保険会社にとっては解約率の減少が図られるというメリットもある。ただ、こうしたスキームは、貯蓄性が高く予想される配当率が高くないと成立しないことから、すべての保険契約に当てはまるものではない。また、アメリカ等では、被保険者の余命が数ヶ月以内になったような場合に、予想される死亡保険金額を割り引いた金額で買い取る保険金の買取りビジネスが存在する[255]が、これもすべての保険契約に当てはまるものではない。加えて、こうした保険契約の買取りは、保険契約者の変更であるため新たな保険契約者がどのようにその保険契約を評価するかということでしかない。公正価値評価に必要なのは、保険の引受けを行う保険者が保険契約を買い入れる場合にどのように保険契約を評価するかということであり、こうした保険の買取りビジネスとはその性格を異にする。つまり、保険会社が購入する場合の市場価格がつくわけではなく、社債のように買い入れて消却することはできないことに留意する必要がある。

　市場価格に類似したものとして、保険契約の場合には、包括移転、合併、再保険における対価を用いることが考えられる。しかし、包括移転を引き受けた会社や合併によって存続する会社、再保険契約を引き受けた会社は、保険監督法の規制に服することになる。保険監督法の規制は、下記のとおり公正価値基準とはまったく相反した考え方に基づいてなされており、そうした考え方に基づいて評価が行われてしまう。また、保険監督法の規制が公正価値基準に変わることも、後述のとおりあり得ない。このため、そうした結果を用いて評価を行ったとしても、一般にいう公正価値による評価を行ったことにはならないも

---

254) "The rush to sell gathers pace", Financial Times, June18, 2000, "Second-hand trusts can offer high returns for low risk", *Times*, March 21, 1999。こうした保険の買取りについて日本に紹介したものとしては、田中邦和（1994）などがある。
255) 田中邦和（1994）pp. 48-65

のと考えられる。

　保険会社が資金調達を行う場合の金利を用いて，評価するということも考えられる。しかし，生命保険契約の場合には，期間が極めて長期にわたるため，健全性の状況に応じた金利の実例が存在しない。たとえば，長期債格付がAAA格であっても，30年，50年といった長期の債券は存在しない。また，当該保険会社の資金調達時の金利で割り引くということ自体，危険団体を前提に置いていることにほかならず，その意味でも採用できない。

② 予想最大損失額を負債に計上するという考え方とまったく相容れない。

　公正価値評価の想定している状況と保険監督会計が求める予想最大損失額が生じうる状況は，発生確率は両者ともきわめて低い。つまり，その価格での弁済可能性がきわめて低い。保険会社の場合，上述のとおり負債の公正価値評価に伴って生じた評価益は，保険契約を保険会社が買い入れて消却するということができないため，実現の可能性はまったくない[256]。これに対して，保険監督

---

[256] 一般の事業会社の負債であっても，その評価益は，信用リスクの上昇の結果，当該企業が発行する債券価格が低下し，その債券を買い戻して消却することによって，評価益の実現が可能とされている。実際に，そうした事例が散見されるようである。債務者は，債券であれば，買い戻すことができる。また，借入金の場合には，債権者に対して期限前償還を行うことが考えられる。しかし，
 ➢ すべての債務が期限前に弁済可能というわけではないこと
 ➢ 信用リスクが増加している段階で，返済の財源を自社で用意することは，ほとんどあり得ず，金融機関からの借り換えを期待することになるが，実際上，そうした借り換えは，金融機関が当該企業の再建策の一環としてという場合を除くと，ほとんどあり得ないものと考えられること
 ➢ 借り入れの場合には，金融機関が返済に応じるとは必ずしも限らないこと。返済に応じたとしても，金融機関がその金銭消費貸借契約書上で，逸失利益の補塡が定められていることが多く，その場合には，評価益の実現ができないことになる。
 ➢ 市場から買い入れて消却できるとしても，その全額を買い入れることは，市場での価格が上昇してしまい，あり得ないと考えられること
から，現実的には，一時的な裁定取引として成立する場合ぐらいしか考えられない。つまり，その会社にとって，きわめて可能性の少ない有利な取引が行われた場合を想定して，評価しているといえる。たとえば，自社が発行した社債を市場価格で買い入れて消却した長谷工コーポレーションの事例を考える（「長谷工の9月中間，社債の消却益計上，経常増益を確保」『日本経済新聞』1999年11月5日朝刊）。当

会計の場合には，たとえば，数十年あるいは数百年に一度の確率で発生する大地震等も考慮する必要がある。このように，両者は，責任準備金の収益率の確率分布の両端の裾野部分を想定していることとなる。つまり，保険監督会計は，予想最大損失額を負債に計上しようとしているが，公正価値会計は，いわば予想最小損失額を負債に計上しようとしているということができ，両者は，まったく相容れない考え方に基づいていることが解る。

③ 負債のオフバランス化が生ずる

資産の評価において，債務者の信用リスクが上昇した場合に，そのデフォルトの可能性を考慮して資産の価格を低く評価することは，当然のことである。これに対して，負債の評価にあたって信用リスクを考慮すると信用リスクの増加に伴い負債の評価額が減少するが，このことは，本来の負債が信用リスクの増加に伴って減額されることに等しい，つまり，法的には債務を負担しているにもかかわらず，減額された金額について負債のオフバランス化が発生していると考えることができる。つまり，法的には債務にもかかわらず，当該企業の信用リスクが高まったため弁済の可能性が低下したとして，貸借対照表上の債務を減額していることにほかならない。

このような負債のオフバランス化は，予想最大損失額を負債に計上し，当該保険会社が取っているリスクが増加した場合には追加責任準備金のように負債の積増しを要求するという考え方ばかりでなく，前述の保険監督法における法律上の債務を負債に計上すべきとする基本的な考え方ともまったく相容れないと考えられる。また，この場合には純資産にオフバランス化された負債が含ま

---

時，長谷工コーポレーションは，多額の土地の含み損と負債を抱えていたといわれている。このような企業にあっては，自力で負債を買い入れることは，キャッシュ・フローの余裕がないため，実際上不可能と考えられる。このため，金融機関から社債を購入する資金の貸し付けを受けることが必要となるが，長谷工コーポレーションの場合は，支援銀行からの低利融資を原資としている。しかし，このような状態の企業に金融機関がいつでも資金の貸し付けを行うとは限らない。長谷工コーポレーションが自社の社債を購入できたのも，銀行の支援が前提となっていることは間違いないであろう。また，負債のすべてについて可能ということもあり得ない。

れることになり，他の損失の担保には役立たないことになる。

④ 健全性判断における障害となる

　保険監督会計が主たる目的とする保険会社の健全性の状況を判断するということは，当該保険会社の信用リスクの大きさを監督官や保険契約者，債権者が測ることにほかならない。このためには，当該保険会社が引き受けているリスクや予想最大損失額の情報を基礎に，さまざまな情報によってその保険会社の将来の状況を想定することになる。

　公正価値評価によって市場が評価した信用リスクの大きさを負債に反映した貸借対照表を用いて当該保険会社の信用リスクの大きさを測ろうとすると，その保険会社が引き受けているリスクの状況等を反映した信用リスクがすでに加味されており，主体的な判断のさまたげになる。市場における当該保険会社の信用リスクの評価は，当該保険会社の信用リスクの判断にあたって参考にすることに問題はないが，市場が判断した信用リスクを考慮した財務諸表を用いて判断することは，論理的にもトートロジーといえ，問題がある。

## 4-3　保険料積立金の積立方式の比較

　次に，ここで行う保険料積立金の積立方式として，現行方式と理論的に考えられる方式に分けて，何が望ましいのかを検討する。

### 4-3-1　現　行　方　式

　現行の保険料積立金の積立ては，実質的に純保険料式保険料積立金または営業保険料式保険料積立金によって，保険リスクと金利リスク，事業費リスクの一部またはすべてを担保する。保険料積立金が担保しないリスクについては，広い意味でリスク・マージンによって担保することになる。ただ，従来考えられてきたような営業保険料式保険料積立金とシナリオ法による保険料積立金ではその性格が相当異なるため，別途の類型として検討を行うことにする。

#### 4-3-1-1　純保険料式保険料積立金・営業保険料式保険料積立金

ここでいう純保険料式保険料積立金は，平準純保険料式保険料積立金，チルメル式保険料積立金，ニューヨーク州の監督官式責任準備金評価法等[257]を含むもので，わが国の1995年保険業法の標準責任準備金やニューヨーク州保険法の最低責任準備金の積立方式として用いられている[258]。また，営業保険料式保険料積立金は，わが国の標準責任準備金における平準純保険料式保険料積立金の例外として認められていると解される方式である。これらの方式の場合，保険リスクと金利リスク，事業費リスク以外のリスクへの対応ができないため，別途の準備金を積み立てて他のリスクへの対応を行う必要が生ずる。

これらの方式の保険料積立金には次のような問題点があると私は考える。

まず，再投資を想定できず，保険契約者の合理的期待，保険契約者配当，法人税，逆選択失効等をキャッシュ・フローに反映させることも，決算年度ごとのキャッシュ・フローの状況の確認もできない。このように，将来のキャッシュ・フローについては保険料積立金に適切に反映させることはできない。

また，前述のとおり保険リスク，金利リスク，事業費リスク以外のリスクについては，他の準備金等で対応するしかない。この場合，わが国の危険準備金やカナダのCALMのようなリスク・マージンを積み立てる方法が考えられる。しかし，まったく別々の論理で出来上がった両者を積み立てるため，合成の誤謬の生ずるおそれがある。このため，わが国の保険業法における規制のように，純保険料式保険料積立金または営業保険料式保険料積立金で担保する以外のリスクについてなおざりにしがちである[259]ことに加え，全体の整合性が取

---

257) 他にも，初年度定期式保険料積立金，充足保険料式保険料積立金などが存在するが，いずれも純保険料式保険料積立金または営業保険料式保険料積立金と大きく変わるものではないため，本書では触れない。
258) 純保険料式保険料積立金に含まれる平準純保険料式保険料積立金，チルメル式保険料積立金等の方式の差異によって，以下の議論は影響されるところがないと考えられるため，ここでは，これらの方式をまとめて検討することとした。
259) 保険引受リスクのうちの死亡率について，保険料積立金では原則として死亡率の$2\sigma$のリスクを担保している。これに対して，価格変動準備金が担保するリスクの信頼水準は明らかではないが，前述のとおり，1949年末から2011年末までの間のTOPIXの平均年間増加率と標準偏差を見ると，各々9.9％と27.6％であり，価格変動準備金の国内株式の積立基準が1.5/1000，積立限度が100/1000しかない（保険業法施行規則第66条）ことを考えると，相当少ないことは明白である。

れなくなりがちである[260]。さらに，分散不能リスクへの対応もできない。

　リスク・マージンの算出を資本コスト法[261]によることも考えられる。資本コスト法は，負債を引き受けるために必要とされる資本を維持するためのコストに基づいて，リスク・マージンを決定するものである[262]。このため，必要とされる資本の額がどのようなものであるのかによって大きくその額が変わる。たとえば，現行のEUのソルベンシー・マージン規制のように内容的に大きな問題を抱えた資本をもとに計算すれば，リスク・マージンの額も同様に問題が残ることになる。また，この方式では，リスク間の相関を考慮していない営業保険料式保険料積立金に，たとえリスク間の相関を考慮した資本要件をもとに計算したリスク・マージンを加えても，結果的にはリスク間の相関を考慮したことにはならないこと，リスク・マージンとしては現行よりもかなり少なくなることなどの批判もある[263]。このため，保険料積立金の積立方式として必ずしも合理的であるとはいえない。

　わが国の保険業法における資産の評価のように原価法または時価法で評価されている資産と，純保険料式保険料積立金で評価される負債の差額である純資産の場合，資産は，将来のキャッシュ・イン・フローの現在価値とは相当かけ離れているし，これらの保険料積立金は，リスク・フリーの金利を基礎とした

---

260) ソルベンシー・マージン比率については，前述のとおり，危険団体概念を前提においているため，通常の想定の範囲内のリスクと通常の想定を超えたリスクのバランスが悪い。

261) 資本コスト法は，リスク・マージンの算出方法の一つとして考えられるもので，欧州委員会によるソルベンシーIIの検討においてリスク・マージンの算出方法として示されているものである（COMMISSION OF THE EUROPEAN COMMUNITIES (2007) Article 75 (5))。なお，保険監督者国際機構（INTERNATIONAL ASSOCIATION OF INSURANCE SUPERVISORS, IAIS）が検討するソルベンシー基準（INTERNATIONAL ASSOCIATION OF INSURANCE SUPERVISORS (2007)）に関連して，IAISが，現在推定およびリスク・マージンの算出方法について，国際アクチュアリー会（International Actuarial Association, IAA）に検討を依頼した結果では，資本コスト法が他の方法と比較して，最も優れていると評価されている（INTERNATIONAL ACTUARIAL ASSOCIATION (2009) pp. 102-112）。

262) INTERNATIONAL ACTUARIAL ASSOCIATION (2007) p. 43

263) 河野年洋，田口茂，飯島博幸，重原正明（2007）pp. 33-34

ものので割り引かれており[264]、さらに保険料積立金が担保するリスク以外のリスクを担保するための準備金が控除されることになる。このため、この方法に基づく純資産の意味するところは、不明といわざるを得ない。

これに対して、資産を原則として時価で評価するとしても、資産は、当該生命保険会社の将来のキャッシュ・イン・フローの現在価値を表すことになるが、保険料積立金は、第三者が保険料積立金だけを引き受ける場合に用いられるリスク・フリーの金利を基礎としたもので割り引かれているなど、その意味するところは、同様に不明になってしまう。

もちろん、第三者による検証は相対的に容易であるし、コスト上の問題も少ない。しかし、前述のようにさまざまな問題があり、保険料積立金の評価方式としては適切とはいいがたいと私は考える。

### 4-3-1-2　シナリオに組み入れるリスクを金利リスクに限定する決定論的シナリオ法

決定論的シナリオに組み込むリスクを金利リスクに限定し、予定利率リスク、保険リスク、事業費リスク以外のリスクへの担保についてはリスク・マージンを積み立てる方式で、わが国の保険計理人による1号収支分析(2)およびカナダのCALMで採用されている。これらの方法は、4-3-1-1の純保険料式保険料積立金または営業保険料式保険料積立金と、再投資に関する部分と将来の収入と支出を金利で割り引くのかシナリオで想定するのかということを除いて、基本的には変わるところはない。再投資については、インカム・ゲインのみを生む資産については想定できる。

これに対して、この方式の保険料積立金には、次のような問題点があると私は考える。

わが国の保険業法における資産の評価のように原価法または時価法で評価さ

---

264) 前述のとおり、ニューヨーク州の監督官式責任準備金評価法における暦年法定評価用利率の計算に用いられる基準利率は、ムーディーズ・インヴェスター・サービス社が公表するムーディーズ月次平均社債利回りを基礎としている。これは、第三者が信用リスク・プレミアムも含めて債券で運用できる利回りを示していると考えられる。

れている資産と，純保険料式保険料積立金で評価される負債の差額である純資産については，資産は，将来のキャッシュ・イン・フローの現在価値とは相当かけ離れているし，これらの保険料積立金は，シナリオに基づく金利を基礎としたもので割り引かれており，さらに保険料積立金が担保するリスク以外のリスクを担保するための準備金が控除されることになる。このため，その意味するところは，不明になってしまう。

これに対して，資産を原則として時価で評価するとしても，資産は，当該生命保険会社の将来のキャッシュ・イン・フローの現在価値を表すことになるが，保険料積立金と保険料積立金が担保するリスク以外のリスクを担保するための準備金は，前述のとおりであり，その意味するところは，同様に不明になってしまう。

インカムのみを生む資産については，再投資を想定できるが，保険契約者の合理的期待，保険契約者配当，法人税，逆選択失効等をキャッシュ・フローに反映させることも，決算年度ごとのキャッシュ・フローの状況の確認もできない。このように，将来のキャッシュ・フローについては，保険料積立金にある程度反映させることはできているといえる。

金利リスク等以外のリスクへの対応については，リスク・マージンを積み立てることによって対応ができるが，わが国の危険準備金やカナダのCALMのようなリスク・マージンを積み立てる方法の場合には，前述のとおりリスク・マージン間の相関を考慮したり，リスク・マージンの変動を想定したりすることはできない。また，分散不能リスクへの対応はできない。リスク・マージンに関しては，個々のリスクについてのリスク・マージンは，概ね適切に計算できるが，個々の会社の状況を反映したものにはできない。また，決定論的シナリオ法で採用したリスクとリスク・マージンで担保するリスクとの間の信頼水準についての整合性は取りにくい。このため，リスク・マージンとして必ずしも合理的であるとはいえない。

資本コスト法によることも可能であるが，前述のとおり必要とされる資本の額がどのようなものであるのかによって大きくその答えが変わる。また，リス

ク間の相関を考慮していない保険料積立金に，たとえリスク間の相関を考慮した資本要件をもとに計算したリスク・マージンを加えても，結果的にはリスク間の相関を考慮したことにはならないこと，リスク・マージンとしては現行よりもかなり少なくなることなどの批判もあり，保険料積立金として必ずしも合理的であるとはいえない。

純資産に関しては，4-3-1-1の場合と資産の割引率の精緻さが変わるだけでしかなく，その意味するところが不明であることに変わりはない。

第三者による検証は相対的に容易であるし，コスト上の問題も少ない。しかし，前述のような問題点があり，一般的な保険料積立金の評価方式としては，必ずしも適切とはいえないと私は考える。

4-3-1-3 シナリオに組み込むリスクを金利リスクに限定する確率論的シナリオ法

確率論的シナリオに組み込むリスクを金利リスクに限定し，保険リスク，金利リスク，事業費リスク以外のリスクへの担保についてはリスク・マージンを積み立てる方式で，わが国の保険計理人による1号収支分析(1)およびカナダのCALMで採用されている。

この方式の保険料積立金は，4-3-1-2と基本的に変わらず，決定論的シナリオによるのか，確率論的シナリオによるのかの相違とそれに伴ういくつかの相違しかない。具体的には，シナリオの精度が相当上がる結果，検証の精度が高まることが期待される。また，第三者による検証はやや難しく，コスト上の問題もある。加えて，4-3-1-2で述べたような問題点があり，保険料積立金の評価方式としては必ずしも適切とはいいがたいと私は考える。

4-3-2 理論的に考えられる方式

4-3-2-1 純保険料式保険料積立金，営業保険料式保険料積立金の予定利率を資産，負債の総合収益率に変えた方式

総合収益率としては，第三者が当該生命保険会社の保険料積立金に対応する資産および保険料積立金を包括移転等によって引き受ける場合に必要とされる

リスク・マージンを保険料積立金が含むように，当該生命保険会社の総合収益率の標準偏差の一定割合を期待総合収益率に加算したものを用いることが考えられる。

　この方式による保険料積立金は，次のような特徴を有すると私は考える。

　これは，当該生命保険会社が保有する生命保険契約について，対応する資産を用いて資産運用をする前提で，ある一定の信頼水準の下において保険債務を支払うことができる保険料積立金を表す。ただし，死亡率と事業費率が与件であることから，限界はある。言い換えれば，将来のキャッシュ・フローは，当該生命保険会社の保険料積立金に対応する資産と保険料積立金から生ずるものであり，4-3-1-2で述べたのと同様に，資産が原則として時価評価であれば当該生命保険会社にとって必要な保険料積立金といえる。また，第三者である生命保険会社が，当該生命保険会社の保険料積立金に対応する資産と保険料積立金を合わせて引き受ける場合（保険契約の包括移転など）に必要とされる保険料積立金を示すことになる。ただ，再投資は想定することができず，保険契約者の合理的期待，保険契約者配当，法人税，逆選択失効等をキャッシュ・フローに反映させること，決算年度ごとのキャッシュ・フローの状況の確認もできない。このように，将来のキャッシュ・フローについては，保険料積立金に相当程度反映させることはできているといえる。

　もちろん，資産，負債の総合収益率を決定論的または確率論的シナリオ法によって求めることも可能である。ことに確率論的シナリオ法によって求めた場合には，将来のキャッシュ・フローについては他の方法以上に反映することができることになる。

　このように，死亡率，金利，事業費以外のリスクへの対応については，すべての分散可能リスクへの対応ができる。この一方で，分散不能リスクへの対応はできない。リスク・マージンに関しては，死亡率と事業費率では，なかなか信頼水準についての整合性が取りにくい。総合収益率で担保するリスクとの間は，さらに整合性が取りにくい。総合収益率を算出する過程で，リスク間の相関を考慮することは，費差益に係る部分を除き可能である。しかし，リスク間

の相関を計算する際には，死亡率と事業費率だけは，計算の仕組み上与件となるので，問題は残る。また，個々の会社の状況を反映したものにはできない。このため，リスク・マージンとして合理的であるとはいえない。

　純資産に関しては，資産を原則として時価で評価するのであれば，資産は，当該生命保険会社の将来のキャッシュ・イン・フローの現在価値を表すことになる。これに対して，先に述べたとおり保険料積立金は，当該生命保険会社が保有する生命保険契約について，対応する資産を用いて資産運用をする前提で，ある一定の信頼水準の下において保険債務を支払うことができる保険料積立金を表す。ただし，費差損益が対象外であること，死亡率と予定総合収益率が与件であることから，限界がある。このため，これらの差額である純資産は，こうした限界はあるものの，ある一定の信頼水準で将来の利益の現在価値に近似するものを表しているといえる。

　しかし，前述のような問題点があり，保険料積立金の評価方式としては必ずしも適切とはいいがたいと私は考える。

　4-3-2-2　すべての分散可能リスクを対象とした決定論的シナリオ法

　この方式は，4-3-1-3のシナリオに組み込むリスクを限定せず，すべての分散可能リスクとするものである。わが国および主要諸外国では採用されていない。

　この方式による保険料積立金は，次のような特徴を有すると私は考える。

　これは，当該生命保険会社が保有する生命保険契約について，対応する資産を用いて資産運用をする前提で，ある一定の信頼水準の下において保険債務を支払うことができる保険料積立金を表すことになる。ただし，シナリオのでき如何による限界がある。言い換えれば，将来のキャッシュ・フローは，当該生命保険会社の保険料積立金に対応する資産と保険料積立金から生ずるものであり，4-3-1-2で述べたのと同様に，資産が原則として時価評価であれば，第三者である生命保険会社が当該生命保険会社の保険料積立金に対応する資産と保険料積立金を合わせて引き受ける場合（保険契約の包括移転など）に必要とされる保険料積立金を示すことになる。再投資は想定できるが，保険契約者の合理

的期待,保険契約者配当,法人税,逆選択失効等をキャッシュ・フローに反映させること,決算年度ごとのキャッシュ・フローの状況の確認はできない。

当然のことながら,すべての分散可能リスクを対象とするが,分散不能リスクへの対応は困難である。リスク・マージンに関しては,すべての分散可能リスクについてのリスク・マージンを含むが,各リスク間の信頼水準についての整合性を確保することもできる可能性がある。しかし,リスク間の相関を考慮することはできない。また,個々の会社の状況を反映したものにはできない。さらに,シナリオ次第では,適切な数値とすることは難しい。このため,リスク・マージンとして合理的であるとはいえない。

純資産も,資産を原則として時価で評価するのであれば,資産は,当該生命保険会社の将来のキャッシュ・イン・フローの現在価値を表すことになる。これに対して,先に述べたとおり保険料積立金は,当該生命保険会社が,保有する生命保険契約について,対応する資産を用いて資産運用をする前提で,ある一定の信頼水準の下において保険債務を支払うことができる保険料積立金を表す。ただし,シナリオのでき如何による限界がある。このため,これらの差額である純資産は,こうした限界はあるものの,ある一定の信頼水準で将来の利益の現在価値に近似するものを表しているといえる。

第三者による検証は相対的に容易であるし,コストも相対的には安価ですむ。しかし,前述のような問題点が残されており,保険料積立金の評価方式としては必ずしも適切とはいいがたい。

4-3-2-3 すべての分散可能リスクを対象とした確率論的シナリオ法

この方式は,4-3-2-2 のすべての分散可能リスクを対象とした決定論的シナリオ法のシナリオを確率論的シナリオに変えたものである。わが国および主要諸外国では明示的に採用する事例はない[265]。

---

265) 当方式による責任準備金の評価を提言した論文としては,浅谷輝雄氏による「ALMによる責任準備金の評価」(1990)がある。危険団体に基づいても,生命保険会社のソルベンシーを適切に維持しようとすると,資産負債最適配分概念に基づくこうした確率論的なシナリオ法にまで至るということは大変興味深い。確率論的シナリオ法は,浅谷輝雄氏がこの論文の中で提案されたもので,モンテカルロ方式

この方式による保険料積立金は，次のような特徴を有すると私は考える。

基本的な評価は，4-3-2-2と変わらないが，再投資は想定することができ，保険契約者の合理的期待，保険契約者配当，法人税，逆選択失効等をキャッシュ・フローに反映させること，決算年度ごとのキャッシュ・フローの状況の確認もできる点が異なっている。ただ，確率論的シナリオを採用することによっ

---

による確率論的シナリオ法によって「ALMによる責任準備金」を求めようとするものである。具体的には，イールドカーブの時系列，デフォルト率の時系列，インフレ率の時系列，金利の関数として表示される保険契約の継続率および契約者貸付率（ディスインターミディエーション），為替レートの時系列および外国の金利の時系列，インフレ率および金利の関数としてのテナント料の時系列等から構成される「シナリオ確率空間」と投資戦略とにより，セグメントごとに保有資産と将来の保険料収入からのキャッシュ・イン・フローと既存保険契約負債からのキャッシュ・アウト・フローとを算定する。そして，キャッシュ・イン・フローとキャッシュ・アウト・フローの差額である収支差を，シナリオに対し与えられている確率を用いて期待値と破産確率，つまり収支差がマイナスとなる確率を計算する。収支差がプラスのときでもポートフォリオの組み替えにより，収支差を増加させることができるかをチェックする。期待値がマイナスのとき，または収支差がマイナスとなる確率が一定水準を超えるとき（例えば5％）は，計画期間の期初に戻って，負債を支える資産を修正増額して，期待値がプラスにかつ収支差がマイナスとなる確率が一定値以下となるようにする。その修正された資産の金額をもって「ALMによる責任準備金」とする。期待値がプラスのときでも収支差がマイナスとなる確率が極めて小さいときは，計画期間の期初に戻って資産を減額し，その減額分をもって当該セグメントの剰余金とする。この「ALMによる責任準備金」は，「基準とする責任準備金」と「必要とする剰余金」に分けられ，基準とする責任準備金としては，チルメル式責任準備金が次善の策であろうとする。つまり，生命保険会社ごとに，モンテカルロ方式による確率論的シナリオ法によって，「ALMによる責任準備金」を計算し，それを貸借対照表上に計上しようとするものである。

私も，かつて生命保険監督会計の枠組みを提案するに際し，次のように述べ，浅谷輝雄氏の「ALMによる責任準備金」を負債として採用することを提言したことがある。すなわち，資産は，収支差がマイナスとなる確率がある特定の数値となるシナリオに基づいた時価ベースの収益率で，将来のキャッシュ・イン・フローの流列を割り引き，合計したものとする。これは，通常は資産の時価になるが，資産の時価が想定しているキャッシュ・イン・フローと，実際の資産のキャッシュ・イン・フローが異なっている場合には，時価にはならないことが起こり得る。たとえば，ほとんどの場合償還期限まで保有することが明らかな債券，いわゆる営業用で売却することが考えにくい不動産が当てはまる。こうした債券の場合には，基本的にはアモチゼーションまたはアキュムレーションを用いることになろうが，償還期限前に売却する可能性について，オプション・プレミアムのような形で評価することが検討されてしかるべきであろう。これに対して，負債としては，「ALMによる責任準備金」を計上する（拙稿（2004b）p.69）としたものである。

て，シナリオを適切に設定できるか否かについて疑問が残るという決定論的シナリオの問題点が解消されることになる。その結果，保険料積立金は，より適切なものになるし，リスクに関しても，リスク間の相関を考慮することもでき，個々の生命保険会社の状況を反映することもできるようになる。保険料積立金も，当該生命保険会社が保有する生命保険契約について，対応する資産を用いて資産運用をする前提で，ある一定の信頼水準の下において保険債務を支払うことができる保険料積立金をより適切に表す。また，純資産についても，ある一定の信頼水準で将来の利益の現在価値に近似するものをより適切に表すことになる。

　第三者による検証は決して容易ではなく，コストも相当かかることが想定される。しかし，前述のように，保険料積立金の評価方式としての問題点は少なく，適切な評価方式であると私は考える[266]。

　なお，この方式で計算を行うと，1年超の部分について保険料積立金の不足額が生じた場合には，その額の保険料積立金と同額の無リスクの資産を増加させ，再度確率論的シナリオ法を行う。これを繰り返し，必要な保険料積立金の額を決定することになる。

### 4-4　望ましい保険料積立金規制
#### 4-4-1　規制の概要

　以上述べてきたとおり望ましい保険料積立金規制としては，2パラメータ・アプローチによって最適な個々の資産と負債の配分比を決定し，その上で，すべての分散可能リスクを対象とする確率論的シナリオ法に基づいて計算を行うものであると私は考える。これを具体的な規制としてどのようなものにするの

---

[266] 資産負債最適配分概念の下では，保険料の計算においても，一定の信頼水準を充たすような営業保険料を確率論的シナリオ法によって求めることが望ましい。このため，予定死亡率，予定利率，予定事業費率という概念は，基本的になくなる。黙示的に総合収益率という概念が存在するともいえるが，予定利率のように明示的なものではないこと，また，総合収益率という概念を用いると，かえってリスク管理上問題が生じうることから用いないこととし，リスクについては，死亡率リスク，価格変動リスク，信用リスクのように，個々のリスクとして捉えることとする。

かについて以下に述べる。

なお，2パラメータ・アプローチによって最適な個々の資産と負債の配分比を決定することについては，

- ⅰ．2パラメータ・アプローチによって最適な個々の資産と負債の配分比を決定するよう努めることとするという規制を導入すること
- ⅱ．わが国の金融庁の検査マニュアルなどの検査項目に，「2パラメータ・アプローチによって最適な個々の資産と負債の配分比を決定しているか」という事項を入れること

のいずれかが考えられる。しかし，前述のとおり将来他の方法が開発される可能性もあることを踏まえると，ⅱが望ましいと考えられる。

### 4-4-2　新たな保険料積立金規制

以上を踏まえ，新たな保険料積立金規制としては，次の内容のものが望ましいと私は考える。

#### 4-4-2-1　評価方式

確率論的シナリオ法により，一定の信頼水準を充たす保険料積立金を積み立てなければならない。ここで，一定の信頼水準については，第三者である生命保険会社が評価の対象となる生命保険会社の保険料積立金を対応する資産とともに包括移転し，引き受けるために必要な保険料積立金を示す信頼水準とし，具体的な水準については過去の破綻した生命保険会社の経験などをもとに決定する。この信頼水準を超える部分および分散不能リスクについて担保する部分[267]については，保険料積立金以外の準備金とする。

なお，この準備金については，次の理由から資本の部ではなく負債の部に計

---

[267]　オペレーショナル・リスク等の分散不能リスクについては，リスク・マージン法により，大地震等の巨大リスクについては，ストレス・テストまたはテール・バリュー・アット・リスクによって，リスク・マージンを求めることが考えられる。

上することが適切であると考える。すなわち，商法上，資産の評価が時価以下であった時代には，「一切の積極財産の過小評価又は債務の過大評価を違法とすることも行きすぎであって，税法上の問題は別として，商法上は企業経営上の合理的考慮にもとづいて相当とみとめられる限度においては，かかる評価も許されるものと解すべきである。」[268]とされていた。このため，生命保険監督会計においては，生命保険会社のリスクが実現した場合の損失を填補するための財源については，特段商法と異なる考え方を採用する必要もないと判断されることから[269]，少なくとも資産が時価で評価されるのであれば，合理的な限度までは負債として計上することが認められるものと解されるからである[270]。ここで，合理的な限度とは，たとえば，99.5％の信頼水準および一般的に生命保険約款で保険金等の支払いを約している大地震等のリスクを担保する範囲が考えられる。

4-4-2-2　シナリオの対象となるリスク

金利，債権の貸倒れ，有価証券の価格変動，不動産の価格変動，外国為替，死亡率，解約，失効，事業費，保険契約者の持つ約款上の権利の行使，逆選択失効，新契約高の各リスクのうち，通常の予測の範囲内のリスクとし，通常の予測を超えるリスクについては，保険引受けリスクおよび保険引受けリスク以外のリスクともに対象外とする。なお，保険契約者の持つ約款上の権利の行使については，保険契約者の合理的期待を考慮する。

4-4-2-3　考慮すべきキャッシュ・フロー

保険契約者配当については，剰余から保険契約者配当に回す率を定めるなど

---

[268]　大隅健一郎（1957）p. 238
[269]　商法計算規定は，配当可能限度額の適正な算定と利害関係者への適切な情報開示が目的とされ，配当限度額には，会社債権者保護を目的とする会社財産の維持が期待されているといわれる（弥永真生（2000）p. 31, 33）。これに対して，生命保険監督会計は，保険契約者等の保護を主たる目的としており，債権者保護と保険契約者等の保護に求められるものは，会計上実質的に変わるところがない。このため，商法の計算規定における負債の考え方を，生命保険監督会計に当てはめることに何ら問題はないものと解される（拙稿（1999）p. 13）。
[270]　拙稿（2004b）p. 59

して，そのルールに従って保険契約者配当が行われるようにする。また，法人税等の税金については，現行の法人税法等が基本的に続くと想定して計算をする。また，資産の再評価と再保険に関する方針を定める。再保険は，資産負債最適配分概念の下で保険リスクを管理するためには，大きな意味を持つからである。

4-4-2-4　資産の評価

原則として将来のキャッシュ・イン・フローの現在価値とされる時価評価を採用する。時価が付されていない場合には，適切な公正価値評価を行う。また，満期まで保有する意図が明らかな債券のように，時価によって黙示的に示されている将来のキャッシュ・イン・フローが実現されない場合には，実際に想定されるキャッシュ・イン・フローの現在価値を評価額とすることが考えられる。たとえば，満期まで保有している意思のある債券については，その評価をアモチゼーションまたはアキュムレーションで行うことが考えられる。このように資産を原則として時価で評価するのであれば，資産は，当該生命保険会社の将来のキャッシュ・イン・フローの現在価値を表すことになる。

4-4-2-5　保険計理人の裁量

カナダのCALMは，アポインティッド・アクチュアリーに相当の裁量の余地を与えている。保険契約者の合理的期待の考慮については，相当程度保険計理人に裁量の余地を与えざるを得ないが，それ以上の点については，必ずしも与える必要がないのではないかと考えられる。

4-4-2-6　最低保険料積立金

別途定める早期是正措置が機能せず，生命保険会社の破綻処理を開始せざるを得ない段階を最低保険料積立金によって示すことにする。具体的には，生命保険会社が破綻した場合，その生命保険契約を継続させることが重要であることから，4-4-2-1の保険料積立金の額を最低保険料積立金と位置づけ，保険料積立金に対応する上記4-4-2-4に基づく資産の評価額が最低保険料積立金の額を下回った場合，例外なく強制的な破綻処理を開始することとする。

### 4-4-2-7 外部検査

確率論的シナリオ法の最大の問題の一つは，適切に計算がなされているかについて確認することが困難なことである。実際に保険計理人が決算担当部門の計算した結果を確認したとしても，監査役，監査法人は実質的には確認ができるとは思いがたい。そのため，少なくともカナダ金融機関監督局（Office of the Superintendent of Institutions Canada, OSFI）が定めるアクチュアリー業務についての外部のアクチュアリーによる外部検査（external reviews）[271]のような制度を導入する必要があると考えられる。

こうした方法を採用する場合，フィージビリティ・スタディーが大事なことは言うまでもない。実際に過去に破綻した生命保険会社の財務諸表をもとにこの方式による保険料積立金の計算を行い，保険料積立金および保険料積立金以外の準備金の十分な積立てを行わせたり，どのようなタイミングで早期是正措置を発動したりすれば破綻が回避できたか否かを十分に検証し，その結果を反映させることが望ましい[272]。

### 4-4-3 生命保険会社の破綻防止への有用性

こうした保険料積立金は，生命保険会社の破綻を防止することについて役立つかという観点も重要である。生命保険監督会計にあっては，保険契約者等の保護を図ることが最重要の課題であることは言うまでもない。その保険契約者等の保護を果たすには，究極的には生命保険会社の破綻を回避することが求められる。生命保険会社破綻の直接的な引き金は，一般的に次のような状態になることによって引かれることが多いと考えられる[273]。

① 財務状態の悪化している会社に取り付けないしそれに準じた状態が起こ

---

271) Office of the Superintendent of Institutions Canada (2006) pp. 7-12
272) たとえば，Committee of European Insurance and Occupational Pensions Supervisors (2007) も参考になろう。
273) 拙稿（2004b）pp. 57-58

ること

　アメリカのミューチュアル・ベネフィット・ライフ，日本の千代田生命，協栄生命等が当てはまる[274]。

② 債務超過ないしそれに準じた状態になったこと

　これは，債務超過ないしそれに準じた状態になったことを契機に保険監督官が破綻処理を開始することを決定し，または，当該生命保険会社自らが破綻処理開始を申し出るものである。たとえば，アメリカのエグゼクティブ・ライフ・イン・カリフォルニア，日本の日産生命，東邦生命等が当てはまる。資産や負債の評価方法によって，債務超過の意味は異なり，解約返戻金債務の総額に対応した資産がないこと，将来の保険金債務を支払えなくなるおそれが相当程度あること等が考えられる[275]。

　つまり，①，②とも将来保険金債務を支払えなくなるおそれがたかまったことを意味しており，こうしたおそれの高まりが生命保険会社の破綻の直接的なきっかけになったといえる。こうしたおそれは，ソルベンシー維持に係る規制が不十分な状態のもとで，生命保険会社のリスクが実現し，ソルベンシー維持に係る規制では対応できないような多額の損失が発生し，早期是正措置等の保険監督も機能しなかったことが原因になっていたといえる[276]。

　このように考えると，生命保険会社の将来のキャッシュ・イン・フローで，将来のキャッシュ・アウト・フローをまかなえることを確認できることが望ましい。この意味からも，すべての分散可能リスクを対象とした確率論的シナリ

---

[274] ミューチュアル・ベネフィット・ライフの破綻に関しては，小西修（1995）p. 117 を，千代田生命，協栄生命の破綻に関しては，拙稿（2002）pp. 72-77 を参照のこと。財務状態に問題のない会社に取り付けが起き，資金がショートして破綻するおそれもあるが，そうした場合への対応としては，別途積極的な開示等を行うこととし，ここでの検討の対象とはしない。

[275] エグゼクティブ・ライフ・イン・カリフォルニアの破綻に関しては，拙稿（1996）pp. 49-50）を，日産生命，東邦生命の破綻に関しては，拙稿（2002）pp. 72-77 を参照のこと。

[276] 拙稿（2004b）p. 58

オ法に基づく保険料積立金の計算が望ましいことが判る。

　なお，2 パラメータ・アプローチは，前述のとおりさまざまな問題点があるが，インプットに対するアウトプットの感応度が非常に高いこととリスクとリターン，リターンの相関の設定が難しいことについては，過去のデータによる推定上のバイアスを「ベイズ調整」によるデータの平準化によって減少させる方法や IC 係数（情報係数）によって将来の予測超過収益率を調整する方法などを用いて解決する。極値については，別途ストレステスト等を行うことによって対応する。また，当然のことながら，リスクとリターンの計算を行う期間によって制限されることについては，すべての分散可能リスクを対象とした確率論的シナリオ法と併用するため，まったく問題にならないと私は考える。

# 第 7 章　契約条件の遡及変更に係る規制のあり方

## 1．基礎書類の遡及変更命令

### 1-1　概要と立法趣旨

1939年保険業法は，その第10条第3項において，

　主務大臣保険契約者，被保険者又ハ保険金額ヲ受取ルベキ者ノ利益ヲ保護スル為特ニ必要アリト認ムルトキハ第一項ノ変更認可ノ際現ニ存スル保険契約ニ付テモ亦将来ニ向テ其ノ変更ノ効力ノ及ブモノト為スコトヲ得

と定めていた。いわゆる基礎書類の遡及変更命令である。ここで，「第一項ノ変更」とは基礎書類の変更をいう。この条文に関して後述の最高裁判所の判決が出るまでの間，問題とされてきたのは，第一に「第一項ノ変更認可ノ際現ニ存スル保険契約ニ付テモ亦将来ニ向テ其ノ変更ノ効力ノ及ブ」をどのように解釈するのかということであった。具体的には，「其ノ変更」は，保険契約者等にとって有利なものだけに限定されているのか，不利益なものも含むのかということである。第二に「保険契約者，被保険者又ハ保険金額ヲ受取ルベキ者ノ利益ヲ保護スル為」をどのように解するのが適切かということであった。

　第一点に関して，もともと，田中耕太郎博士は，前述のとおり既契約者に有利な変更の例を挙げて説明するだけで，不利益な変更についてはまったく触れることはなかった。また，保険業法制定に際しての政府の見解も同様であった。1939年の保険業法制定当時の政府委員牧楠雄商工省保険局長は，衆議院改正業法特別委員会で，「変更ノアツタ場合ニ既契約ハ其ノ影響ヲ受ケナイモ

ノトスル,サウウ(原文のママ)云ウコトガ保険契約者全体ノ公平ヲ旨トスル保険ノ性質上適当ト云ウヨウナ場合ヲ指スノデアリマス,法案ニ於キマシテハ第十条第三項ガ是デアリマス」[277]と説明した。さらに,牧楢雄商工省保険局長は,貴族院改正業法特別委員会では,「例ヘバ解約ノ場合ニ於ケル払戻金ノ額ヲ増加シタ時,サウ云ウ場合ニ既契約ニモ其ノ効力ヲ及ボス必要ノアル場合ガアルノデゴザイマス」[278]と,基礎書類の遡及変更の対象を,既契約者に有利な事例を挙げて説明している。同様に,基礎書類の遡及変更の対象を既契約者に有利な事例を挙げて説明しているものとしては,生命保険数学会編『保険業法講義』[279]がある。また,川添利起最高裁判所調査官は,こうした説明に加え,「改正に当り商工省内に設けられた保険業法改正調査委員会が昭和一三年一一月決定した答申(保険業法中改正の要綱)第二には「基礎書類の変更ありたる場合に於て特に必要ありと認むるときは其の効力を既契約に及ぼさしむることを得るものとす」とあつたにすぎないのに,政府原案には特に「利益ヲ保護スル為」なる字句が挿入され,これが可決成立して保険業法一〇条三項となつたものであること並びに現行簡易保険法五三条二項及び郵便年金法三八条にも約款改正の効力を既契約についても将来に向つて及ぼし得るとした同趣旨の規制があるが,前者においては前納保険料割引率の引下・保険金削減率の引上・剰余金分配率の引下,後者においては剰余金分配率の引下をそれぞれ除外する旨定めてあること等に鑑みると,有利な改正に限つて既契約に及ぼし得る趣旨であるとも解し得ないではない。」[280]とする。

これに対して,保険約款の遡及変更の対象を,既契約者に有利な事例ばかりでなく,不利な事例も挙げている者に,保険業法改正調査委員会の特別委員会の委員であった三浦義道博士[281]がいる。具体的には,「保険料計算の基礎に動揺を来し主務大臣は其変更を命じた従て保険料が高くなつたといふ場合に現在

---

277) 司法省調査部(1939b) p. 957
278) 司法省調査部(1939a) p. 491. 同趣旨の発言は p. 522 にも見られる。
279) 生命保険数学会編(1942) p. 45
280) 川添利起(1959) p. 1291
281) 三浦義道(1926) pp. 87-89

の契約に対しては保険料は其儘であるが保険金額を削減せしむるといふことが起る。かくの如き不利益遡及の場合も考へらるるから茲にいふ保険契約者，被保険者，保険金受取人の利益といふ意味は必ずしも現在契約につきてのみ考へて居るのではなく寧ろ一般保険契約者，被保険者，保険金受取人の利益といふ意味となり従て「保険事業の技術的妥当性から見て衡平の原則を維持する上から」といふ大乗的の意味に解釈すべきである。」[282]と，団体優先説に基づく保険契約者平等待遇原則を維持するための規定であることを明らかにしている。また，前述のとおり当時の政府委員牧商工省保険局長も，衆議院改正業法特別委員会で「保険契約者全体の公平を旨とする」として，保険契約者平等待遇原則に触れている。

このように，第一点に関しては，立法者の趣旨は，保険契約者等にとって有利な変更に限るとされていたように考えられるが，三浦義道博士のような異論もあるという状況であったのであろう。第二点に関して触れているのは，団体優先説の立場から主張する三浦義道博士しかいない。その後，最高裁判所の判決が出てからは，後述のとおり三浦義道博士の主張を否定するものが増加した。

こうした状況からすると，立法当時，1939年保険業法第10条第3項の規制が，団体優先説に基づき，保険契約者にとって不利益な変更も含むとする主張は，必ずしも多数説でなかった可能性があると私は考えている。

なお，アメリカ，カナダにはこうした規制は存在しない。

### 1-2　最高裁判所の判決—債務不存在確認事件—

前述のような立法時の経緯にもかかわらず，実際にこの1939年保険業法第10条第3項が適用されたのは，中華民国において第二次世界大戦中中華民国通貨により保険料が支払われた生命保険契約に関して1946年になされたもの[283]と，明治生命保険相互社が大蔵大臣の処分に基づいて1946年に行った

---

282)　三浦義道（1926）p. 89
283)　印南博吉編（1966）pp. 153-154 参照のこと。

生命保険契約の保険料の増額しかなく，両者とも個々の保険契約者にとって不利益な変更であったことは注目に値する。ここでは，その後最高裁判所に上告までなされた後者の事件について触れる。

　第二次世界大戦終結の後，わが国の生命保険会社は，インフレーションによって維持費が大きく増加したこと，運用資金の利回りの低下，死亡保険金の支払いが増加したこと，戦時補償の打切りにより莫大な損失を蒙ったことなどから，その経営状態は非常に悪化した[284]。そうした状態の改善のために行われた方策の一つが，1939年保険業法第10条第3項に基づく大蔵大臣の処分によってなされた生命保険契約の維持費の引上げに伴う保険料の引上げであり，この処分は，既契約についても将来に向って効力があるとされた[285]。

　この処分に対し，明治生命保険相互会社の保険契約者の一人が，保険料の増加した部分に関して債務不存在の確認を求めた訴訟を提起した。原告は，主として以下の点を無効の理由として挙げた[286]。

ⅰ．1939年保険業法第10条第3項は主務大臣に既存の契約の保険料を将来に向って増額する権限を付与したものではないこと
ⅱ．もし，1939年保険業法第10条第3項が主務大臣にこうした権限を付与する趣旨であるならば，その限度で旧憲法27条，新憲法29条に反すること
ⅲ．もし，1939年保険業法第10条第3項が違憲でないとしても，既存の契約の保険料増額の必要性があったとはいえないこと

　ⅰの理由について，第一審の東京地方裁判所は，その判決において，「業法第十条第三項は保険料増額の限度について直接明示していないことは前述の通

---

284）「東京地方裁判所昭22（ワ）第1415号 昭25, 6, 16 判決」(1950) pp. 921-922
285）「東京地方裁判所昭22（ワ）第1415号 昭25, 6, 16 判決」(1950) p. 922 参照のこと。
286）「東京地方裁判所昭22（ワ）第1415号 昭25, 6, 16 判決」(1950) pp. 923-924

りであるが，主務大臣が同条項に基く処分を為すには，保険契約者等の利益を保護する為特に必要ありと認めた場合に限定せられるのであつて（法規裁量），決して主務大臣の恣意を許すものではない。のみならず，その処分の範囲は同条第一項により基礎書類の変更を認可した範囲に限定せられるのであり，同条項による保険料増額認可の処分を為すに際しても，保険数理上一定の限度が存することは自明の理である。果して然らば業法第十条第三項は保険料増額の点に関し，客観的に自からその限度の定まるような法律要件を規定しているものであり，同規定は，後記のような保険の特性に鑑みるときは，公共の福祉に適合するものと言うを妨げないから，同条項が右限度につき何等の規定を設けていないことを前提とする原告の前記見解には到底賛成できない。」[287]とした。

また，「今仮に個々の保険契約を，他のものより分離して個別的に観察する立場をとるときは，その契約について保険料を増額された保険契約者は爾後それだけ債務を加重されることとなり，通常その利益とならないこと，原告の主張どおりであるけれども，此の立場に於ても，保険料増額以外には，保険事業の維持経営の破綻を救う道がないと言うような特別の場合には，保険料の増額が必然的に保険契約者の不利益であるとは言えない。蓋し，その処分に依つてのみ，保険会社の責任準備金に対する保険契約者の権利が確保されるのであり，又保険事故発生後は，保険金の支払が可能となり，契約者の保険契約締結の意図も達成せられるのであるから，大局的には，契約者の利益も亦保護される結果となると言うことができるからである。」[288]とした。

さらに，「保険（営利保険）は法律上は保険者と保険契約者との間の単なる債権契約に過ぎないけれども，経済的には，同一の危険の下に立つ多数人が団体を構成し，（これを危険団体と称する）其の中の一員の財産上の需要を他の構成員が共同して充足させる為の組織的技術的方法である。勿論かような危険団体の存在について，法律は何等規定していないのであるが，法律と経済が密接な関係を有し，前者の正常な理解の為には後者を観察する必要があることは言う

---

287）「東京地方裁判所昭22（ワ）第1415号 昭25, 6, 16 判決」（1950）p. 925
288）「東京地方裁判所昭22（ワ）第1415号 昭25, 6, 16 判決」（1950）pp. 926-927

までもないところであるから，保険に関する諸法律関係を合理的に解釈する為には前述のような保険の危険団体的特性を看過できないのである。而してかような危険団体の存在を前提として考えると，各個の保険契約は相互に独立するものではなくて，其の間に団体的紐帯が存し，従つて其の団体の構成員である各保険契約者の間に衡平の原則が維持されねばならぬことは明白である。業法第十条第三項は右のような保険団体内に於ける衡平維持を目的として主務大臣に一定の権限を付与した規定に外ならないから，同条項に所謂「保険契約者，被保険者又ハ保険金額ヲ受取ルベキ者ノ利益」とは，単に同条項により処分を受ける既存の保険契約者等の個別的な利益ではなく，保険契約者等一般の利益，換言すれば，保険団体内部の衡平維持を意味するものと解するのが妥当である。而して何が保険団体に於ける衡平を維持する所以であるかは，各個具体的事案に即し，慎重に考慮すべきことであつて，此の故にこそ同条項は「主務大臣……特ニ必要アリト認ムルトキハ」と規定し，その濫用を戒めているのである。」[289]として，危険団体概念を前面に出し，団体優先説に従うことを明らかにした。

　ⅱについては，「旧憲法の基本的な性格に徴するときは寧ろ立法権の司法権に対する優位が承認されていたと見るべきであるから，立法権者が或る法律を憲法に適合するものと解釈して之を制定した以上，その解釈は最終のものであつて，司法権が自己の見解を以て之に対抗する権能はなかつたものと解するのが相当である。(中略) 従つて，新憲法は新たに，その第八十一条を以て裁判所に法令の実質的審査権のあることを定めたが，旧憲法施行当時制定された，法律の効力を新憲法に照して，判断することは格別，新憲法施行後と雖も，旧憲法施行当時苟も形式上の瑕疵なくして制定された法律は旧憲法施行の当時には，有効に成立した法律と解するの外はない。」[290]として，旧憲法第27条に反するとは認められないとした。

　また，新憲法違反に関して，原告は，「新憲法第二十九条第一項は財産権の

---

[289] 「東京地方裁判所昭22（ワ）第1415号 昭25,6,16 判決」(1950) p. 927
[290] 「東京地方裁判所昭22（ワ）第1415号 昭25,6,16 判決」(1950) p. 928

不可侵性について規定して居り，保険料増額のような保険契約者の債務を増加する行為は財産権の侵害となるから，同条第二項により，その内容を法律で定めることを要するにも拘らず，業法第十条第三項には増額すべき保険料の数額の限度を定めていないから，同条項により既存の契約の保険料を増額することは結局主務大臣が法律によらず任意に財産権を侵害することを認めたことになるからである」[291]と主張する。しかし，判決では，「同条項が右増額の限度を客観的に定まり得るような法律要件を以て規定したものであること，既に説明した通りであり，其の他同条項が右憲法第二十九条に反することを疑うに足る理由は少しも発見できない。」[292]として，この点に関する原告の主張も退けられた。

iiiに関しては，「大蔵大臣は右条項に基き，既存の契約の保険料を将来に向つて，新規契約の保険料の限度まで増額し得る権限を有すること，及び同条項が憲法に反するものでないことは既に説明したところである。大蔵大臣に右のような権限がある以上，同大臣が本件処分を為すに当り，仮に原告主張のようにその必要性の認定を誤まったとしても，その処分は単に取消の対象たるに止まり，直ちに無効であると言えないこと，行政処分の性質上明白である。」[293]とした。

このように，東京地方裁判所の判決は，上記iからiiiについて理由がないとして，無効とする訴えを棄却した。これを受けて，原告は，東京高等裁判所に控訴した。東京高等裁判所は，次に述べる訂正付加する部分を除き，原判決の判示するところと同一見解であるとして，原告の控訴を棄却した。

東京高等裁判所が訂正付加した第一の点は，原告が無効の理由として新たに追加したものについてであった。この点については，「控訴人は本件大蔵大臣の命令は保険会社に対するものであつて保険契約者に対するものでないから契約者に対しては効力を生じない。又本件処分の公告は契約者に対する大蔵大臣

---

291) 「東京地方裁判所昭22（ワ）第1415号 昭25,6,16判決」（1950）p. 928
292) 「東京地方裁判所昭22（ワ）第1415号 昭25,6,16判決」（1950）p. 929
293) 「東京地方裁判所昭22（ワ）第1415号 昭25,6,16判決」（1950）pp. 929-930

の意思表示としての効力を生じないしその公告は保険料の増額を具体的に表示していないからこの点から見ても本件処分は効力を生じないと主張するが，保険業法第十条第三項の命令は既存の保険契約上の法律関係に変更を加へる形成的の効果を生ずるものであることは同規定により明白であると解せられる。従つて本件命令は保険会社に対してなされたものであつても既存契約に対し新に認可したものと同一の効力を及ぼさしめ保険会社をして新な契約と同一の保険料を請求し得る力を設定したものと解すべく，右行政処分は保険会社に告知されたことによつて行政処分たるの効力を完全に生ずるものであるが，契約内容を変更するものである以上多数の契約者に知らしめる必要上同条第四項に於て保険会社にこれを公告せしめることを規定したこと明白である。又成立に争のない乙第二号証の公告にはその変更の内容は具体的に明確にされたものと認められる。」[294] とした。

　第二の点は，維持費の必要性についてであった。この点については，「控訴人は維持費の大部分は保険料につき保険会社の負担する払込期日の通知及び振替貯金払込に要する費用であるが，保険料は持参債務だからその取立に要する費用は法律上は負担の必要のないものである。従てさような経費が値上りしたからとて維持費を増額する必要がないと主張するが，維持費は保険者がその事務遂行に関する全部の費用を含み，(イ)保険料集金費（集金に関する給与，通信費）その他，(ロ)死亡調査費，(ハ)投資調査，財産の公課，(ニ)所得税その他一般公課，人件費，消耗品費，(ホ)土地建物の維持その公課等所謂土地建物の経費等幾多の費用を包含するものであることは実験則上常識により予想し得る明白な事柄であり，従て振込期日の通知及び振替貯金払込に要する費用がその大部分を占めるものではなく却てその一少部分に過ぎないことも明白であると考へられる。尚我国保険業者の慣行として契約者が来つて支払をなすを待たず人を派し契約者について保険料を徴収する実状にあることは実験則上明白であるから，保険料の支払については当事者間に於て取立債務とする暗黙の合意が

---

294)「東京高等裁判所昭25（ネ）第680号 昭26, 9, 25判決」(1951) p. 1121

成立しているものと認めるのを相当とすべきを以て，右費用を本件命令に際し考慮に入れたのは寧ろ相当であると認められる。のみならずこの点の認定に誤差があつたとしても右は行政処分取消の理由となるに留まり行政処分が当然無効となるものではない。」[295] とした。

この判決を受けて，原告は最高裁判所に上告した。最高裁判所は，原告は原審が 1939 年保険業法第 10 条第 3 項の解釈を誤ったものと主張するが，次の 3 つの理由から本件主務大臣処分を 1939 年保険業法第 10 条第 3 項に違反し無効であるとする趣旨はすべて理由がないとして，上告を棄却した。

第一は，「保険契約関係は，同一の危険の下に立つ多数人が団体を構成し，その構成員の何人かにつき危険の発生した場合，その損失を構成員が共同してこれを充足するといういわゆる危険団体的性質を有するものであり，従つて保険契約関係は，これを構成する多数の契約関係を個々独立的に観察するのみでは足らず，多数の契約関係が，前記危険充足の関係においては互に関連性を有するいわゆる危険団体的性質を有するものであることを前提としてその法律的性質を考えなければならないのである。そしてこのことは，所論のように，損害保険契約に付てのみではなく本件のごとき生命保険契約についても妥当するものというべきである。法一〇条三項は保険契約関係のこのような特質に鑑み設けられた規定であつて，同条項にいわゆる「保険契約者，被保険者又ハ保険金額ヲ受取ルベキ者ノ利益」というのは，保険契約関係の前記の特質に照らし，保険契約者，被保険者，保険金額を受け取るべき者の立場を全体的に考察した上で，これらの者の利益の有無を判断すべきものといわなければならない。それ故同条項による既存契約の保険料の増額は，単に当該契約を個々的に観念すれば，一見不利益のごとくであつても，保険事業の維持経営の破たんを救う道が，保険料の増額以外には存在しないと主務大臣が認めて法第一〇条三項の処分をした本件のような場合において，若しそれをしないがため，保険経済の破たんを来たし，保険金の受領さえ不可能な状能（原文のまま）になると

---

295)「東京高等裁判所昭 25（ネ）第 680 号 昭 26, 9, 25 判決」(1951) pp. 1121-1122

すれば，保険料の増額による不利益以上の不利益を蒙むることにもなるのであつて，このような場合における既存契約の保険料の増額は，結局は契約者等の利益を確保する所以であり，また，新契約と既存の契約との間に負担の衡平を期することができて保険契約関係の前述のような特質にも合致する所以であるというべく，法第一〇条三項は，このような見地から保険料の増額を，同条項の設けられる以前の契約者をも含めて，既存の契約に及ぼしうることとし，これを主務大臣の処分に委任した趣旨と解するを相当とする。」[296)]とするものであり，東京地方裁判所，東京高等裁判所の判決に引き続き，最高裁判所も，1939年保険業法第10条第3項を団体優先説に基づくものと認めたのである。

第二は，「法第一〇条三項の規定は，主務大臣が同条項の処分を必要と認めてなした上これを保険会社に告知した場合においては，特に各個の契約者に対する告知がなくとも，既存の契約につき，その変更の効力の及ぶものとなしうる形成的効力を附与した趣旨の規定と解するを相当とし，これと反する所論は採るを得ない。」[297)]とするものである。

第三は，「所論は，原審が法律関係に無関係の経済関係により法律関係を判断したものであると非難するが，原審の是認した第一審判決は，保険契約関係の法的性質を説明するにつき，その経済的性質に言及して必要な説示を試みたものであつてもとより正当であり，所論の違法は認められない。」[298)]とするものである。

### 1-3　最高裁判所の判決に対する賛否
#### 1-3-1　賛　成　説
これらの判旨に対して賛意を表した学者は決して多くはなかった。賛成説の

---

296)　「債務不存在確認事件（昭和26年（オ）第799号 同34年7月8日大法廷判決 棄却）」（1959）pp. 914-915
297)　「債務不存在確認事件（昭和26年（オ）第799号 同34年7月8日大法廷判決 棄却）」（1959）p. 915
298)　「債務不存在確認事件（昭和26年（オ）第799号 同34年7月8日大法廷判決 棄却）」（1959）p. 915

中には，事情変更の原則にかかわる主張が多かった。米谷隆三博士は，1939年保険業法第10条第3項について「保険契約の時間的展開に於ける継続契約性に基く保険団体の秩序維持のための事情変更の原則を発現したものとして理解される。事情変更の効果は，一般には解除をもたらすとされようが，この解除は，事情変更の効果の一態様に外ならない。要は事情変更に相応する合理的な調整効果をもたらすにある。この意味に於いて保険団体の秩序維持の法理念に立つ限り，そしてそこに事情変更の原則が前提される限り，業法第十条第三項が客観的判断の下に同意補充の行政処分により現に存する保険契約に将来に向って変更の効力が及ぶとする効果を付与されていることは妥当といわなければならない。」[299]とされた。

　青谷和夫教授は，「このような危機を脱却するためとられた前掲の非常措置のごときは，保険者の責に帰することのできない事由として典型的な事情の変更として容認されるべき事案であると思惟せざるを得ないのである。したがって，保険業法第十条第三項による処分命令は，保険の団体性ないしは保険契約者平等待遇の原則の問題として，また，保険契約の継続性に由来する保険団体の秩序保持のための事情変更の原則の発現したものとして，保険事業の合理的な調整運営をはかるところにその合法性が是認されるのである。」[300]とされた。長谷川宅司氏は，さらに限定的に「「事情変更の原則」の適用があり，かつ，個々的には保険契約者らに不利に見えても全体的な経済的観察によって保険契約者らに有利と認められる極限的な場合にのみ遡及処分が許されるものと解される。」[301]とされる。

　これに対して，青谷和夫教授は，「契約者が現に継続中の契約について保険業法一〇条三項の効果を享受するのは，保険契約締結当時における規制された意思すなわち保険団体秩序を中核として発現する約款承認に立脚する附合意思に由来するものであって，そこには，既得権的なものはなく，主務大臣の認可

---

299)　米谷隆三（1957）pp. 168-169
300)　青谷和夫（1958）p. 388
301)　長谷川宅司（1990）p. 209

処分は，この附合意思に同意し補充しこれを合理的ならしめ法規化するための行為であると解することができるのであつて，行政処分により既得権が侵害されるものとはならないであろう。」[302]とされた。

また，鴻常夫博士は，「戦後のわが国生命保険の事業の壊滅寸前の事情に鑑みるとき，本件の大蔵大臣の保険業法一〇条三項に基づく保険料増額処分は，異例の勇断であったことは間違いない。その異例の勇断の当否は，一つに，当時においてわが国保険経済の破たんをきたし，保険金の受領さえ不可能な状態になるのを防止するために，保険料の増額以外に合理的な方法が存在しなかったかどうかにかかっている問題である。この前提となっている事実の認識が正当であるならば，そして，その限りにおいて，本判決の結論に反対する理由はないということになるのではなかろうか。」[303]とされた。

### 1-3-2 反　対　説

これに対して，この判旨に批判的な学者は多かった。危険団体を加入者の協同組合結合と解し，そのことから理論上当然にその構成員が全体のために犠牲をしのばなければならないとすることはおかしいということを最初に主張したのは，大森忠夫博士であった。いわく，「右の所論は「公的立場から保険事業を監督育成すべき立場にある行政庁はその保険事業の健全な運行を確保するために必要な行政処分をなしうる権限をあたえられねばならず，そのためには，本文に述べたような意味で近代的な保険事業に内在する技術的な仕組みとしての団体性─危険の綜合平均化─の要請に応ずる処分をなしうる権限をみとめられることを必要とする」という意味に解する限り，またその限りにおいてのみ一応理解できる（もつともそれでも加入者の既得権的な私的利益を公的見地からどこまで奪いうるかは問題であるが）。しかしもし右の所論が，保険団体をもつて加入者の協同組合結合と解し，そのことから理論上当然にその構成員が全体のために犠牲をしのばなければならない，とする意味であるならば，それは正常でな

---

302) 青谷和夫（1959）pp. 13-14
303) 鴻常夫（1988）p. 19

く，またそのような議論をこの問題に適用することはいささか的をはずれていると思う。」[304]とされる。大森忠夫博士以外にも，小町谷操三博士[305]，伊澤孝平教授[306]，田中誠二博士[307]，石田満博士[308]が同趣旨の意見を述べられていた。

なお，小町谷操三博士は，「この判決は，取締法規たる保険業法の規定の解釈について，僅かに妥当性を認めうるだけである。もしこの理論が，保険契約全般の解釈に用ゐられるやうなことがあれば，それは由々しきことである。」[309]とまでされている点，注目される。

さらに，保険契約者は好むと好まざるとにかかわらず，保険会社の支払能力の維持について責任を負わねばならないとなることはおかしく，さらに，単なる行政官庁の行政処分によって契約当事者の有する契約上の地位を変更してしまうことができることはおかしいと主張したのは，中西正明博士であった。博士は，「単なる行政官庁の行政処分によって契約当事者の有する契約上の地位を変更してしまうことができる，というような一般的な制度を法認することは，戦前及び戦時中の国家総動員法的考え方の下でならばいざ知らず，今日そう簡単に是認しうるか否か，甚だ疑問とせざるをえない。」[310]と述べられた。さらに，「判決は，保険料の増額をしないと保険会社が倒産するに至るときは，保険料の増額は保険契約者の利益となる，と述べているが，このような考え方を保険業法10条3項の中に持込んで保険料増額の可能なることを承認すると，それは，一般に保険契約者は好むと好まざるとにかかわらず，保険会社の支払能力の維持について責任を負わねばならぬ，という命題を承認するに等しいのではないかと思う。今日の保険事業は必ずしも危険団体自体の計算と責任において行われているのではないことを想起するとき，このような命題が問題なく

---

304) 大森忠夫（1952）p. 337。大森忠夫博士による同趣旨の主張としては，大森忠夫（1957）pp. 324-325，大森忠夫（1969）p. 12 がある。
305) 小町谷操三（1952）pp. 383-384
306) 伊澤孝平（1958）p. 40
307) 田中誠二（1975）p. 25
308) 石田満（1977）p. 270
309) 小町谷操三（1952）p. 384
310) 中西正明，覚道豊治（1960）p. 87

成立するといえるかどうか，この点も私は大いに疑問であると思う。」[311]とされる。中西正明博士の後段の主張に賛意を示したのが，竹内昭夫博士[312]であった。

　また，こうした論理以外の論理で反対をする学者もいた。喜多川篤典教授は，「私は法律的には，社債権者あるいは破産債権者の集団もそれが利害共通関係に立つという実質的関係の故にではなく，法によって一定の事項に限り多数決原理が認められる限りその範囲においてのみ団体性を認めようと思う（法によつてではあるが一定の目的のもとに団体的結締の意思が擬制されるからである）。同様に保険団体についても法が保険契約者を保険契約者総会その他の方法を通して集団的に取扱つている事項に限り認められるものと考えたい。」[313]とし，「このような考え方に立脚するならば，今次の判決の如く，ただ保険団体の存立維持あるいはその内部の実質的衡平のためというだけの理由で一方的に，たとえ監督官庁の命令によつてであろうと，既存の契約者を不利益に陥入れることは難かしいのではないかと思う。」[314]とされた。また，「保険経営の技術的基礎が確立され，加入者の危険共同体乃至保険団体がより精確なものとなることは，その反面各加入者に危険共同体たることを現実に意識せしめることはなくなり，また逆に加入者も危険共同体たることを意識することもなく，保険に加入することを一般の財貨の購入と同様に考えるからこそ安心して加入するのであり，保険会社も加入者の多きを加えるほどその経営の基礎は強化され危険共同体は一層安固たりうるのである。むしろ危険共同体の確立という保険事業の技術的特性が保険契約をして一層純粋に一般私法上の契約たらしめるのであるということもできる。してみれば，危険共同体という保険経営の技術的基礎の確立は，一般私法上の契約におけると同様に個々の加入者の既得権的地位の尊重という思想と矛盾するものではないともいうことができる。」[315]とも主張さ

---

311)　中西正明，覚道豊治（1960）p. 87
312)　竹内昭夫（1977）p. 15
313)　喜多川篤典（1954）p. 80
314)　喜多川篤典（1954）p. 81
315)　喜多川篤典（1959）p. 95

れた。

　さらに,「右条項(筆者注, 1939年保険業法第10条第3項をさす。)を以て既存の保険契約者にも改正された有利な効果を及ぼすはともかく,保険料増額という不利益な効果を及ぼす根拠とするに苦しむ。ことに保険企業の経営の破綻を救うためにという保険団体論は,保険団体論の法律構成としては,不当な拡大にあらずやと危惧される。それは近代的な保険企業をも中世的な相互扶助施設をも質的に区別しないロマンティシズムにあらずやの感をさえ禁じえない。」[316]とまで述べられた。

　西島梅治博士は,「危険団体の概念は必らずしも明文上の根拠を有するものとはいえず,単に実質的にその存在を推認しうるにすぎない以上,保険契約者の利益と区別されるところの危険団体の利益を考えて,団体構成員はかかる全体の利益のために犠牲をしのぶべきであるという結論をひきだそうとするのであれば,それは極めて疑問である。けだし,保険が私有財産制と個人責任主義とをその基調とする限り,それはあくまでも有償的自助制度であり,かつ保険は危険団体自体の計算と責任において経営されるのではないからである。」[317]とされた。さらに,「危険団体論を正面に押出して,個々の保険契約の非個別化を一般化してしまうと,危険団体の利益擁護の名目の下に,いつでも契約者の個別的利益を剝奪しうる可能性が与えられることになり,かつ保険契約の不安定性ことに保険料額の不確定性をもたらすおそれがあり,遂には保険契約の契約性を全面的に排除する結果になりはしまいかと思われる。」[318]とも述べられた。また,博士は,別の著書において,「異常なインフレと生命保険との宿命的な対抗関係から生みだされた鬼子としての行政命令であるが,契約当事者の既得権的な契約上の法律関係を強権的に変更するシステムである以上,当事者間の利害のバランスをくずさないようにすべきであり,また,全体の利益と個別の利益との「すりかえ」をゆるすべきではない。」[319]ともされた。

---

316)　喜多川篤典(1966) p. 17
317)　西島梅治(1960b) p. 233
318)　西島梅治(1960b) p. 234

また，山下友信博士は，「近代私法は，保険も契約を通じて実現される取引として位置づけたのであり，団体性が肯定できるとしてもそれは契約法の規整を介在して実現させなければならない。したがって，団体性はあくまでも保険契約に関する立法や解釈理論を構築する際における実質的な考慮要素ということにとどまるものであり，直接的な法的効果を生み出すものではないというべきである。」[320)]とされる。

こうした学者以外にも，鈴木竹雄博士[321)]，日本生命保険相互会社法規研究会[322)]などが反対説に立っていた。

### 1-4　1939年保険業法第10条第3項の廃止

1995年保険業法の成立に伴って，1939年保険業法第10条第3項は廃止された。その理由は必ずしも明らかではないが，前述のとおり1959年の最高裁判所の判決に対しては批判が多く，これに伴い，1939年保険業法第10条第3項も廃止すべきという主張が多数説となり，論理面でも軍配が上がったことが大きな理由であろう。批判の理由の中でも，主務大臣の命令によって私権を制限できるとする部分に対しては，抵抗感が強かったことも挙げられよう[323)]。この点に関して，村田敏一教授は，「同時の改正でいわゆる契約の強制移転命令に関する規定＝業法旧100条も削除されている」[324)]とする。後述のとおり2003年8月に施行された保険会社の破綻前における契約条件変更規制が，1939年保険業法第10条第3項のうち，主務大臣の命令によって私権を制限できないようにしたものにきわめて近似していることを考えると，この規制の立法者は，この点を強く意識していたとも考えられる。

なお，1995年保険業法改正時には，1939年保険業法第10条第3項や相互

---

319)　西島梅治（1975）p. 28
320)　山下友信（2005）p. 63
321)　鈴木竹雄（1965）p. 86
322)　日本生命保険相互会社法規研究会（1969）p. 196
323)　村田敏一（2002）p. 129 参照のこと。
324)　村田敏一（2002）p. 129，金融審議会金融分科会第二部会保険の基本問題に関するワーキンググループ（2001）p. 5 参照のこと。

会社の保険金削減規制（1939年保険業法第46条）を廃止すると同時に，保険会社の健全性維持のための規制を強化し，併せて保険会社の経営危機対応制度を充実させる方向で検討が進んでいた。しかし，実際には，保険業法施行規則，大蔵省告示の改正作業の中で，ソルベンシー・マージン比率をはじめとする保険会社の健全性維持のための規制が十分合理的に強化されずに終わったことは，その後の生命保険会社の破綻の遠因になり[325]，さらには契約条件変更規制の必要性が叫ばれるようになった一因といえる。

### 1-5　1939年保険業法第10条第3項のあり方

ここでは，すでに廃止された規制ではあるが，1939年保険業法第10条第3項の今日的意義について，危険団体の存在を前提とした立場および危険団体概念の見直しを前提とした立場に基づく検討を行う。これは，後述の保険会社の破綻前における契約条件変更規制が検討されている段階で，生命保険会社全社が予定利率を引き下げる手段として，この1939年保険業法第10条第3項の復活を一つの選択肢とする声があった[326]ことからも，検討をしておく必要があると考えたものである。なお，1939年保険業法第10条第3項については，前述のとおりさまざまな解釈があるが，ここでは，団体優先説を肯定した1959年の最高裁判所の判決に従っているものと想定する。

### 1-5-1　危険団体の存在を前提とした立場に基づく検討

前述した最高裁判所の判決に対する反対説のうち，私が賛成できるのは，次のものである。

ⅰ．「保険団体をもつて加入者の協同組合結合と解し，そのことから理論上当然にその構成員が全体のために犠牲をしのばなければならない，とする意味であるならば，それは正常でなく，またそのような議論をこの問

---

325)　拙稿（2002）pp. 75-76
326)　今村金弥（2002）p. 7

題に適用することはいささか的をはずれていると思う。」[327)]とする大森忠夫博士の主張

ⅱ．「単なる行政官庁の行政処分によって契約当事者の有する契約上の地位を変更してしまうことができる，というような一般的な制度を法認することは，戦前及び戦時中の国家総動員法的考え方の下でならばいざ知らず，今日そう簡単に是認しうるか否か，甚だ疑問とせざるをえない。」[328)]とする中西正明博士の主張[329)]

ⅲ．「危険団体論を正面に押出して，個々の保険契約の非個別化を一般化してしまうと，危険団体の利益擁護の名目の下に，いつでも契約者の個別的利益を剥奪しうる可能性が与えられることになり，かつ保険契約の不安定性ことに保険料額の不確定性をもたらすおそれがあり，遂には保険契約の契約性を全面的に排除する結果になりはしまいかと思われる。」[330)]とする西島梅治博士の主張

これらに加えて，私は次のような反論も可能であると考える。

ⅳ．最高裁判所の判決は，1939 年保険業法第 10 条第 3 項の処分をしないために，「保険経済の破たんを来たし，保険金の受領さえ不可能な状能になるとすれば，保険料の増額による不利益以上の不利益を蒙ることにもなる」とするが，契約している保険契約の種類（死亡保障中心か，貯蓄中心か，医療保障中心か），契約締結時からの経過年数の長短，被保険者の健康状態の状況，生命保険会社が当初の契約を守れなかったことに対する保険契約者の考え方などによって，何が利益であるかについての保険契約者の考え方は，大きく異なってくる。たとえば，死亡保障中心の

---

327) 大森忠夫（1952）p. 337
328) 中西正明，覚道豊治（1960）p. 87
329) ただ，後述するとおり，行政官庁ではなく，契約者が決めるという制度であればかまわないかというと，決してそうとは考えられない。
330) 西島梅治（1960b）p. 234

保険契約で，契約締結時からの年数も相当経過しており，被保険者の健康が同様な新契約を契約しようとしても謝絶されるような状態であれば，保険料の増額もやむを得ないと考えるかもしれない。しかし，貯蓄中心の保険契約であれば，解約をして他の貯蓄手段を探すということを考えるかもしれない。このように考えると，一律に保険料増額が保険契約者の利益になるとはいいがたい。後述する保険会社の破綻前における契約条件変更規制で，内閣総理大臣[331]は，保険会社の解約業務の停止命令を発することができるようになっているが，これも，解約をする方が利益になるとする保険契約者の存在を認めたものに他ならない。

　さらに，保険会社の破綻によって保険金の受領ができないとするのは，現実問題としていいすぎである。実際に平成に入って破綻したわが国の生命保険会社の事例を見ても，保険金の削減で済んでいる。

　このように考えると，こうした考え方は，きわめて大時代的なものであるとしかいいようがない。

v．インフレに伴う費差損に苦しむ生命保険会社が費差損を解消すれば健全性上の問題がなくなるかのような議論は，やや短絡的にすぎるであろう。実際の生命保険会社の健全性を悪化させるのは必ずしも費差損だけではなく，予定利率リスク，株式や不動産の価格変動リスク，経営リスク等，さまざまなリスクが存在するのであり，生命保険会社の有するすべてのリスクが適切に管理できなければ，健全性上の問題は再発し得ると認識することが適切である。

vi．生命保険会社は，遠い将来の約束を果たすことが求められ，他の事業に比べてその信頼性の意味するところは大きい。このため，一旦契約条件を変更したというだけで，保険契約者がその保険会社を信頼し続けてくれると期待することは，あまりに楽観的に過ぎる。最近の消費者の期待を裏切ったさまざまな会社に対する消費者のその後の対応を見ている

---

331）内閣総理大臣はこれらの権限を金融庁長官に委任しているため（1995年保険業法第313条第1項），実務は金融庁が行うことになる。以下も同様である。

と，保険会社の再建のつけを保険契約者だけに払わせようとする保険会社を，ことに現代の保険契約者や消費者は，決して許さないのではなかろうか。

このように，私は，危険団体概念の存在を前提としたとしても，1939年保険業法第10条第3項の規定は，廃止されてしかるべきであったと考える。

1-5-2　危険団体概念の見直しを前提とした立場に基づく検討

これまで見てきたとおり1939年保険業法第10条第3項は，保険契約者等にとって，有利な変更に限られるのか，不利益な変更も含むのかにかかわらず，団体優先説と団体優先説に基づく保険契約者平等待遇原則をその論理上の有力な根拠としている。

しかし，資産負債最適配分概念においては，前述のとおり危険団体が存在するということは，死差益率の分散が小さくなるという効果しか持たないため，危険団体の存在を保険業法上不可欠のものとすることはできない。このため，保険業法上不可欠ではない危険団体の利益を保険契約者のそれより優先するという考え方はあり得ず，必然的に団体優先説と団体優先説に基づく保険契約者平等待遇原則も否定されることになり，団体優先説と団体優先説に基づく保険契約者平等待遇原則を有力な根拠とする1939年保険業法第10条第3項も，その存在が否定されることになる。

また，危険団体概念の存在を前提とした立場からの批判を前述したが，それらのうち，危険団体概念にかかわらないもの（ii, iii, v, vi）は，そのまま危険団体概念を見直すことを前提とする場合であっても当てはまる。このように考えると，1939年保険業法第10条第3項が廃止されたことは適切であったといえる。

## 2．相互会社の保険金削減規制

### 2-1 保険業法における相互会社の保険金削減規制

#### 2-1-1 1900年保険業法

　1900年保険業法には，相互会社の保険金削減は，規定されていなかった。関連するものとして相互会社の債務に関する社員の責任についての規制があるだけで，社員の全員が無限の責任を負う「無限責任」，社員の全員が保険料を限度として責任を負う「保険料を限度とする有限責任」，社員の全員が保険料の負担に加えて一定の金額を限度として責任を負う「保証責任」という三通りの相互会社社員の責任形態が定められていたにすぎない（1900年保険業法第37条）。実際には，「無限責任」，「保証責任」を採用した相互会社は存在せず，「保険料を限度とする有限責任」を採用した相互会社しか存在しなかった。「無限責任」は，「会社債務ニ関シ社員ハ無制限ニ債務履行ノ責ニ任スルヲ以テ相互会社ノ趣旨タル相互救済ノ観念ニ最モ適当ナル組織ト謂フヘシ」とされ，「保証責任」，「保険料を限度とする有限責任」が認められていたことについては，「各社員ハ無限ノ責任ヲ負担スルヲ以テ理想ナリト為スヘシ然レトモ社員ヲシテ保険事業ノ為メニ常ニ無限ノ責任ヲ負担セシムルハ危倶ノ念ヲ懐カシムル虞アリテ実情ニ於テ不便ナルヲ以テ社員カ無限ノ責任ヲ負フモノ、外社員カ保険料ノ外一定ノ金額ヲ限度トシテ責任ヲ負フノ方法モ亦認メラレタルナリ」[332]とされていた。また，この規定を受けて，実際の各社の定款においては，保険金削減が定められている例があった。たとえば，第一生命保険相互会社の創業当時の定款は，次のようになっていた[333]。

　　第四十六条　決算ニ於テ損失ヲ生シタルトキハ当会社ハ社員総代会ノ決議ヲ以テ先ツ最初ニ積立テタル社員配当金ヲ以テ之ヲ填補シ尚ホ不足アルトキハ漸次ニ最後ニ積立テタル社員配当金ヲ以テ之ヲ填補スルコトヲ得

---

332)　村上隆吉（1908）p. 158
333)　第一生命保険相互会社（1958）p. 28

第四十七条　前条ノ手続ヲ為シ且法定準備金ヲ以テ塡補シタル後尚ホ容易ニ損失ヲ塡補シ難シト認メタルトキハ取締役ハ社員総代会ノ決議ヲ経テ未タ保険金額支払ノ事由カ発生セサル保険契約ニ限リ一定ノ率ヲ以テ其保険金額ヲ減少スルコトヲ得

前項ノ場合ニ於テ取締役ハ遅滞ナク爾後保険金額ヲ減少スヘキ率ヲ総社員ニ通知ス

なお，1912年改正保険業法の附則第5条が，保険金額の削減は，本法施行前に設立された会社には適用せずと規定していることから見て，保険金削減の規定を定款に設けていない会社がそれ以前には存在したものと推測される。

2-1-2　1912年保険業法

その後，1912年の保険業法改正によって，初めて相互会社の定款自治による保険金削減の規制が定められた。具体的には，「保険料を限度とする有限責任」と「保証責任」を採用した相互会社にあっては，定款において保険金額の削減に関する事項を定めることを要すると規定された（1912年改正保険業法第38条の2）。なお，前述のとおり1912年改正保険業法附則第5条において，保険金額の削減は，本法施行前に設立された会社には適用しないと規定された。こうした改正が行われた理由についての立法者の考え方は，必ずしも明らかではないが，結局のところ，相互会社に決算上損失が生じても，保険料を限度とする有限責任と保証責任に該当する相互会社の場合には，会社はこれを超えて賦課金を追徴することができない。そこで，かかる状態を放置して破産を招くよりは，保険金を削減して支払うことによって会社を立て直す方が得策であることから，保険金削減という救済手段を会社に与えることになった[334]ということであろう[335]。

---

334) 洲崎博史（1991）p. 158。同趣旨のものとして，生命保険新実務講座編集委員会，財団法人生命保険文化研究所編，森本滋（1991）p. 280，北村雅史（1995）p. 191，保険研究会編（1986）p. 91，大塚英明監修，米田健（1997）p. 232。

2-1-3　1939 年保険業法

2-1-3-1　内　　　容

その後，1939 年の保険業法改正において，社員の責任形態について 1900 年保険業法で認められていた「無限責任」，「保険料を限度とする有限責任」，「保証責任」のうち，「無限責任」と「保証責任」の相互会社に関する規定は，削除され，「保険料を限度とする有限責任」のみに限定された（1939 年保険業法第 44 条）。その結果，1912 年改正保険業法第 38 条の 2 は，単に会社は定款において保険金額の削減に関する事項を定めることを要すると変更された（1939 年保険業法第 46 条）。

社員の責任の形態を「保険料を限度とする有限責任」だけに限定したのは，次の理由によるものとされていた。

ⅰ．「所有者が企業経営より生ずる経済的危険分散を図ることは近代に於ける著しき傾向であつて，之を政策的見地よりするも企業経営に付無限責任を強制するは企業の発達維持を得る所以ではない。従つて相互会社に於ても実際上無限責任の組織のものは実現し難」いこと[336]

ⅱ．「無限責任及び保証責任の相互会社は，未だ曾て実例が無かつた」こと[337]

ⅲ．「現に有限責任の相互会社で十分に其の目的を達している」こと[338]

その結果，1939 年保険業法第 46 条は，1912 年改正保険業法第 38 条の 2 の規定の趣旨を保険料を限度とする有限責任の相互会社に限って維持することとなった。

---

335)　1912 年改正保険業法下における相互会社の保険金削減の事例について述べたものとしては，拙稿（1999）pp. 40-64 を参照のこと。なお，国光生命は，わが国で相互会社の保険金削減が行われた唯一の事例である。
336)　野津務（1935b）pp. 157-158
337)　須田三四郎（1939）p. 61，野津務（1935b）p. 187，三浦義道（1926）p. 169
338)　須田三四郎（1939）p. 61

2-1-3-2 解　　釈

　保険金削減に関する規定を定款に規定することの要否については，定めることを要するとする説と要しないとする説があった。相互保険の相互性に関して，保険料の不定額性（可変性）が相互保険の本質的要素であり，このため，保険金削減に関する規定を定款に定めることを要するとする説が，以前は通説であるといわれたこともあった[339]。しかし，1995年の保険業法改正の直前には，「実際に発動される可能性はきわめて乏しく（かりに本条に基づいて保険金額を削減しなければならないような状況に陥ったならば，その会社は存続すらおぼつかないであろう），実際に活用されることがほとんど想像されないような場合に備える規定を定款に設けるよう強制することは，合理的とは思えない」ことから，定款に定めることは必ずしも要しないとする説の方が有力になっていたようである[340]。

　また，保険金削減を決定する機関としては，社員総会または社員総代会とされ，取締役会に委ねることは疑問とされていた。また，その決議は，特別決議ではなく，普通決議で足りるとされていた[341]。

　どのような場合に保険金額の削減が認められるかということについては，「46条の文言から直接には明らかでないが，本条の趣旨からすると，会社に決算上損失が生じていないのに，保険金額の削減を許すことは疑問であろう。また，損失填補に用いうる準備金が存する段階で保険金を削減することも同様に問題となりうる。しかし，準備金の額がごく僅かとなり，次年度には準備金だけでは損失を填補しきれなくなることが明白であるような場合には，削減を許してよいようにも思われる」[342]とする説が多かったようである。しかし，一部には，「（各社の定款にいう）「決算において不足を生じさせたとき」とは，その

---

339)　日本生命保険相互会社法規研究会（1969）p. 330．大沢康孝（1985）p. 780
340)　生命保険新実務講座編集委員会，財団法人生命保険文化研究所編，森本滋（1991）p. 280。同趣旨のものとして，洲崎博史（1991）p. 159。なお，以前からのものとしては，野津務（1935b）p. 129，岩崎稜講述（1966）pp. 126-127。保険業法改正後のものとしては，大塚英明監修，米田健二（1997）p. 233。
341)　洲崎博史（1991）p. 160, 163
342)　洲崎博史（1991）pp. 160-161

年度の収入でその年度の支出をまかないきれない場合と解しうる。(中略) 相互会社に保険金削減を認めた趣旨から言えば，決算において不足が生じたらすぐに，任意積立金等の取崩しをせずに，保険金の削減をすると規定することも認められると解されよう。つまり会社が債務超過の状態に至って始めて保険金の削減をするのでなく，損益計算上欠損が生じた年度においてその年度限りの措置として早めに手当てするとしておくこともできる」[343]とするものもあった。

### 2-1-3-3　定款の規定

保険金額の削減に関する各社の定款の規定は，おおむね各社とも変わらなかった。日本生命保険相互会社の定款（1947年5月2日制定，1995年7月4日改正）を例に採ると，次のようになっていた。

第47条（損失の填補）
1　決算において不足を生じたときは，別段積立金，退職手当積立金，社員配当準備金，損失填補準備金，基金積立金の順序でこれを填補し，なお不足があるときは社員総代会の決議により，保険金額を削減することができる。
2　前項により損失填補準備金または基金積立金を不足の填補に充当したときは，次年度以降の決算において生じた剰余金は，その充当額の全額を填補した後でなければ第44条による処分（剰余金の処分）をすることができない。

### 2-1-3-4　保険金削減規制存続に対する賛否

相互会社の保険金削減規制そのものを廃止すべきであるという議論も存在していた。これにはおおむね二通りの意見があり，一つは，完全になくすことを検討すべきとするもので[344]，もう一つは，相互会社が比較的少数の社員により

---

343)　大沢康孝（1985）p. 781
344)　岩崎稜講述（1966）p. 127

構成され,共済的な相互保険事業を行おうとする場合には意味があり得るであろうとして,小規模な相互会社の場合に限って保険金削減規制を維持しようとするものであった[345]。

2-1-4 1995年保険業法

数年間にわたった保険審議会における検討を経て[346],1995年の保険業法改正において,1939年保険業法第46条の規定は削除された。第46条削除の理由は,次のように整理できる。

ⅰ.「相互会社の社員に関する保険契約上の権利についても,保険契約者等の保護の観点から,できる限り保険株式会社の保険契約者の保険契約上の権利と同様にすべきであること」[347]
ⅱ.「保険金の削減の規定の目的である相互会社の倒産防止については,内部留保の充実やソルベンシー・マージン基準の導入等により,間接的に担保されること」[348]
ⅲ.「実際の経営政策上,保険金削減が行われる可能性もほとんどないと考えられること」[349]

これらの理由を現段階で見ると,ⅰは当然であるが,ⅱはソルベンシー・マージン基準が前述のとおり必ずしも十分なものではなかったため,早期是正措置の指標としては適切には働かなかった。また,ⅲは1995年保険業法が施行された1年後に日産生命の破綻が起こり,その後も破綻が続いたことを考えると,必ずしも説得力があったとはいえない。

---

345) 山下友信 (1992) p. 369
346) 保険審議会 (1992),保険審議会 (1994a) 参照のこと。
347) 保険研究会編 (1996b) pp. 41-42,保険研究会編 (1996a) p. 56。同趣旨のものとしては,保険審議会 (1994b),大塚英明監修,米田健二 (1997) p. 232 がある。
348) 保険研究会編 (1996b) p. 42,保険研究会編 (1996a) p. 56。同趣旨のものとしては,保険審議会 (1994b),大塚英明監修,米田健二 (1997) p. 232 がある。
349) 大塚英明監修,米田健二 (1997) p. 232

なお，ニューヨーク州保険法には，相互会社の保険金削減に係る規制は存在しない。また，カナダ保険会社法には，「保険会社の株主および有配当保険契約者は，本法に別段の定めのない限り，株主または保険契約者として，当該会社の負債，行為または債務不履行に関して責任を負わない。」（カナダ保険会社法第18条(1)）とする規制があり，相互会社の保険金削減は行うことができない。

### 2-2　相互会社の保険金削減規制の意義

相互会社の保険金削減規制の立法趣旨としては，三浦義道博士は，「保険料を限度とする意味は保険料の外に社員は何等支払の義務がないといふに在るが，然らば相互会社は元来剰余金あれば之を社員に分配し反対に損失あらば社員之を負担するものであるから社員が保険料の外に何等負担を為さざるとせば会社欠損の場合に解散を免るる為には社員の保険金額を削減する外ない。」[350] とした。

さらに，森本滋教授は，「相互会社は社員相互の保険を目的とする社員のための組織であり，清算に際して社員の請求権は一般の請求権に劣後するが（業法75条），会社の継続中に欠損の生ずるとき，ないしその恐れがあるとき，保険金額を削減して経営を建て直すことは会社債権者の保護に寄与するだけではなく，社員相互の保険を維持する目的にも適うのである。」[351] としており，1939年保険業法第10条第3項に係る最高裁判所の判決に通ずるニュアンスが存在する。

---

[350]　三浦義道（1940）p. 178。同趣旨のものとしては，生命保険実務講座刊行会編，溝淵照信（1958）p. 228，生命保険新実務講座刊行会，財団法人生命保険文化研究所編，溝淵照信，佐藤弘之（1991）p. 224，青谷和夫監修，矢吹英弘（1974）pp. 617-618，保険業法研究会編（1986）p. 91，生命保険新実務講座編集委員会，財団法人生命保険文化研究所編，森本滋（1991）p. 279，洲崎博史（1991）p. 158，北村雅史（1995）p. 191，大塚英明監修，米田健二（1997）p. 232，鴻常夫監修，重谷仁士（2001）p. 379がある。

[351]　生命保険新実務講座編集委員会，財団法人生命保険文化研究所編，森本滋（1991）pp. 279-280

相互会社の保険金削減が，社員平等原則を維持するために行われるということは十分あり得よう。しかし，そうでない場合も考えられる。具体的には，社員平等原則が維持されているにもかかわらず保険金削減の必要性が生じ，削減するという状況が考えられる。たとえば，保有する株式の株価が大幅に下落するといった状況である。このように，相互会社においては社員平等原則は存在するが，相互会社の保険金削減規制は，社員平等原則を維持するためのものとは必ずしもいえない。

また，相互会社と危険団体の関係について，明確な形で述べている者は少ないが，古くは，粟津清亮博士が，「此組織ニ於テハ被保険者タル各人相互間ノ関係ハ組合員ノ関係ニシテ各人カ保険ニ加入スルニハ保険団体ニ加入スルノ契約ヲ結フナリ故ニ各人ハ団体ノ財産ニ対シテ直接ノ利益関係ヲ有シ財団ニ剰余ヲ生スレハ之カ分配ヲ受クルト同時ニ不足ヲ生スレハ之ヲ償フニ足ルヘキ補充ノ義務アリ」[352]と述べている。また，野津務博士は，「先づ経済的観点から相互保険の相互性を考へる。相互保険に在つては同一危険団体に属する一員に生じたる保険事故に付ての保険金額は，其の危険団体の他の構成員の拠出する保険料を以て支弁せられることが予定せられる。従つて被保険者の立場に在る者は同時に保険者の立場に在るの観を呈する。然し支払わるべき保険金額の総実額が収入せらるべき保険料の総実額を以て支弁せられ，両者が相均衡することの予定せられることは，保険なる制度の本質的要求であつて，株式会社の保険と相互会社の保険と此の点に於て差異があるべきものではないこと勿論である。」[353]とされている。

また，大森忠夫博士は，「相互保険については，保険の団体性と保険の商行為性との関係についてなお検討を要する問題がある。けだし，相互保険の場合にも，保険加入者と保険者とは法形式的には別の人格者であることは営利保険の場合と異ならないが，しかし保険者たる相互会社は保険加入者の全員を・またそれのみを構成員とする法人である。ここでは各加入者は実質上加入者全員

---

352)　粟津清亮（1903）p. 16
353)　野津務（1935b）pp. 123-124

を構成員とする法人団体によって保険され，いわゆる保険団体は営利保険においては無意識的であるのに対し相互保険においては意識的である，といわれる所以である。」[354]として，相互会社が危険団体からなることを前提とした議論を展開している。このように，相互会社は，危険団体の存在を前提として考えられてきたことが判る。

　前述のとおり相互会社の保険金削減規制は，社員平等原則を維持するための規制とは考えられない。しかし，その一方で，社員の利益よりも危険団体，つまり相互会社の利益を優先するという考え方も見られ，団体優先説における契約条件の変更を決定する主体を保険会社に変え，社員平等原則をなくした，いわば洗練を装った団体優先説ともいえる。

　ただ，生命保険契約の場合には，一般的に契約の継続が優先され，団体優先説的になりやすい点に留意する必要がある。

### 2-3　相互会社の保険金削減規制のあり方

　わが国の生命保険会社が多額の逆ざやに苦しめられるようになり，逆ざや解消のためのさまざまな手法が議論される中で，経営の自主決議による方法は，「経営判断や行政当局の早期是正命令で，各社ベースで予定利率の引下げを行い，会社の自主再建の道を拡げるもので，旧法46条を一般的な規定として復活させ，必要に応じて各社で任意に活用できるような道を開いておく」[355]方法が一つの選択肢として考えられるとした意見が見られた。しかし，相互会社の保険金削減規制には，次のとおりいくつもの問題点があるばかりではなく，資産負債最適配分概念の下においては，相互会社の保険金削減規制は，その存在が認められない。このため，相互会社の保険金削減規制を復活させることは認められないと考えられる。

①資金流出への対応が困難であること

---

354)　大森忠夫（1952）p. 342
355)　今村金弥（2002）p. 8

国光生命のように，報道管制によって資金流出を抑えることは，現憲法の下においてはまったく考えられない。定款自治による保険金削減を行う場合に併せて用いることのできる規制として考えうるのは，業務の全部若しくは一部の停止を命ずる処分を行い，解約，保険契約者貸付等の業務を停止させ，資金流出を生じさせないようにすることとする1995年保険業法第241条である。しかし，この規制がこうした状況において発動できるかどうかは，次の理由から疑問が残ると考えられる。

i こうした状況において発動することを想定した規定ではない

1995年保険業法第241条第1項は，管理を命ずる処分等の発動要件として，(a)保険会社の業務若しくは財産の状況に照らしてその保険業の継続が困難であると認めるときと，(b)その業務の運営が著しく不適切でありその保険業の継続が保険契約者等の保護に欠ける事態を招くおそれがあると認めるときを挙げている。

(a)は，「業務や財産の状況について客観的に判断して，採算が採れる可能性がなく，保険会社が自立しえない場合をいう。保険会社の経営が悪化し，現時点においては，まだ，保険金等の支払いに窮していないとしても，将来において行き詰まることが客観的に予測されるときには，この要件に該当する」[356]とされている。貸借対照表上において債務超過になった生命保険会社の場合には，そのまま放置すると解約が増加し，取り付けにまで発展するおそれが高い。その意味では，まさに(a)に該当するといえよう。

これに対して，(b)は，「業務運営や財務状況を見る限り事業の継続が可能であるとしても，継続が不適当であると認められる場合をいう。すなわち，保険会社が，保険業に対する信頼性を損なうような業務の運営を行い，公益性の高い保険業を行うにふさわしくないと判断される場合をいう」[357]とされている。

---

356) 保険研究会編（1996b）p. 222。同趣旨のものとして，保険研究会編（1996a）p. 389。
357) 保険研究会編（1996b）p. 222。同趣旨のものとして，保険研究会編（1996a）p.

この解釈は，1995年保険業法第241条第1項の前身にあたる1939年保険業法第100条の「業務ノ状況著シク不良ニシテ公益上其ノ事業ノ継続ヲ不適当ト認ムルトキ」とほとんど変わらない。この解釈が，「継続困難ではなく，継続可能であるが，其の事業内容を見るに，例へば新契約は短期間に於て失効又は解約続出して，概ね消滅し，然も保険の仕組上斯る状態を繰り返し得る場合に於ては，多数の契約者に非常の迷惑を蒙らしめて居るのであつて，斯る状態は之を契約者の利益の角度より観て，公益上其の継続を不適当なりと認むべきである」[358]とされていることから考えると，保険金額の削減を行うときに用いることができるとは考えにくいのではないか。従って，(b)によって1995年保険業法第241条第1項を発動することにはなりにくいものと考えられる。

このように，相互会社の保険金削減が求められるような場合に，1995年保険業法第241条第1項に基づいて当該生命保険会社の業務の停止を命じることは，上記の解釈であれば可能とも解される。ただ，1995年保険業法にあっては，相互会社の定款自治による保険金削減をもともと想定していないと考えられるので，1995年保険業法第241条第1項をこうした場合にも発動することができるのかどうか，疑問が残る。

たとえ，1995年保険業法第241条第1項を使うとしても，相互会社の保険金削減は，前述のとおり総代会における普通決議だけでよいと考えられている。これに対して，管理命令の下における保険金削減の場合には，保険契約の包括移転等と合わせてではあるものの，内閣総理大臣による保険管理人の選任が行われ（1995年保険業法第242条第2項），保険管理人が保険契約の移転等に関する計画を作成した場合には，内閣総理大臣による承認が求められ（1995年保険業法第247条），保険契約の包括移転，保険金額の削減その他の契約条項の変更を実施する場合には，総代会における3/4以上の特別決議（1995年保険業法第136条第2項）に加え，社員による異議申立ての要件も，移転対象保険契約者数の総数の1/5が1/10とされる（1995年保険業法第251条第2項）等の手続

---

389。
358) 山口喬（1939）p. 35

きが必要とされている。このため，総代会の決議，それも普通決議だけによって行うことのできる相互会社の保険金削減の場合に第241条第1項を用いることは，適当ではないという議論があり得よう。

ii　発動できたとしても，保険契約者の保護の観点から問題が残る

相互会社が解散した場合には，合併と破産の場合を除いて，清算相互会社の清算人は，相互会社債務の弁済および基金の払戻しをしなければならない。この場合に基金の払戻しは，相互会社の債務の弁済をした後でなければしてはならない（1995年保険業法第181条，第182条）とされている。ここで，生命保険会社にあっては，保険契約者は被保険者のために積み立てた金額につき，保険金請求権等を有する者はその権利の額につき，それぞれ当該生命保険会社の総財産の上に先取特権を有する（1995年保険業法第117条の2第1項）。このため，保険契約者は，一般債権者との対比では守られることになる[359]。しかし，相互会社の定款自治による保険金削減では削減できるのは保険金等に限られるため，保険契約者は，保険金額を削減されてしまうが，一般の債権者は，100％守られることが起こり得る。また，ソルベンシー・マージン比率の計算上，ソルベンシー・マージンに算入される劣後ローンは，実際上は，劣後事由が破産，会社更生の場合と限定されていることがほとんどなので，一切切り下げられない。このように，現行法の下においても保険契約者保護の観点からすると疑問が残る。

iii　発動しても解約されるおそれがある

1995年保険業法第241条第1項において，内閣総理大臣が業務の全部若し

---

[359]　日本で唯一相互会社の保険金額削減を行った国光生命保険相互会社の場合にも，一般債権者に対する債務と考えられる代理店借，職員積立金は，一切切り下げられず，全額担保されている（拙稿（1999）p. 48参照のこと。）。当時の保険業法においては，一般債権者に対する債務は，社員に対する保険契約に基づく債務に優先していたため（1900年保険業法第79条），保険業法の解釈上，こうした結果はその当時としてはやむをえなかったと，私は考えている。

くは一部の停止等を命ずる対象は，保険会社等又は外国保険会社等であり，保険契約者を含んでいない。これは，内閣総理大臣が保険契約者による解約請求権の制限を禁ずることはできないことが理由となっていると考えられる。これは，後述の保険会社の破綻前における契約条件変更規制の場合と同様である。つまり，業務の全部若しくは一部の停止に含まれうる解約に係る業務の停止の実質的な意味は，保険契約者が保険会社に対して解約の申出をしたとしても，保険会社は，内閣総理大臣から解約に係る業務の停止を命ぜられているため，解約返戻金を支払うことができないということでしかない。このため，保険契約者は，解約請求権を行使したのに保険会社が支払わないとして，債務名義を得，強制執行によって解約請求権を実現できる可能性があることになる。そうであれば，業務を停止する意味がなくなる。

② 保険金削減によって失った信頼は回復できないこと

　もし，保険金削減を行うことができたとしても，保険金削減を行った会社が，そのままの形で経営を続けるといった方法では，保険契約者や消費者の信頼は回復できず，結局資金流出や新契約の大幅な減少を招き，再度破綻に瀕しかねない。

③ 資産負債最適配分概念から見た相互会社の保険金削減規制

　資産負債最適配分概念の下では，前述のとおり危険団体が存在するということは，死差益の分散が小さくなるという効果しか持たないため，危険団体の存在を保険業法上不可欠のものとすることはできない。このため，必然的に団体優先説は否定されることになる。相互会社の保険金削減規制が採用していると解される保険契約者平等待遇原則を除いた団体優先説であっても，その存在が不可欠とはいえない危険団体の存在を前提としており，否定されることに変わりはない。

## 3. 保険会社の破綻前における契約条件変更規制

### 3-1 目　　的

　2003年7月18日に成立，7月25日に公布，8月24日に施行された「保険業法の一部を改正する法律」によって保険会社の破綻前における契約条件の変更規制（1995年保険業法第240条の2～13．以下，「契約条件変更規制」という。）が定められた。この契約条件変更規制は，逆ざやに苦しむ生命保険会社に対してその破綻前に予定利率引下げ等の契約条件の変更を行うことを認め，生命保険会社の破綻を回避し，保険契約者にとって長期的な利益をもたらすことによって保険契約者等を保護することを主たる目的としたものであると解される[360]。

　保険契約の契約条件の変更は，本来保険会社と個々の保険契約者との間の合意によって行われるべきものと考えられる。実際に，企業年金保険については，予定利率の引下げが保険会社と保険契約者である個々の企業との間の合意によって行われている。しかし，個人保険については，保険会社の経営危機の蓋然性がある差し迫った状況において，保険契約者間の公平を図りつつ，膨大な数の保険契約者の個別の合意を迅速に得ることは困難である[361]と考えられてきた。

　また，破綻状態に陥った保険会社について，会社更生手続等により早期に的確な破綻処理が行われるべきであることはいうまでもない。しかし，強制手続である会社更生手続の開始要件を早期に可能にすることについては自ずと限度があり，また，破綻処理手続では保険会社の企業価値が清算価値で評価され保険契約者その他の債権者にとっての損失が拡大すると認識されてきた。このため，保険会社とその保険契約者との自治的な手続きにより円滑な契約条件の変

---

[360]　契約条件変更規制の目的は，契約条件変更規制についての検討を行った金融審議会金融分科会第二部会（2001）p. 14に「生命保険会社に財務上の深刻な問題が生じる前に契約条件の変更を行い，「逆ざや」問題の改善が図り得るのであれば，保険契約者にとっても長期的には利益をもたらす一方策となり得ると考えられた」とあることからも想像がつく。

[361]　安居孝啓編著（2006）p. 580

更を行うことを可能とする観点から，保険会社の破綻前における契約条件変更規制の導入が検討されたものである[362]。

なお，アメリカ，カナダには，契約条件変更規制に相当するような規制は存在しない。

### 3-2　規制の内容
#### 3-2-1　契約条件の変更の申出

保険会社は，その業務又は財産の状況に照らしてその保険業の継続が困難となる蓋然性がある場合には，内閣総理大臣に対し，当該保険会社に係る保険契約（変更対象外契約を除く。）について保険金額の削減その他の契約条項の変更（以下，「契約条件の変更」という。）を行う旨の申出をすることができる（1995年保険業法第240条の2第1項）。この場合，申出書に次に掲げる書類を添付して金融庁長官に提出しなければならない（1996年保険業法施行規則第196条）。

ⅰ．理由書
ⅱ．最終の貸借対照表，損益計算書及び株主資本等変動計算書（相互会社にあっては，剰余金処分又は損失処理に関する書面及び基金等変動計算書）その他最近における財産及び損益の状況を知ることができる書類
ⅲ．その他参考となるべき事項を記載した書類

保険会社は，当該申出をする場合には，契約条件の変更を行わなければ保険業の継続が困難となる蓋然性があり，保険契約者等の保護のため契約条件の変更がやむを得ない旨及びその理由を，文書をもって，示さなければならない（1995年保険業法第240条の2第2項）。この予測については，前述のとおり生命保険会社の保険計理人の実務基準における3号収支分析を用いることが想定されている模様である[363]。その場合，合併その他の再編，組織変更，事業費削

---

[362]　金融審議会金融分科会第二部会（2001）p. 14，山下友信（2005）p. 629 参照のこと。

減，業務の再編成等の経営改善方策の効果も加味される[364]。

　内閣総理大臣は，当該申出に理由があると認めるときは，その申出を承認する（1995年保険業法第240条の2第3項）。申出に対する承認ばかりでなく，契約条件変更の決定に際して，内閣総理大臣が大きな役割を果たしていることは注目に値する。

　ここで，「変更対象外契約」とは，契約条件の変更の基準となる日において既に保険事故が発生している保険契約（当該保険事故に係る保険金の支払により消滅することとなるものに限る。），契約条件の変更の基準となる日（以下，「基準日」という。）において既に保険事故が発生している保険契約および基準日において既に保険期間が終了している保険契約をいう（1995年保険業法第240条の2第4項，1995年保険業法施行令第36条の2）。

### 3-2-2　業務の停止等

　内閣総理大臣は，上記の承認をした場合において，保険契約者等の保護のため必要があると認めるときは，当該保険会社に対し，期限を付して当該保険会社の保険契約の解約に係る業務の停止その他必要な措置を命ずることができる（1995年保険業法第240条の3）。この命令に違反すると，2年以下の懲役若しくは300万円以下の罰金，又はこれらが併科されるほか，その法人に対して3億円以下の罰金が科される（1995年保険業法第316条第3号，第321条第1項第1号）。この命令は保険契約者による解約を止め，当該保険会社の解約の増加による資産の劣化および資金ショートを防ごうとするものと考えられる。

### 3-2-3　契約条件の変更の限度

　契約条件の変更は，契約条件の変更の基準となる日までに積み立てるべき責任準備金に対応する保険契約に係る権利に影響を及ぼすものであってはならない（1995年保険業法第240条の4第1項）。　契約条件の変更は，保険会社の破綻

---

[363]　金融庁（2009）III-2-5-1
[364]　安居孝啓編著（2006）p. 581

の場合と異なり，債務超過に陥っていることは考えられないため，注意喚起的にこうした規制が設けられたものと考えられる。

契約条件の変更によって変更される保険金，返戻金その他の給付金の計算の基礎となる予定利率については，保険契約者等の保護の見地から保険会社の資産の運用の状況その他の事情を勘案して政令で定める率を下回ってはならず（1995 年保険業法第 240 条の 4 第 2 項），政令で定める率は，3％とされている（1995 年保険業法施行令第 36 条の 3）。この結果，責任準備金には手が付けられないものの，その後の予定利率が引き下げられるため，保険契約の種類や契約の時期等によって異なるが，一般的には満期保険金等の額が切下げられることになる。

なお，変更される契約条件は，予定利率の引下げに限定されることはなく，「予定死亡率等の予定利率以外の基礎率や解約返戻金，配当金等に関する契約条項の変更，将来の保険料の変更等も対象となりうる。」[365]

### 3-2-4 契約条件の変更の決議

保険会社は，契約条件の変更を行おうとするときは，内閣総理大臣の承認を得た後，契約条件の変更につき，株主総会等の決議を経なければならない（1995 年保険業法第 240 条の 5 第 1 項）。この場合，株主総会等の特別決議によらなければならない（1995 年保険業法第 240 条の 5 第 2 項）。ここで，株主総会等とは，株主総会または社員総会（総代会を設けているときは，総代会。以下，同じ。）をいう（保険業法第 136 条第 1 項）。

上記の決議を行う場合には，保険会社は，株主総会または社員総会の招集の通知において，契約条件の変更がやむを得ない理由，契約条件の変更の内容，契約条件の変更後の業務及び財産の状況の予測，基金及び保険契約者等以外の債権者に対する債務の取扱いに関する事項，経営責任に関する事項およびその他契約条件の変更に関し必要な事項を示さなければならない（1995 年保険業法

---

[365] 安居孝啓編著（2006）p. 582

第240条の5第3項，1996年保険業法施行規則第197条）。上記の決議を行う場合において，契約条件の変更に係る保険契約に関する契約者配当，剰余金の分配その他の金銭の支払に関する方針があるときは，上記通知において，その内容を示さなければならず，当該方針については，その方針を定款に記載し，又は記録しなければならない（1995年保険業法第240条の5第4項，第5項）。

契約条件の変更は，あくまで保険会社の主体的な判断で行われるため，その意思決定も保険会社の最高意思決定機関たる株主総会または社員総会で行われることになる。さらに，その場合には，意思決定に必要とされるさまざまな情報も開示しなければならないということであろう。

3-2-5 契約条件の変更における株主総会等の特別決議等に関する特例

株式会社である保険会社における上記の決議は，ことの緊急性に鑑みて，出席した株主の議決権の三分の二以上に当たる多数をもって，仮にすることができる（1995年保険業法第240条の6第1項）。相互会社である保険会社における上記の決議は，出席した社員（総代会を設けているときは，総代）の議決権の四分の三以上に当たる多数をもって，仮にすることができる（1995年保険業法第240条の6第3項）。この場合，これらの決議と併せて，事業の譲渡等の決議，相互会社から株式会社への組織変更計画承認の決議，株式会社から相互会社への組織変更計画承認の決議，保険契約移転の決議および業務及び財産の管理の委託の決議等についても，出席した株主の議決権の三分の二以上（相互会社の場合出席した社員（総代会を設けているときは，総代）の議決権の四分の三以上）に当たる多数をもって，仮にすることができる（1995年保険業法第240条の6第1項，第3項）。

これにより仮にした決議（以下「仮決議」という。）があった場合においては，各株主または各社員（総代会を設けているときは，各総代）に対し，当該仮決議の趣旨を通知し，当該仮決議の日から一月以内に再度の株主総会または社員総会を招集しなければならない（1995年保険業法第240条の6第4項，第7項）。この株主総会または社員総会において1995年保険業法第240条の6第1項に規定

する多数をもって仮決議を承認した場合には，当該承認のあった時に，当該仮決議をした事項に係る決議があったものとみなす（1995年保険業法第240条の6第5項）。

つまり，予定利率を引き下げる会社の信頼低下を再編・統合等によって少しでも緩和しようとする意図が伺える。逆にこうしたことと併せて行わなければ，予定利率を引き下げることは，困難であるということを示唆しているともいえる。また，規模がきわめて大きな生命保険会社の場合には，なかなか合併等の対応も困難であることが指摘できよう。

3-2-6　契約条件の変更に係る書類の備置き等

保険会社は，上記の株主総会等の決議を行うべき日の二週間前から契約条件の変更の公告の日まで，契約条件の変更がやむを得ない理由，契約条件の変更の内容，契約条件の変更後の業務及び財産の状況の予測，基金及び保険契約者等以外の債権者に対する債務の取扱いに関する事項，経営責任に関する事項およびその他契約条件の変更に関し必要な事項を記載し，又は記録した書面又は電磁的記録を各営業所又は各事務所に備え置かなければならない（1995年保険業法第240条の7第1項，1996年保険業法施行規則第198条，第197条）。

保険会社の株主又は保険契約者は，当該保険会社に対して，その営業時間内又は事業時間内において，次に掲げる請求をすることができる。ただし，次のⅱまたはⅳに掲げる請求をするには，当該保険会社の定めた費用を支払わなければならない（1995年保険業法第240条の7第2項）。

ⅰ．上記の書面の閲覧の請求
ⅱ．上記の書面の謄本又は抄本の交付の請求
ⅲ．上記の電磁的記録に記録された事項を紙面又は映像面に表示したものの閲覧の請求
ⅳ．上記の電磁的記録に記録された事項を電磁的方法であって当該保険会社の定めたものにより提供することの請求又はその事項を記載した書面

の交付の請求

ここで注目されるのは基金及び保険契約者等以外の債権者に対する債務がどの程度削減され，経営責任がどのように取られるかである。この点については後述する。

3-2-7　保険調査人

内閣総理大臣は，上記の承認をした場合において，必要があると認めるときは，保険調査人を選任し，保険調査人をして契約条件の変更の内容その他の事項を調査させることができる。この場合においては，内閣総理大臣は，保険調査人が調査すべき事項及び内閣総理大臣に対して調査の結果の報告をすべき期限を定めなければならない。内閣総理大臣は，保険調査人が調査を適切に行っていないと認めるときは，保険調査人を解任することができる（1995年保険業法第240条の8第1項から第3項）。

保険調査人は，被調査会社の取締役，執行役，会計参与，監査役，会計監査人及び支配人その他の使用人並びにこれらの者であった者に対し，被調査会社の業務及び財産の状況（これらの者であった者については，その者が当該被調査会社の業務に従事していた期間内に知ることのできた事項に係るものに限る。）につき報告を求め，又は被調査会社の帳簿，書類その他の物件を検査することができる。保険調査人は，その職務を行うため必要があるときは，官庁，公共団体その他の者に照会し，又は協力を求めることができる（1995年保険業法第240条の9）。本条で定められた報告をせず，若しくは虚偽の報告をし，又は本条で定められた検査を拒み，妨げ，若しくは忌避したときは，1年以下の懲役又は50万円以下の罰金に処する（1995年保険業法第318条の2第1項）。

保険調査人は，その職務上知ることのできた秘密を漏らしてはならない。保険調査人がその職を退いた後も，同様とする。保険調査人が法人であるときは，保険調査人の職務に従事するその役員及び職員は，その職務上知ることのできた秘密を漏らしてはならない。その役員又は職員が保険調査人の職務に従

事しなくなった後においても，同様とする（1995年保険業法第240条の10）。本条に違反して秘密を漏らした場合には，1年以下の懲役又は50万円以下の罰金に処する（1995年保険業法第318条）。

金融庁長官は，保険調査人を選任したとき又は保険調査人を解任したときは，その旨及び当該保険調査人の商号，名称又は氏名を被調査会社に通知する（1996年保険業法施行規則第199条）。また，保険調査人は，アクチュアリー（法人を含む。），公認会計士，弁護士のそれぞれから選任することとされている[366]。

### 3-2-8　契約条件の変更に係る承認

保険会社は，契約条件の変更の決議があった場合には，当該決議の後，遅滞なく，当該決議に係る契約条件の変更について，内閣総理大臣の承認を求めなければならない。内閣総理大臣は，当該保険会社において保険業の継続のために必要な措置が講じられた場合であって，かつ，契約条件の変更の決議に係る契約条件の変更が当該保険会社の保険業の継続のために必要なものであり，保険契約者等の保護の見地から適当であると認められる場合でなければ，上記の承認をしてはならない（1995年保険業法第240条の11）。

ここで，「当該保険会社において保険業の継続のために必要な措置が講じられた」とは，契約条件の変更に当たっては，合併その他の再編，組織変更，事業費削減，業務の再編成等の十分な経営改善方策が採られなくてはならないことを意味している[367]。同時に，基金や劣後ローン等に関して，削減，金利減免又は増額といった相応の負担を求める取扱いも求められる[368]。「契約条件の変更の決議に係る契約条件の変更が当該保険会社の保険業の継続のために必要なものである」とは，当該契約条件の変更により，上記の経営改善方策等の効果と合わせて，当該保険会社の保険業の継続が困難となる蓋然性が解消される見

---

366）　金融庁（2009）III-2-5-2
367）　安居孝啓編著（2006）p. 588
368）　安居孝啓編著（2006）p. 588

込みが立つことを求めるものである[369]。また,「保険契約者等の保護の見地から適当であると認められる」ことにより,特定の保険契約者にとって著しく公平性を欠くような契約条件の変更は認められないこととなる[370]とされている。こうした考え方は,契約条件の変更が適切に行われることを担保しようとする意図から出てきたものであろうが,少なくとも,保険契約者等の保護の見地から適当であると認められないことの例として,特定の保険契約者にとって著しく公平性を欠くような契約条件の変更が挙げられることについては,解釈上疑問が残る。後述のとおり契約条件変更規制においては,保険契約者平等待遇原則が当てはまらないと解されることを考えると,解釈にやや無理があるのではないか。

やはり,「保険契約者等の保護の見地から適当であると認められる」ことという要件については,契約条件の変更の内容が保険契約者等の保護の見地から適当であるか否かを真正面から検討すべきであろう。この場合,契約条件の変更規制の目的が,前述のとおり生命保険会社の破綻を回避し,保険契約者にとって長期的な利益をもたらすことによって保険契約者等を保護することと解されることから考えると,ことの良し悪しは別として,このことが充たされているのか否かを検討すべきであろう。

なお,内閣総理大臣の承認に当たっては,上記に加え,株主総会等の手続が適正に実施されたこと,経営改善方策や基金や劣後ローン等の取扱い,経営責任に関する事項,契約者配当等に関する方針について保険契約者に明確かつ平易に説明がなされたこと等も確認されることとなる[371]。

保険会社は,上記の承認を受けようとするときは,承認申請書に次に掲げる書類を添付して金融庁長官に提出しなければならない(1996年保険業法施行規則第200条,第201条)。

---

369) 安居孝啓編著(2006) p. 588
370) 安居孝啓編著(2006) p. 588
371) 安居孝啓編著(2006) p. 588

ⅰ．理由書
ⅱ．株主総会等の議事録
ⅲ．契約条件の変更の決議に係る契約条件の変更の内容を示す書類
ⅳ．契約条件の変更がやむを得ない理由を示す書類
ⅴ．契約条件の変更後の業務及び財産の状況の予測を示す書類
ⅵ．基金及び保険契約者等以外の債権者に対する債務の取扱いに関する事項を示す書類
ⅶ．経営責任に関する事項を示す書類
ⅷ．その他契約条件の変更に関し必要な事項を記載した書類

3-2-9 契約条件の変更の通知及び異議申立て等

保険会社は，上記の承認があった場合には，当該承認があった日から二週間以内に，契約条件の変更の決議に係る契約条件の変更の主要な内容を公告するとともに，契約条件の変更対象契約者に対し，当該決議に係る契約条件の変更の内容を書面をもって通知しなければならない。この場合においては，次の書類を添付し，変更対象契約者で異議がある者は，一月内に異議を述べるべき旨を当該書面に付記しなければならない（1995年保険業法第240条の12第1項から第3項，1996年保険業法施行規則第201条）。

ⅰ．契約条件の変更がやむを得ない理由を示す書類
ⅱ．契約条件の変更後の業務及び財産の状況の予測を示す書類
ⅲ．基金及び保険契約者等以外の債権者に対する債務の取扱いに関する事項を示す書類
ⅳ．経営責任に関する事項を示す書類
ⅴ．その他契約条件の変更に関し必要な事項を記載した書類

上記の期間内に異議を述べた変更対象契約者の数が変更対象契約者の総数の十分の一を超え，かつ，当該異議を述べた変更対象契約者の保険契約に係る債

権の額に相当する金額が変更対象契約者の当該金額の総額の十分の一を超えるときは，契約条件の変更をしてはならない。ここで，保険契約に係る債権の額に相当する金額は，生命保険会社及び外国生命保険会社等にあっては次のiに掲げる金額とし，損害保険会社及び外国損害保険会社等にあっては次のii及びiiiに掲げる金額の合計額とする（1995年保険業法第240条の12第4項，1996年保険業法施行規則第202条）。

i．上記の公告の時において被保険者のために積み立てるべき金額
ii．未経過期間（保険契約に定めた保険期間のうち，公告の時において，まだ経過していない期間をいう。）に対応する保険料の金額
iii．公告の時において払戻積立金として積み立てるべき金額

上記の期間内に異議を述べた変更対象契約者の数又はその者の保険契約に係る債権の額に相当する金額が，上記の割合を超えないときは，当該変更対象契約者全員が当該契約条件の変更を承認したものとみなす（1995年保険業法第240条の12第5項）。

これがいわゆる異議申立制度であり，1995年保険業法では相互会社が株式会社への組織変更の決議を行った場合（1995年保険業法第88条）等にも用いられているものである。「契約条件の変更はより直接的に保険契約者の権利の制限につながるものであることから，異議の成立の要件を変更対象契約者の数及び債権額でそれぞれ10分の1超と，資本金等の額の減額の場合（それぞれ5分の1超）よりも緩和して，保険契約者の意向に十分に配慮することとされている。」[372]とされるが，現実にこの要件を充たすことは簡単にできるものではなく，実際上実効性はほとんどないと考えられる。

---

372) 安居孝啓編著（2006）p. 589

### 3-2-10　契約条件の変更の公告等

保険会社は，契約条件の変更後，遅滞なく，契約条件の変更をしたことおよび異議申立手続きの経過を公告しなければならない。契約条件の変更をしないこととなったときも，同様とする。保険会社は，契約条件の変更後三月以内に，当該契約条件の変更に係る保険契約者に対し，当該契約条件の変更後の保険契約者の権利及び義務の内容を通知しなければならない（1995年保険業法第240条の13，1996年保険業法施行規則第203条）。

### 3-2-11　少額短期保険業者への不適用

この契約条件変更規制は，保険会社のみを対象としており，少額短期保険業者には適用されない。これは，「少額短期保険業者が取り扱うことができる保険契約は保険期間が短期のものに限られており，保険期間の中途で契約条件の変更をする必要性が低いこと，少額短期保険業者については，その保険約款上，保険事故が多発して保険収支が悪化した場合には，保険料の増額や保険金額の減額による調整を行うことを予定していること等によるものである。」[373]とされている。

## 3-3　契約条件変更規制と団体優先説

契約条件変更規制は，1939年保険業法第10条第3項にきわめて類似している。そこで，契約条件変更規制を1939年保険業法第10条第3項と比較し，団体優先説に基づいているものであるのか否かについて検討を行う。ここでは，1939年保険業法第10条第3項の解釈については，団体優先説に立った最高裁判所の判決を用いることとする。

まず，発動要件である。1939年保険業法第10条第3項は，「主務大臣保険契約者，被保険者又ハ保険金額ヲ受取ルベキ者ノ利益ヲ保護スル為特ニ必要アリト認ムルトキハ」とする。この「保険契約者，被保険者又ハ保険金額ヲ受取

---

[373]　安居孝啓編著（2006）p. 834

ルベキ者ノ利益ヲ保護スル」の意義について，最高裁判所の判決では，前述のとおり保険料の増額を行わずに放置しておくと，保険会社の破綻を来たし，保険料の増額による不利益以上の不利益を蒙むることにもなるため，保険料の増額は，結局は保険契約者等の利益を確保することになるとし，さらに，保険契約者平等待遇原則の確保にも資するとしていた。

　これに対して，契約条件変更規制にあっては，「その業務又は財産の状況に照らしてその保険業の継続が困難となる蓋然性がある場合」とされている。また，保険契約者等の保護については，会社に対してその破綻前に予定利率引下げ等の契約条件の変更を行うことを認め，生命保険会社の破綻を回避し，保険契約者にとって長期的な利益をもたらすことによって，保険契約者等を保護することとされている。この一方で，保険契約者平等待遇原則に表立って触れている者は少ない。前述のとおり「保険契約者等の保護の見地から適当であると認められる」ことにより，特定の保険契約者にとって著しく公平性を欠くような契約条件の変更は認められないこととなるとする有権解釈があるに過ぎない。また，契約条件変更規制の根拠として，予定利率の高い契約と予定利率の低い契約間の不公平が生じていることを解消するためにも契約条件変更規制が必要であるという考え方[374]も見られたところである。また，立法者も危険団体概念について意識していたものと想定される[375]。

　最高裁判所の判決の「保険事業の維持経営の破たんを救う道が，保険料の増額以外には存在しない」という状況と，契約条件変更規制の「その業務又は財産の状況に照らしてその保険業の継続が困難となる蓋然性がある場合」を比較すると，1939年保険業法第10条第3項の方が契約条件変更規制よりも経営状態が悪化してから発動されると考えることもできる。しかし，いずれも保険会社の破綻の前で，保険料の増額や契約条件の変更を行わなければ，その保険会

---

[374]　金融審議会金融分科会第二部会保険の基本問題に関するワーキンググループ（2001）p. 6，浅谷輝雄　SOHOからのメッセージ（2002），横田尚昌（1992）pp. 86-87
[375]　金融審議会金融分科会第二部会（2001）p. 16

社は破綻する可能性があるということであり，少なくとも定性的に見ればそれほど大きな相違はないと私は考える。

このように考えると，両者の最も大きな相違点は，既契約への遡及変更を決める主体である。1939年保険業法第10条第3項の場合には，主務大臣が処分を命ずることができるとする。これに対して，契約条件変更規制の場合には，保険会社の株主総会または社員総会の特別決議によって決められ，その後，内閣総理大臣の承認，変更対象契約者の異議申立て手続きがある。1939年保険業法第10条第3項のこの部分については，前述のとおり批判が多く，そうした批判を受けて契約条件変更規制ができたということなのであろう。その意味では，契約条件変更規制は，必ずしも十分とはいえないが，一応の形式を整えたと考えられる。

これに対して，保険契約者平等待遇原則については，最高裁判所の判決は，危険団体の特質にも合致するとしている。しかし，契約条件変更規制においては，次の理由から保険契約者平等待遇原則は，当てはまらないと私は考える。

ⅰ．前述のとおり保険契約者平等待遇原則は，本来保険会社の健全性の程度にかかわらず適用されるべきものであるが，契約条件変更規制は，保険会社の健全性が悪化している場合に限って適用されること
ⅱ．契約条件変更規制によって予定利率を引き下げる場合，その下限は3％とされているが，契約条件変更規制が定められた当時の標準責任準備金の計算に用いられる標準予定利率が1.5％であったことを考えると，純保険料の計算に用いられていた予定利率も1.5％程度と想定される。そうであれば，たとえば，予定利率を5.5％から下限の3％まで引き下げても，その当時の予定利率1.5％程度の新契約とは公平性が保たれたとはいいがたいこと

このため，契約条件変更規制は，保険契約者平等待遇原則に則っていないと解される。つまり，契約条件変更規制は，最高裁判所判決のいう契約者保護の

論理だけを採用したものといえる。

　では，契約条件変更規制は，団体優先説に基づいたものではないのか。1995 年保険業法にあっては，危険団体の存在を前提としていないあるいは前提としていない可能性のある規制は，保険業の定義だけであり，保険会社は危険団体の存在を原則として前提としている。このため，契約条件変更規制が，1939 年保険業法第 10 条第 3 項と同様，個々の保険契約者の利益よりも，保険会社の利益を優先したということは，危険団体の利益を優先したと言い換えることができ，その面では団体優先説に合致している。このように考えると，契約条件変更規制は，相互会社の保険金削減規制と同様，洗練を装った団体優先説に基づいたものであると私は考える。

　しかし，保険契約者平等待遇原則を前提としない団体優先説では，保険契約者平等待遇原則を守らないと，「危険と対価との間に存すべき一定の比率は破られ，従つて同一の保険団体を組織する基礎が転覆せらるるに至る」[376]とする田中耕太郎博士の主張がそのまま当てはまる。実際に，多額の逆ざやに苦しむ生命保険会社は，他の契約の死差益でその逆ざや部分を塡補しているので，そうした会社と契約を締結すると損をする。損をしないためには，逆ざやのない生命保険会社と契約を締結すべきであるとする保険募集の話法が一部にまかり通っていた。このことが多額の逆ざやを抱えた生命保険会社の業績の悪さにつながっていた面は，否定できない。

　また，1939 年保険業法第 10 条第 3 項に対する前述の批判のうち，i，iii，iv，v，vi がそのまま契約条件変更規制に当てはまることになる。さらに，保険募集人は，保険募集に際し，契約条件変更規制による予定利率引下げ等があり得ることを説明しなければならないと解される（金融商品の販売等に関する法律第 3 条第 1 項第 2 号）。しかるに，実際には，生命保険会社が経営破綻した場合などの取扱いについてとして，「保険会社の業務または財産の状況の変化により，ご契約時にお約束した保険金額，年金額，給付金額等が削減されること

---

376)　田中耕太郎（1932b）p. 114

があります。」[377]とされているものが多く，契約条件変更規制によるものとはまったく解らないようになっている。

　本来，契約条件変更規制について，保険金額が減額されるおそれがあることまで，きちんと説明すべきであると考えられるが，こうした説明をされて保険を契約する人がどの程度存在するのかについて疑問があり，保険会社が保険会社に求められる信頼性を否定するも同然ではなかろうか[378]と考えられることも問題点として挙げられる。

　さらに，危険団体概念を否定し，資産負債最適配分概念の導入を主張するという立場から考えると，危険団体の存在自体が保険会社に不可欠のものではないのであり，危険団体の利益を優先するという団体優先説の考え方自体が認められない。このため，洗練を装った団体優先説であっても認められないことに変わりはない。

### 3-4　規制の実効性に関する問題点

　さらに，契約条件変更規制には，次のように規制の実効性に関する問題点が存在すると私は考える。

#### 3-4-1　契約条件変更の申出
#### 3-4-1-1　保険業の継続が困難となる蓋然性の判断

　保険業の継続が困難となる蓋然性の判断については，保険会社の将来の収支状況を予測するものであり，将来のさまざまな可能性が確率分布すると考え，確率論的シナリオ法によって判断することが最善とはいえないものの，次善の策であると考えられる[379]。実際の保険業の継続が困難となる蓋然性については，

---

377) たとえば，富士生命保険株式会社ウェブページ「重要事項説明書（注意喚起情報）」(http://www.fujiseimei.co.jp/assets/files/pdf/Stipulation/e_syuusin_manual.pdf)（2009年11月14日アクセス）など。
378) 生命保険の遺族や老後の生活保障機能を考えると，将来受け取ることが期待されている保険金や年金の額が一定程度減少し得ることは，その機能を著しく減殺するものであるだけに，問題は大きい。
379) 同様のことを生命保険会社の責任準備金の算出方法について述べたものとして，

前述のとおり保険計理人の将来収支分析を用いることが想定されているようである。しかし，保険計理人の収支分析は，一般的に確率論的なものではなく，決定論的なものが用いられていることに加え，前述のとおり次のようないくつかの問題点が指摘でき，これらの問題点の解決が図られないままであれば，適切なタイミングより遅れたタイミングしか示すことができないおそれが高いと私は考える。

- 価格変動リスクを十分に考慮していないこと
- 金利について上昇，下降のシナリオがないこと

また，保険計理人の収支分析が何らかの理由（たとえば，保険計理人の過失等）で機能しなかった場合等に，それを補完することが期待される面があるソルベンシー・マージン比率にも，前述のとおりの問題点があることに加え，契約条件変更規制の存在を前提とすると，後述のとおりソルベンシー・マージン比率計算の分子に算入されている基金，劣後債務が，契約条件の変更に伴う損失の塡補のための財源として機能しなくなるおそれが高いので，予定利率引下げのタイミングを示すものとはなり得ない。また，早期是正措置における実質純資産基準（保険業法第百三十二条第二項に規定する区分等を定める命令第3条第2項）も，責任準備金を，保有する保険契約が保険事故未発生のまま消滅したとして計算した支払相当額としていること，危険準備金や価格変動準備金が負債の額に含まれないこと（平成11年1月13日金融監督庁・大蔵省告示第2号）など，その後の保険契約の継続を前提に置いていないという問題点があり，この場合には意味を持たない。

　以上からすると，契約条件変更規制を導入しても，保険業の継続が困難となる蓋然性の判断が適切に行われないおそれが相当程度あり得ると私は考える。

---

第2章参照のこと。

3-4-1-2　保険会社による自主的な申出の可能性

　契約条件変更規制は，保険会社と保険契約者による自主的，自治的な手続によるものであり，保険会社から自主的な申出がなされることを前提としている。このため，保険契約者等の保護を監督官が行わずに保険会社の自主性に任せており，監督官としての責任の放棄ではないかという批難は免れない。

　さらに，保険会社の経営者にとっては，経営責任を問われるおそれがあるなど申出るインセンティブが少ない[380]。保険会社に予定利率引下げの申出を行わせることに対して圧力となり得るのは，予定利率引下げの申出を行わなかったために会社の財産を毀損したとして株主（社員）代表訴訟に敗訴するおそれがあることと金融庁による行政指導の存在であろう。

　これまでの代表訴訟の判決では，取締役の行った意思決定が善管注意義務に反していたか否かの判断にあたって，いわゆる経営判断の原則が適用された事例が多い。この場合，どちらかといえば，意思決定の手続が重視されてきたが，近年意思決定の内容が合理的であるか否かについて，一定程度踏み込んだ判決も見られるようになってきた[381]。

　しかし，この場合であっても，次の二つの理由から，予定利率を引き下げないことを選択しても，その意思決定は合理的であると判断される余地があるものと考えられる。

> ➢ 保険計理人の3号収支分析ないしそれに類した手法で保険会社の業務又は財産の状況に照らして保険業の継続が困難となる蓋然性があると判断するのであれば，3号収支分析ないしそれに類した手法には裁量の幅がある。しかし，アパマンショップHD株主代表訴訟上告審判決（2010）からすると，その裁量の是非について，事細かに裁判所が判断をすると

---

380)　石田満博士も「実際に積極的に保険会社が自ら内閣総理大臣に対し，契約条件の変更の申出をすることを期待することばむずかしいものがあるといわざるを得ない。」（石田満『保険業法2007』（2007）p. 375）とされる。
381)　たとえば，アパマンショップHD株主代表訴訟上告審判決（2010）がある。

は考えられないこと
- ➢ 後述のとおり破綻前であるにもかかわらず，破綻の蓋然性を相当程度減少させることができる引下げ後の予定利率が3%未満になり，認められる引下げ後の予定利率の下限を下回るため，予定利率引下げの申出ができないことがあり得るが，このこと自体は，保険業法が認めたものであること

　このように考えると，代表訴訟の存在だけで，保険業の継続が困難となる蓋然性があると判断された保険会社が必ず申出をするとは考えにくいのではないかと私は考える。

　一方，金融庁が個々の保険会社に行政指導を通じて申出をするようにと圧力をかけることについては，通常の場合には問題とされるおそれが高いが，保険契約者が失うものを少なくするという大義名分があるので，問題になりにくいと考えたのかもしれない。しかし，この申出をさせるために金融庁が保険会社に圧力をかけること自体，適切な行政手続きの観点から考えて決して望ましいことではないこと，この規制が前提としている保険会社の自主性と相容れるものではないことから，もしそうしたことを前提としているのであれば，問題であるといわざるをえない。また，当該保険会社の取締役から，行政手続き上の問題点を指摘され，行政訴訟を提訴されるおそれもなしとしない。この場合，内閣総理大臣が当該取締役の解任を命ずることも，必ずしも容易なこととは思われない（1995年保険業法第133条参照のこと）。さらに，こうした状況が報道されて，保険契約者による解約が急増したとしても，当該保険会社からの申出があり，内閣総理大臣が契約条件の変更の承認をしない限り，解約に係る業務の停止を命ずることもできないため，そのまま内閣総理大臣による業務停止等の命令の発動（1995年保険業法第241条第1項）に至らざるを得ないことも想定される。また，内閣総理大臣が解約に係る業務の停止を命じたとしても，前述のような問題点があり，必ずしも実効性があるとはいえない。

　このように，株主（社員）代表訴訟も金融庁による行政指導も，有効に機能

しない場面が想定でき，この規制の実効性については疑問が残ると私は考える。

3-4-2　保険契約者等の保護

次の理由から本来的な保険契約者等の保護の観点からすると，当規制は，必ずしも満足のいくものではないと私は考える。

ⅰ．保険会社の破綻前に予定利率の引下げを，会社等の自治によって可能とする契約条件変更規制は，相互会社の定款自治による保険金削減を定めた1939年保険業法第46条にも近似している。相互会社の定款自治による保険金削減については，前述のとおり1995年保険業法の改正の際に，実質的に保険契約者等の保護がひとつの大きな理由となって削除されたことからすると，契約条件変更規制の導入によって保険契約者等の保護は後退したことになる。にもかかわらず，契約条件変更規制は保険契約者等の保護のために導入するとされており，保険契約者等の保護に関していわば「ねじれ現象」が生じているといえる。このことは1939年保険業法第46条削除の理由として，「保険金の削減の規定の目的である相互会社の倒産防止については，内部留保の充実やソルベンシー・マージン基準の導入等により間接的に担保されること」[382]が挙げられていたことも踏まえれば，内部留保の充実やソルベンシー・マージン基準が，生命保険会社の健全性の維持について十分に機能していないために，契約条件変更規制が必要となったことを示唆していると考えることができる。言い換えると，保険契約者等からすれば，保険会社の破綻前であろうとなかろうと，予定利率が引き下げられることは決して望ましくないので，危険準備金，価格変動準備金，ソルベンシー・マージン基準等の合理的な強化が必要となっているにもかかわらず，行われていな

---

382）保険研究会編（1996b）pp. 41-42

いことを示していることになる。
ⅱ．破綻より破綻前の方が保険契約者等の失うものが少ないという論理は，現行の破綻処理開始のタイミングが適切であることが前提となっている。しかし，更生特例法の更生手続開始申立てに用いられている保険計理人の3号収支分析やソルベンシー・マージン基準，実質純資産の規定には，前述のとおり問題がある。これらの問題点を解決し，破綻処理開始を適切に行えば，現状より破綻処理開始のタイミングは早くなることが想定されるため，こうした論理が唱えられても説得力はない。

このように，契約条件変更規制については，保険契約者等の保護のために導入されたものとはいいながら，十全の保険契約者等の保護が図られたとはいいがたい。

### 3-4-3　価格変動リスク等が実現した場合の契約条件変更

保険引受けリスクではなく，価格変動リスク等が実現して，保険会社がその業務又は財産の状況に照らしてその保険業の継続が困難となる蓋然性が出てきた場合，現在一般的に行われている営業保険料の計算方法では，予定死亡率，予定利率，予定事業費率を用いているため，価格変動リスク等に対する予定率が存在しない。このため，一般に理解しやすい形で予定率を変更することが出来ない。また，保険金額を削減するとしても，説明が困難である。つまり，契約条件変更規制は，営業保険料に係る契約条件については，実質的に予定利率，予定死亡率，予定事業費率だけを変更することしか出来ないため限界があると私は考える。

### 3-4-4　解約に係る業務の停止

内閣総理大臣は契約条件の変更の承認をした場合において，保険契約者等の保護のため必要があると認めるときは，当該保険会社に対し，期限を付して当該保険会社の保険契約の解約に係る業務の停止その他必要な措置を命ずること

ができる（1995年保険業法第240条の3）が，内閣総理大臣が命ずる対象は保険会社だけで，保険契約者を含んでいない。このため，2-3で述べたのと同様に，保険契約者は解約請求権を行使したのに保険会社が支払わないとして，債務名義を得，強制執行によって解約請求権を実現できる可能性があることになる。ことに，過去の生命保険会社の破綻処理で用いられた「早期解約控除制度」の導入について，必ずしも否定されてはいないことから[383]，厚生年金基金等のように責任準備金の額が多額にのぼるような保険契約者が解約を請求する可能性があることに留意しなければならない。このように，早期解約控除制度はもし導入しないと，解約に係る業務の停止が終わった段階で解約が殺到するおそれがあり，もし導入すると，解約に係る業務の停止期間中にもかかわらず，解約の請求が行われるおそれがあるというジレンマを内包していると私は考える。

3-4-5　予定利率引下げの下限

予定利率引下げの下限の決定にあたって，勘案すべき保険会社の資産の運用の状況その他の事情（1995年保険業法第240条の4第2項）については，「平成13年度における生命保険会社の平均運用利回りや過去の破綻事例における取扱い等（生命保険会社の平均運用利回り（13年度全社ベース，2.31％），現在の平均予定利率（13年度全社ベース，3.56％），3％まで引き下げた場合の平均予定利率（2.5％前後））を勘案し，予定利率の変更の下限を3％」としたと説明されている[384]。つまり，予定利率引下げ後のその保険会社の平均予定利率がほとんど逆ざやを生まず，過去の破綻事例における引下げ後の予定利率とのバランスが失しない水準に定められたといえる。しかし，過去の破綻事例における取扱いとして比較されたと考えられる東京生命の引下げ後の予定利率（2.6％）は実質債務超過部分を救済会社からの資本投入等によって塡補された上で決められたものであり，実質純資産の額が正であることが前提となる契約条件変更規制とは前提が

---

383)　2003年6月3日　衆議院財務金融委員会における竹中国務大臣の答弁，村田敏一（2003）p. 17
384)　金融庁（2003）p. 3

大きく異なる．このため，引下げ後の予定利率が3%未満であっても，破綻の蓋然性を相当程度減少させることができる範囲が存在し得ることになる．このことは予定利率引下げの下限を3%と定めたことによって，破綻前にもかかわらず，予定利率引下げができず，破綻にいたる保険会社が存在し得ることを示している．

このように，予定利率引下げの下限を設けたばかりに，予定利率引下げを行うことができない範囲が生じてしまったと私は考える．

3-4-6 資本金等の取扱い

株主総会等の招集通知記載事項として，基金及び保険契約者等以外の債権者に対する債務の取扱いに関する事項，経営責任に関する事項が定められている（1995年保険業法第240条の5第3項）．これは破綻前の処理の場合，更生特例法による処理と異なり，通常資本金，基金，劣後債務を損失の補塡に当てることはできず，役員の責任を追及することも困難である．しかし，こうしたことを許容すると，予定利率を引き下げられる保険契約者等の理解も得られにくいことばかりでなく，基金や劣後債務が大きく切り捨てられると，それらを大量に保有する銀行に影響を及ぼすおそれが高いこと，経営責任を厳しく追及しすぎると予定利率引下げの申出がなされにくくなるおそれが高いことも考慮して，こうした規制が導入されたものと考えられる．

実際に，銀行等の持つ保険会社の基金や劣後債権が，どの程度債権放棄され得るかについて，銀行等の取締役が代表訴訟に敗訴する可能性の観点から検討を行う．前述のとおり取締役の行った意思決定が善管注意義務に反していたか否かの判断にあたって，経営判断の原則が認められるとすれば，意思決定の手続を適切に行うことで，相当の額の債権放棄がなされても，代表訴訟に敗訴するおそれは少なくなる．しかし，意思決定の内容の合理性を問われるとすれば解答は変わり得る．債権者である銀行にとっての最悪のシナリオは，債務者である生命保険会社が破綻し，自行の持つ基金や劣後債権の全額が毀損することである．このため，銀行が最低限の債権放棄をすることによって，予定利率が

引き下げられ，生命保険会社が破綻しないですむのであれば，合理的とされ，代表訴訟に敗訴するおそれは少ないことになる。実際上は，保険契約者または社員による異議申立手続が機能するとは考えにくいので，金融庁が承認することが不可欠になる。銀行の経営状態によっては，金融庁は銀行への波及をおそれるため，多額の債権放棄は望めないことになる可能性があると私は考える。

　保険会社の資本金等についてまったく触れられていない点も，問題である。私的整理の場合であっても，資本金の減資がなされることがあるが，契約条件の変更の場合には，その可能性も一切ないことになりかねない。確かに，上場保険会社の場合には，減資をしたところで実質的に株主の損失にはならないと考えられるが，非上場の保険会社も存在するのであり，こうした規定がないことには違和感が残ると私は考える。

　このように考えると，契約条件の変更は私的整理に相当する処理ではありながら，債権者の債権縮減については私的整理と大きな違いを有していることになる。私的整理の場合，銀行を中心とした大口の債権者が債権の縮減に応じる仕組みであるため，その内容が一定の説得力を持つ面がある。これに対して，契約条件の変更は，破綻前の処理としたばかりに，銀行等の大口債権者の債権については多額の債権放棄は期待できない。また，保険契約者以外の一般債権者の有する債権についても，生命保険会社の保険契約者は，被保険者のために積み立てた金額につき，保険金請求権等を有する者はその権利の額につき，それぞれ当該生命保険会社の総財産の上に先取特権を有するにもかかわらず（1995年保険業法第117条の2第1項），同様に期待できない。ところが，小口の保険契約者の債権は予定利率引下げによって縮減される。この点が一般の私的整理ともっとも異なる点であり，破綻するよりも失うものが少ないからといわれても，保険契約者がなかなか納得しがたい原因の一つとなっていると私は考える。

　このようにして信用秩序の維持は，実際上果たされることになるのであろうが，そのために，保険契約者等が予定利率を引き下げられるという大きな負担をすることになるという，きわめて問題のある形になっていることを忘れては

ならない。

なお，経営責任については，一般の破綻処理では私的整理に相当するといえることから，私的整理の場合の経営責任と同程度の道義的な責任は逃れられないと私は考える。もちろん，保険業法等の法令に違反していたのであれば，責任を免れないことはいうまでもない。

### 3-5　契約条件変更規制のあり方

このように，契約条件変更規制は，様々な問題点を有している。これらの問題点は，大きく二つに分けることができる。第一点は，内部留保の充実やソルベンシー・マージン基準が，生命保険会社の保険契約者等の保護に対して十分に機能していないことを示唆していること，現行破綻処理が正しいという前提を置いたことなど，保険業法における保険契約者等の保護について本質的な問題を投げかけたことである。第二点は，保険会社による自主的な申出の限界，保険業の継続が困難となる蓋然性の判断，解約に係る業務の停止，予定利率引下げの限度，株主総会等の招集通知記載事項に係る問題点等は，更生特例法によって処理が行われれば，生じなかったにもかかわらず，契約条件の変更を破綻前としたことによって生じてしまったものである。

契約条件変更規制は，保険会社の破綻前に予定利率引下げ等の早期の処理を行い，更生特例法による処理と比較して，相対的に保険契約者等を保護することを目的としている。確かに，契約条件変更規制によって，現行の破綻処理の開始時期よりも早く予定利率を引き下げ，これまで破綻した生命保険会社よりも少ない保険金額の削減によって，保険契約を継続させようという考え方自体は，万が一の場合における保険契約者等の権利をこれまでよりは守ることになり得るものであり，その意味では評価されるべきものであるかもしれない。

しかし，契約条件変更規制は，保険契約者等の予定利率引下げに伴って生ずる不利益を相対的に減少させようとしたものでしかなく，予定利率引下げが生じないようにするという意味で，本来的な，言い換えればいわば絶対的な保険契約者等の保護のための規制となっていない点にその限界がある。現行保険業

法では，保険会社のソルベンシーを確保することによって，保険契約者等を保護するための規制として，標準責任準備金，危険準備金，価格変動準備金等の経理規制，ソルベンシー・マージン比率に基づく早期是正措置，保険計理人による将来収支分析等を設けているが，これらの規制については，前述のとおりその不十分さが指摘されるところである。しかるに，これらの規制の見直しを行わずに契約条件変更規制を導入したことから，現行保険業法における保険契約者等の保護についての問題点が自ずと明らかになったと私は考える。

　ことに，現行の更生特例法における更生手続開始の申立てのタイミングについては，前述のとおり遅すぎると考えられるにもかかわらず，それを正しいとして契約条件変更規制を導入したことが，さまざまな問題点を生じさせることとなったと私は考える。破綻前の処理とした理由としては，「破綻状態に陥った保険会社について，更生手続等により的確な破綻処理が行われるべきであることはいうまでもないが，強制手続である更生手続の開始要件については自ずと限度があり，その要件を満たす前の段階において自主的な手続を設けることを検討する意義を否定する必要はないと考えられる。」[385]とされているにすぎず，更生手続の開始要件について自ずと存在する限度とは何かということについては，必ずしも明らかではない。

　さらに，資産負債最適配分概念の下では，前述のとおり危険団体が存在するということは，死差益の分散が小さくなるという効果しか持たないため，危険団体の存在を保険業法上不可欠のものとすることはできない。このため，必然的に団体優先説は否定されることになる。契約条件変更規制が前提としていると解される保険契約者平等待遇原則を除いた洗練を装った団体優先説であっても，その存在が不可欠とはいえない危険団体の存在を前提としており，否定されることに変わりはないと私は考える。

　このように，契約条件変更規制は，本来的な保険契約者等の保護を等閑視にして導入されたものであり，問題があるといわざるを得ないと私は考える。ア

---

385)　金融審議会金融分科会第二部会（2001）p. 14

メリカ，カナダには同様の規制が存在しないことも，保険契約者等の保護を第一に考えれば当然のことといえる。今からでも遅くはないので，保険会社のソルベンシーを確保することによって，保険契約者等を保護するための本来的な規制を合理的かつ十分に強化し，その上で契約条件変更規制を廃止すべきであろう。

# おわりに

　本書において私が提言した資産負債最適配分概念は，私がゼロから考え出したものではなく，マーコビッツの考え方を援用したものにすぎない。しかし，資産負債最適配分概念を導入すると，これまでの危険団体概念に比べ，保険会社は合理的に保険の引受けを行うことができるようになる。さらに，保険学，保険業法，保険計理（保険料，責任準備金の計算），保険会社の経営，保険会社のリスク管理，保険会計（GAAPおよび保険監督法会計）などのさまざまな分野にその影響が及ぶ。本書では，その影響の主要な部分である保険の定義，責任準備金，契約条件の変更規制について検討を行い，資産負債最適配分概念がそれらについて適切な解答を示すことができることを明らかにした。本書で触れた以外の点については，今後の課題として残されており，私もできるかぎりそうした点について，今後解答を出していきたいと考えている。

　たとえば，保険会社のリスク管理に関連して，最近では，世界同時株安のように，資産の種類ごとの相関に大きな変化が見られるようになってき，適切な資産配分を行うことが難しくなってきている。このため，これまでの金融資産のリスクとの相関の低い資産に注目が集まっている。しかし，保険会社の場合には，従来からの金融資産のリスクとは相関の低い責任準備金という資産的な性格を持つ負債を有しており，責任準備金も含めて資産負債最適配分概念に基づけば，そうした懸念は相当程度排除されることになる。このように，この概念は，保険会社の経営にも大きな影響を与えるものである。

　本書の筆を進める途中，アメリカの金融危機に端を発する世界的な金融危機が起こった。この中で，銀行などが多額損失の計上を迫られることを回避するために時価会計の緩和を求めたなどという話が，新聞紙上で散見されるように

なって来た[386]。かつてわが国でも同様なことが行われている。

　第2章で述べたとおり資産負債最適配分概念に基づく生命保険会社の保険監督法会計は，一般的に考えられている時価会計とは相当異なる点があるものの，時価会計の範疇に入る。しかし，一般的な銀行の会計とは次の点が異なっている。

- ➢ 責任準備金がたとえば95％の確率で将来のシナリオをカバーできること。つまり，将来のさまざまなシナリオのうち，95％の確率で起こるような当該生命保険会社にとって悪いシナリオでも担保できるようにする。
- ➢ これに加えて，ストレス・イベントが生起しても担保できるように現行法の危険準備金Ｉのような負債の計上を求めること。この点に関しては，将来の課題として残されているが，生命保険会社の約款の規定を考慮すると，当然負債として積み立てる必要があると考えられる。

　こうした規制が望ましい形で設けられているのであれば，株価が下落しても，それを担保するための負債が計上されているため，銀行で問題になるようなことは起こりにくい。逆に，金融危機のようなことが生起してもきちんと保険金を支払えるようにするための会計であり，私は銀行もこうした会計を採り入れるべきであると考えている。もちろん，いわゆるGAAPとしての会計は，必要であり，両者を併存させるか，両者を上手に一つのものにすることが望ましい。

　また，大和生命が更生特例法の適用を申請したというニュースもマスコミを賑わせた。1997年から2001年までにわが国の生命保険会社が7社破綻した当

---

386)　「EU，銀行監督機関創設　声明発表，金融危機の抜本策なし」『中日新聞』2008年10月6日 朝刊（http://www.chunichi.co.jp/article/economics/news/CK2008100602000061.html），「時価会計の適用緩和　米SEC，証券化商品で」2008年10月8日（http://sankei.jp.msn.com/economy/finance/081001/fnc0810011009010-n1.htm）など。

時の状況に戻るか否かはまだ確言できないが，わが国の生命保険会社にとって重大な局面に来ていることは間違いない。このような状況が続くと，ソルベンシー・マージン比率の改正は思うように行うことができず，また契約条件変更規制にスポットライトが当たる可能性もある。生命保険会社のソルベンシー維持についての合理的な規制の大事さを改めて痛感した。

　私が本書で提言する資産負債最適配分概念に基づき，責任準備金をはじめとした生命保険会社のソルベンシー維持に係る規制を改正すれば，こうした問題は回避できるのにと強く思う。その意味でも，本書の考え方が広く受け入れられればと思う。ただ，こうした改正は，責任準備金等の求められる水準を最終的には大きく引き上げる必要があり，そのためには，経済状態などを考慮する必要があるかもしれない。

　本書がきっかけとなって，危険団体についての議論がさらに深まり，このように，生命保険会社ばかりではなく，損害保険会社にも適用できる資産負債最適配分概念が，保険の引受けをより合理的かつ適切なものとし，保険学，保険監督法，保険法の研究をさらに進め，保険会社の経営をさらにすばらしいものにすることを祈念して筆を置きたい。

## 参考文献一覧

1. Abraham, K. S. (2005), *Insurance Law and Regulations : Cases and Materials Fourth Edition,* New York : Foundation Press
2. Ambachtsheer, K. P. (1977), "Where are the customer's alpha's?", *Journal of Portfolio Management*
3. Baer, M. G. and Rendall, J. A. (2000), *Case on the Canadian Law of Insurance Sixth Edition,* Scarborough : Carswell
4. Black Jr., K. and Skipper Jr., H. D. (2000), *Life & Health insurance 13th ed.,* Upper Saddle River : Prentice-Hall
5. Boivin, D. (2004), *Insurance Law,* Toronto : Irwin Law
6. Brender, A. (1998), "The Cash Flow Method for Valuing Liabilities in Canada", Edited by I. T. Vanderhoof and E. I. Altman, *The Fair Value of Insurance Liabilities,* Dordrecht : Kluwer Academic
7. Brown, C. and Menezes, J. (1991), *Insurance Law in Canada Second Edition,* Barrie : Carswell
8. Cameron, E. R. (1910), *The Law of Life, Accident & Guarantee Insurance in Canada,* Montreal : Wilson & Lafleur
9. Canadian Institute of Actuaries (1993), *The Valuation Technique Paper No. 9 – Valuation of Single Premium Annuities*
10. Canadian Institute of Actuaries (2001), *STANDARD OF PRACTICE FOR THE VALUATION OF POLICY LIABILITIES OF LIFE INSURANCE.* 邦訳 日本アクチュアリー会 保険会計部会訳（2003）「生命保険会社の契約負債評価に関する実務基準」『日本アクチュアリー会会報別冊』
11. Canadian Institute of Actuaries (2002), *CIA TASK FORCE ON SEGREGATED FUND INVESTMENT GUARANTEES*
12. Canadian Institute of Actuaries (2002), *EXPECTED MORTALITY : FULLY UNDERWRITTEN CANADIAN INDIVIDUAL LIFE INSURANCE POLISIES*
13. Canadian Institute of Actuaries (2009), *Standard of Practices*
14. The Canadian Institution of Chartered Accountants, *CICA Handbook*
15. Clarke, M. A. (2001), "The Meaning of Insurance : Relativity in Recent Cases", *The International Journal of Insurance Law*
16. Clarke, S. R. (1877), *Treatise on the Law of Insurance with Supplement,* Toronto : Carswell
17. COMMISSION OF THE EUROPEAN COMMUNITIES (2007), *Proposal for a Directive of the European Parliament and of the Council on the taking-up and pursuit of the business of Insurance and Reinsurance*
18. Committee of European Insurance and Occupational Pensions Supervisors (2007), *QIS3 Technical Specifications PART I : INSTRUCTIONS*
19. Denenberg, H. S. (1963), "The legal definition of insurance : Insurance principles in practice", *Journal of Insurance,* Vol. 30, No. 3
20. Essert, H. (1994), *Solvency Risk, Proceedings of the 4th AFIR colloquium*

21. Edited by Fabozzi, F. J. (1990), *Pension Fund Investment Management : A Handbook for Sponsors and Their Advisors,* : Fabozzi Associates : New Hope. 邦訳 ファボッツィ編，大和銀行年金信託運用部訳（1993）『年金運用のリスク管理』金融財政事情研究会
22. Francis, D. H. (2009), *Life Insurance : The Cause of Economic Prosperity,* Bloomington : Xlibiris
23. Gray v. Kerslake, [1958] S. C. R. 3
24. GROUP LIFE & HEALTH INSURANCE CO., AKA BLUE SHIELD OF TEXAS, ET AL. v. ROYAL DRUG CO., INC., DBA ROYAL PHARMACY OF CASTLE HILLS, ET AL., (1979)
25. Herget, R. T. et al. (2006), *US GAAP for Life Insurers 2nd edition,* Society of Actuaries : Schaumburg. 邦訳 社団法人日本アクチュアリー会国際関係委員会訳（2008）『生命保険会社の米国会計基準 第2版』丸善プラネット
26. Houston, D. B. (1964), "Risk, Insurance and Sampling", *The Journal of Risk and Insurance,* vol. 41
27. International Accounting Standard Board (2007a), *Discussion Paper : Preliminary Views on Insurance Contracts Insurance Part 1*
28. International Accounting Standard Board (2007b), *Discussion Paper : Preliminary Views on Insurance Contracts Insurance Part 2*
29. INTERNATIONAL ACTUARIAL ASSOCIATION (2007), EXPOSURE DRAFT : *Measurement of Liabilities for Insurance Contacts : Current Estimates and Risk Margins*
30. INTERNATIONAL ACTUARIAL ASSOCIATION (2009), *Measurement of Liabilities for Insurance Contacts : Current Estimates and Risk Margins*
31. INTERNATIONAL ASSOCIATION OF INSURANCE SUPERVISORS (2007), *THE IAIS COMMON STRUCTURE FOR THE ASSESSMENT OF INSURER SOLVENCY*
32. Jasper, M. C. (1998), *Insurance Law,* Dobbs Ferry : Oceana Publication
33. JOINT WORKING GROUP (1998), *Financial Considerations of Segregated Fund Investment Guarantees*
34. Jorion, P. and Khoury, S. J. (1995), *Financial Risk Management : Domestic and International Dimensions,* Cambridge : Blackwell Publishers. 邦訳 小川英治監訳，生命保険文化研究所，生命保険金融リスク研究会訳（1999）『金融リスク管理戦略』東洋経済新報社
35. Jorion, P. (1986), "Bayes-Stein estimation for portfolio analysis", *Journal of Financial and Quantitative Analysis,* Vol. 21, No. 3
36. Keeton, R. E. and Widiss, I. A. (1988), *Insurance Law-A Guide to Fundamental Principles, Legal Doctrines, and Commercial Practices- Practitioner's Edition,* St. Paul : West Publishing Co.
37. Laverty, F. J. (1936), *The Insurance Law of Canada – Life, Fire, Marine, Accident, Guarantee, Hail, Burglary, Employers' Liability –,* Toronto : Carswell

38. Leibowitz, M. L., Kogelman, S. and Bader, L. N. (1992), "Asset performance and surplus control : A dual-shortfall approach", *The Journal of Portfolio Management,* Winter 1992, Vol. 18, No. 2
39. Lintner, J. (1965), "Security prices, risk and maximal gains from diversification", *The Journal of Finance* Vol. XX, No. 4
40. Long, R. H. and Rhodes, M. S. (1966), *"The Law of Liability Insurance",* Albany : Matthew Bender and Company
41. Markowitz, H. M. (1952), "Portfolio Selection", *The Journal of Finance* Vol. VII, No. 1
42. McGILL, D. M. (1959), *Life Insurance,* Homewood : Richard D. Irwin
43. Mehr, R. I. and Osler, R. W. (1949), *Modern life insurance : a textbook on life insurance,* New York : Macmillan
44. Norwood, D. and Weir, J. P. (2002), *Norwood on Life Insurance Law in Canada Third Edition,* Toronto : Carswell
45. Office of the Superintendent of Institutions Canada (Revised : 2006), *Guideline, Appointed Actuary : Legal Requirements, Qualifications and External Review*
46. Office of Superintendent of Financial Institutions Canada (2007), *The uniform Annual / Interim Return (LIFE-1), General*
47. Pfeffer, I. (1956), *Insurance and Economic Theory,* Homewood : Richard D. Irwin
48. Sharp, W. (1964), "Capital asset prices : A theory of market equilibrium under condition of risk", *The Journal of Finance* Vol. XIX, No. 3
49. Stempel, J. W. (1994), *Interpretation of Insurance Contracts-Law and Strategy for Insurers and Policyholders-,* Boston : Little, Brown and Company
50. Taylor, G. C. (1997), "Risk, Capital and Profit in Insurance, SCOR Notes International Prize in Actuarial Science : Solvency and Capital allocation", *The University of Melmourne Research Paper* Number 39
51. THE STATE OF OHIO EX REL. SHEETS, ATTORNEY GENERAL, v. THE PITTSBURG, CINCINNATI, CHICAGO & ST. LOUIS RAILWAY CO. (1903)
52. Tullis, M. A. and Polkinghorn, P. K. (1990), *Valuation of Life Insurance Liabilities Third Edition,* Winsted : ACTYEX
53. Willett, A. H. (1951), *The economic theory of risk and insurance,* Homewood : Richard D. Irwin (First published in 1901 by the Columbia University Press)
54. Working Group on The Use Of Stochastic Valuation Techniques, Canadian Institute of Actuaries (2001), *The Use of Stochastic Techniques to Value Actuarial Liabilities under Canadian GAAP*
55. Edited by Ziemba, W. T. and Mulvey, J. M. (2000), *"WORLDWIDE ASSET AND LIABILITY MODELING",* CAMBRIDGE UNIVERSITY PRESS
56. 青谷和夫（1958）「改正普通保険約款の不遡及性と遡及の必要性」『民商法雑誌』第 38 巻第 3 号
57. 青谷和夫（1959）「保険業法一〇条三項による主務大臣の処分に基づく保険

料増額の効力」『判例評論』第 22 号
58. 青谷和夫監修（1974）『コンメンタール保険業法（上）』千倉書房
59. 青谷和夫監修（1974）『コンメンタール保険業法（下）』千倉書房
60. 朝川伸夫（1948）「保険契約の強行性と任意性（2）」『法学新報』第 55 巻第 3 号
61. 朝川伸夫（1951）「保険契約法における危険団体の認識」『法学新報』第 58 巻第 3 号
62. 朝川伸夫（1967）『保険法研究』中央大学出版部
63. 浅谷輝雄（1990）「ALM による責任準備金の評価」『インシュアランス』第 3429 号
64. アパマンショップ HD 株主代表訴訟上告審判決（2010）
65. 粟津清亮（1896）「本邦生命保険会社の営業原則並に規則の異同を論ず」『保険雑誌』第 11 号
66. 粟津清亮（1903）『保険法』法文書院
67. 粟津清亮（1910）『保険学要綱』巌松堂書店
68. 池尾和人・永田貴洋（1999）「銀行行動と規制枠組みの進化」『ファイナンシャル・レビュー』第 51 号
69. 伊澤孝平（1958）『保険法』青林書店
70. 石田満（1977）「保険の団体性」『商法の判例第三版』
71. 石田満（1986）『保険業法の研究 I 』文眞堂
72. 石田満（1996）『保険業法』損害保険事業総合研究所
73. 石田満（2007）『保険業法 2007』文眞堂
74. 石名坂邦昭（2000）「金融システム改革と生保の方向性」，安井信夫先生古希記念論文集刊行委員会編『変化の時代のリスクと保険』文眞堂
75. 磯野正登（1926）「保険料積立金論」『生命保険協会会報』第 14 巻第 4 号
76. 今村金弥（2002）「予定利率引下げに関する考察（下）」『インシュアランス』第 4008 号
77. 岩崎稜講述（1966）『保険監督法』財団法人生命保険文化研究所
78. 岩原紳作（1992）「計算」，竹内昭夫編『保険業法の在り方（上）』有斐閣
79. 印南博吉（1955）『改定 保険論』三和書房
80. 印南博吉編（1966）『現代日本産業発達史 XXVII 保険』現代日本産業発達史研究会
81. 植村信保（2007）「生命保険会社の経営破綻要因」『保険学雑誌』第 598 号
82. 植村信保（2008）『経営なき破綻 平成生保破綻の真実』日本経済新聞出版社
83. 宇野典明（1996）「エグゼクティブ・ライフの事例」，保険監督法研究会『諸外国における生命保険会社の破綻事例にみる法的諸問題（保険監督法研究会報告書〔V〕）』生命保険文化研究所
84. 宇野典明（1997）「生損保兼営禁止について」『保険学雑誌』第 558 号
85. 宇野典明（1999）「国光生命の破綻について―相互会社の保険金額削減の事例から学ぶもの―」『保険学雑誌』第 567 号
86. 宇野典明（1999）「生命保険監督会計における貸借対照表のあり方について

―責任準備金等を中心にして―」『生命保険会社と時価会計―生命保険財務会計研究会報告書―』．生命保険文化研究所
87. 宇野典明（2000）「生命保険監督会計における負債公正価値評価のパラドックス」『生命保険会社と時価会計2―その影響と課題―生命保険財務会計研究会報告書』生命保険文化研究所
88. 宇野典明（2001）「金融機関における与信行為について―与信行為にかかる規制のあり方を検討するための基礎的考察―」『文研論集』No. 134
89. 宇野典明（2002）「生命保険企業をめぐる環境の変化と生命保険企業の対応」田村祐一郎編『保険の産業分水嶺』千倉書房
90. 宇野典明（2003）「生命保険会社のソルベンシー・マージン基準」『ジュリスト』No. 1240
91. 宇野典明（2004a）「保険会社の破綻前における契約条件の変更規制―生命保険会社の場合を中心として―」『ジュリスト』No. 1261
92. 宇野典明（2004b）「生命保険監督会計の基本的な枠組みのあり方」浅谷輝雄監修『生命保険再生の指針―生命保険規制体系のあり方』金融財政事情研究会
93. 宇野典明（2005）「大数の法則と収支相等の原則の現代的な意義について―生命保険の場合を中心として―」『商学論纂』第46巻第3号
94. 宇野典明（2008a）「危険団体概念の見直しと保険業法の諸規制―契約条件の遡及変更にかかる規制のあり方を中心として―」『生命保険論集』第162号
95. 宇野典明（2008b）「危険団体概念の見直しと保険業法の諸規制―生命保険会社における責任準備金規制のあり方について―」『生命保険論集』第163号
96. 江頭憲治郎（2002）『商取引法［第3版］』弘文堂
97. 大沢康孝「保険と共済」，淡路剛久（他）編（1984）『現代契約法大系 第6巻』有斐閣
98. 大沢康孝（1985）「保険会社の破産について」，江頭憲治郎編『八十年代商事法の諸相』有斐閣
99. 大隅健一郎（1957）『商法総則』有斐閣
100. 大谷孝一編（2007）『保険論』成文堂
101. 大谷孝一編（2008）『保険論 第2版』成文堂
102. 大塚英明監修（1997）『コンメンタール新相互会社法』青林書院
103. 鴻常夫（1988）「保険業法10条3項による大蔵大臣の処分」『生命保険判例百選（増補版）』
104. 鴻常夫監修（1993）『「保険募集の取締に関する法律」コンメンタール』財団法人安田火災記念財団
105. 鴻常夫監修（2001）『保険業法コンメンタール』財団法人安田火災記念財団
106. 大林良一（1960）『保険理論』春秋社
107. 大森忠夫（1952）『保険契約の法的構造』有斐閣
108. 大森忠夫（1957）『保険法』有斐閣
109. 大森忠夫（1969）『保険契約法の研究』有斐閣
110. 小川功（1997）「金融恐慌と生保破綻―末期の旭日生命を中心にして―」『文

研論集』No. 120
111. 荻原邦男（2005）「諸外国における生命保険負債評価の変貌（その1）」『ニッセイ基礎研究所所報』Vol. 40
112. 押尾直志（2008）「保険契約法と共済について—保険法部会「中間試案」における保険契約法の「適用範囲」を中心に—」『保険学雑誌』第 600 号
113. 越知隆（1992）「米国保険事業のソルベンシー監督規制問題」『文研論集』No. 100
114. 恩蔵三穂（2001）「生命保険会社と破綻要因」『現代保険論集 鈴木辰紀先生古稀記念』成文堂
115. 川口幸夫（1962）「募集取締法の特別利益（一）」『生命保険経営』第 30 巻第 4 号
116. 川添利起（1959）「保険業法 10 条 3 項による大蔵大臣の権限と保険契約者等の利益の意義」『法曹時報』第 11 巻第 9 号
117. 気賀真一郎（1937）「英国に於ける責任準備金の沿革」『生命保険経営』第 9 巻第 4 号
118. 喜多川篤典（1954）「「保険団体」の法理的問題性—保険業法 10 条 3 項に関する東京地裁の一判決を機縁として—」『私法』第 11 号
119. 喜多川篤典（1959）「保険業法 10 条 3 項による大蔵大臣の権限と保険契約者等の利益の意義」『商事判例研究』有斐閣
120. 喜多川篤典（1966）「普通保険約款の改正と既存契約」『別冊ジュリスト』No. 11
121. 北村雅史（1995）「相互会社の社員の権利・義務」『文研論集』No. 110
122. 金融審議会金融分科会第二部会（2001）『生命保険をめぐる総合的な検討に関する中間報告』
123. 金融審議会金融分科会第二部会保険の基本問題に関するワーキンググループ（2001）「生命保険に関する主な検討事項にかかる意見等」
124. 金融庁（2003）「「保険業法の一部を改正する法律の施行に伴う保険業法施行令の一部を改正する政令（案）」に対する意見募集の結果について」
125. 金融庁（2009）『保険会社向けの総合的な監督指針』
126. 河野年洋，田口茂，飯島博幸，重原正明（2007）「パネルディスカッション リスクマージンとソルベンシーの国際的動向」『アクチュアリー・ジャーナル』第 62 巻，vol. 18
127. 小島昌太郎（1928）『保険本質論』有斐閣
128. 小西修（1995）「米国生保の破綻処理—MBL にみる具体的事例—」『生命保険経営』第 63 巻第 5 号
129. 小林篤（2002）「戦後の損害保険システム」田村祐一郎編『保険の産業分水嶺』千倉書房
130. 小林量（1995）「保険業法逐条解説（XVII）」『文研論集』No. 111
131. 小藤康夫（2001）『生保危機の本質』東洋経済新報社
132. 小町谷操三（1952）「生命保険契約における不可争約款について」『竹田先生古稀記念 商法の諸問題』有斐閣

133. 近藤文二（1940）『保険学総論』有光社
134. 近藤文二（1948）『社会保険』東洋書館
135. 「債務不存在確認事件（昭和 26 年（オ）第 799 号 同 34 年 7 月 8 日大法廷判決 棄却）（1959）『最高裁判所民事判例集』第 13 巻第 7 号
136. 榊素寛（2006a）「保険料のリベート規制の根拠に関する批判的考察（その 1）―保険料の割引・割戻し・特別利益提供の禁止は必要か？―」『損害保険研究』第 67 巻第 4 号
137. 榊素寛（2006b）「保険料のリベート規制の根拠に関する批判的考察（その 2―完）―保険料の割引・割戻し・特別利益提供の禁止は必要か？―」『損害保険研究』第 68 巻第 1 号
138. 司法省調査部『司法資料別冊第 1 号 第 74 回帝国議会貴族院特別委員会議事要領』（1939a）
139. 司法省調査部『司法資料別冊第 2 号 第 74 回帝国議会衆議院特別委員会議事要領（上.)』（1939b）
140. 下和田功編，岡田太（2007）『はじめて学ぶリスクと保険〔改訂版〕』有斐閣
141. 新生命保険実務講座刊行会編（1966）『新生命保険実務講座 第 6 巻 法律』有斐閣
142. 杉本浩一，星学（2000）「実践的な生命保険会社の ALM・リスク管理」，小川英治監修，生命保険文化研究所，生命保険金融リスク研究会『生命保険会社の金融リスク管理戦略』東洋経済新報社
143. 洲崎博史（1991）「保険業法逐条解説（IX）」『文研論集』No. 96
144. 洲崎博史（1995）「保険業法逐条解説（XVII）」『文研論集』No. 111
145. 鈴木竹雄（1965）『新版商行為法・保険法・海商法』弘文堂
146. 鈴木辰紀編著（1997）『保険論―私達の暮らしと保険―』成文堂
147. 鈴木辰紀編著（2003）『新保険論―暮らしと保険―』成文堂
148. 須田三四郎（1939）『改正保険業法の解説』保険資料社
149. 生命保険会社協会（1926）「チルメル式責任準備金の件」『生命保険協会会報』第 14 巻第 4 号
150. 生命保険会社協会（1933）『商工省日本経験生命表』生命保険会社協会
151. 生命保険会社協会（1942）『明治大正保険資料第 4 巻第 1 編第 2 編』
152. 生命保険協会編（1972）『日本全会社生命表（1960 ～ '63）』生命保険協会
153. 生命保険協会編（1976）『日本全会社生命表（1965 ～ '69）』生命保険協会
154. 生命保険協会編（1983）『日本全会社生命表（1972 ～ '76）』生命保険協会
155. 生命保険協会編（1987）『日本全会社生命表（1979 ～ '80）』生命保険協会
156. 生命保険協会編（1992）『日本全会社生命表（1984 ～ '85）』生命保険協会
157. 生命保険実務講座刊行会編（1958）『生命保険実務講座 第四巻 法律編』有斐閣
158. 生命保険新実務講座編集委員会，財団法人生命保険文化研究所編（1991）『生命保険新実務講座 第 7 巻 法律』有斐閣
159. 生命保険数学会編（1942）『保険業法講義』
160. 第一生命保険相互会社（1958）『第一生命五十五年史』

161. 高津知足（1973）「二つの保険料積立方式について―純保険料式を批判して―」『保険学雑誌』第 460 号
162. 高浜一則（1997）「生保における金利リスク管理のあり方」『生命保険経営』第 65 巻第 4 号
163. 竹内昭夫（1977）「保険業法 10 条 3 項による普通保険約款の改正と既存契約」『商法（保険・海商）判例百選』有斐閣
164. 竹内昭夫（1985）「保険と共済」，江頭憲治郎編『八十年代商事法の諸相―鴻常夫先生還暦記念論文集―』有斐閣，1985 年 1 月
165. 竹内秀典（2000）「生命保険会社の戦略的資産配分」，小川英治監修，生命保険文化研究所，生命保険金融リスク研究会『生命保険会社の金融リスク管理戦略』東洋経済新報社
166. 武田久義（2008）『生命保険会社の経営破綻』成文堂
167. 武田久義（2009）『リスク・保障・保険』成文堂
168. 田中邦和（1994）「生命保険買取会社の管理規制」『生命保険経営』第 62 巻 3 号
169. 田中耕太郎（1932a）「保険の社会性と団体性（1）」『法学協会雑誌』第 50 巻第 7 号
170. 田中耕太郎（1932b）「保険の社会性と団体性（2）」『法学協会雑誌』第 50 巻第 10 号
171. 田中周二，室町幸雄（2000）「リスク管理統合モデルの生保 ALM への活用」『ニッセイ基礎研究所所報』Vol. 16
172. 田中周二編，北村智紀（2004）『年金 ALM とリスク・バジェッティング』朝倉書店
173. 田中誠二（1975）『新版 保険法』千倉書房
174. 田辺康平（1985）『現代 保険法』文眞堂
175. 近見正彦，前川寛，髙尾厚，古瀬政敏，下和田功（1998）『現代保険学』有斐閣
176. 近見正彦，吉澤卓哉，髙尾厚，甘利公人，久保英也（2006）『新・保険学』有斐閣
177. 土井一人（1997）「「保証利回り」型投資家のリスク許容度と基本運用戦略」『生命保険経営』第 65 巻第 6 号
178. 東京海上火災保険株式会社編（1966）『新損害保険実務講座 第一巻 損害保険法』有斐閣
179. 東京海上火災保険株式会社編（1997）『損害保険実務講座 補巻 保険業法』有斐閣
180. 「東京高等裁判所昭 25（ネ）第 680 号 昭 26, 9, 25 判決」（1951）『下級裁判所民事裁判例集』2 巻 9 号
181. 「東京地方裁判所昭 22（ワ）第 1415 号 昭 25, 6, 16 判決」（1950）『下級裁判所民事裁判例集』1 巻 6 号
182. 刀禰俊雄，北野実（1997）『現代の生命保険〔第 2 版〕』東京大学出版会
183. 中西正明，覚道豊治（1960）「保険業法 10 条 3 項の意義等」『民商法雑誌』

第 41 巻第 6 号
184. 中村喜代治（1925）『生命保険数理教程』保険講論発行社
185. 西島梅治（1960a）「危険団体の効用とその限界」『損害保険研究』第 22 巻第 4 号
186. 西島梅治（1960b）「保険業法第 10 条第 3 項の「保険契約者……の利益」の意義―同規定による処分の契約者に対する告知の要否―旧憲法下の法律に関する違憲審査権」『法学協会雑誌』第 77 巻第 2 号
187. 西島梅治（1975）『保険法』筑摩書房
188. 株式会社日経リサーチ（2007）『金融機関の破綻事例に関する調査報告書』
189. 日本アクチュアリー会（2006）『標準生命表の改定案および作成方法』別紙 2―②
190. 日本生命保険相互会社法規研究会（1969）『保険業法コンメンタール』
191. 庭田範秋（1973）『社会保障論』有斐閣
192. 庭田範秋編（1989）『保険学』成文堂
193. 野津務（1923）『保険政策論』有斐閣
194. 野津務（1935a）『保険法における信義誠実の原則』有斐閣
195. 野津務（1935b）『相互保険の研究―特に其の法的性質を中心として―』有斐閣
196. 野津務（1948）『保険法』白揚社
197. 長谷川宅司（1990）「保険業法逐条解説（IV）」『文研論集』No. 91
298. 菱沼従尹（1955）「生命表について」『保険学雑誌』第 390 号
299. 広海孝一（1994）『保険論〈改訂版〉』中央経済社
200. 福永保（1995）「昭和期における国内生保会社の破綻」『生命保険経営』第 63 巻第 3 号
201. 藤澤利喜太郎（1890）『生命保險論』文海堂
202. 藤田勝利監訳（2000）『ニューヨーク州保険法 1997 年末版』生命保険文化研究所
203. 二見隆（1992）『生命保険数学 上巻』財団法人生命保険文化研究所
204. 古瀬政敏（1997）「イギリス及びカナダにおける保険監督会計と財務会計の調和」『文研論集』No. 119
205. 古瀬政敏（1998）「保険業法逐条解説（I）」『文研論集』No. 125
206. 古瀬政敏（2000）「カナダにおける生命保険会社の契約負債の評価と DCAT」生命保険財務会計研究会『生命保険会社と時価会計 2』生命保険文化研究所
207. 古瀬政敏（2002）「保険業法逐条解説（XVI）」『生命保険論集』No. 140
208. 古瀬政敏（2006）「保険業法上の保険業と保険デリバティブ」『生命保険論集』No. 156
209. 保険監督法研究会（1996）『諸外国における生命保険会社の破綻事例にみる法的諸問題（保険監督法研究会報告書〔V〕）』生命保険文化研究所
210. 保険業法研究会編（1986）『最新保険業法の解説』大成出版社
211. 保険経理小委員会（1991）「保険経理の見直し及びディスクロージャーの整備について」，保険研究会編『保険事業の在り方の見直し―保険審議会の報

告—』財経詳報社
212. 保険研究会編（1996a）『コンメンタール保険業法』財経詳報社
213. 保険研究会編（1996b）『最新保険業法の解説』大成出版社
214. 保険審議会（1989a）「生命保険計理に関する答申」，保険研究会編『保険審議会答申集 '89 改訂版』財経詳報社
215. 保険審議会（1989b）「経済社会の構造変化に対応した保険事業のあり方について」，保険研究会編『保険審議会答申集 '89 改訂版』財経詳報社
216. 保険審議会（1989c）「今後の保険行政のあり方について—とくに自由化に対応して—」，保険研究会編『保険審議会答申集 '89 改訂版』財経詳報社
217. 保険審議会（1989d）「今後の保険事業のあり方について」，保険研究会編『保険審議会答申集 '89 改訂版』財経詳報社
218. 保険審議会（1992）『新しい保険事業の在り方—保険審議会答申—』
219. 保険審議会（1994a）『『保険業法等の改正について』—保険審議会報告—』
220. 保険審議会（1994b）「（別添 1）相互会社についての基本的な考え方」『『保険業法等の改正について』—保険審議会報告—』
221. 米谷隆三（1954）「保険制度—保険及び保険事業の法社会学的取扱—」，東京海上火災保険企画室編集『損害保険実務講座 第一巻 損害保険総論』有斐閣
222. 米谷隆三（1957）「保険法における事情変更の原則—客観主義保険法の一つの展開—」，大林良一編『加藤由作博士還暦記念 保険学論集』春秋社
223. 前川寛（1996）『現代保険論入門』中央経済社
224. 松村明編（1995）『大辞林 第二版』三省堂
225. 牧田清隆（1995）「生保の負債制約下における最適ポートフォリオ」『生命保険経営』第 63 巻第 6 号
226. 三浦義道（1926）『改正 保険業法解説』巌松堂書店
227. 三浦義道（1929）『補訂 保険法論』巌松堂書店
228. 三浦義道（1940）『新訂 保険法論 第一巻 総論』巌松堂書店
229. 三木隆二郎（1995）「『年金 ALM』と『生保 ALM』について—ショートフォール・リスクに基づくリスク管理の有効性—」『保険学雑誌』第 551 号
230. 水島一也（1979）「保険制度と経営主体—伝統理論の"神話"をめぐって—」『所報』第 49 号
231. 水島一也（2006）『現代保険経済 第 8 版』千倉書房
232. 溝淵照信（1954）「保険契約における平等の原則」『保険学雑誌』第 388 号
233. 御田村卓司，福地誠，田中淳三（1996）『生保商品の変遷—アクチュアリーの果した役割—（改訂版）』保険毎日新聞社
234. 宮内篤（1988）「金融機関の金利リスクについて—その測定方法およびわが国金融機関についての若干の実証分析—」『金融研究』第 7 巻第 2 号
235. 村上隆吉（1908）『最近保険法論』有斐閣
236. 村田敏一（2002）「生命保険既契約の契約条件の変更について—立法の必要性とそのあり方を中心に—」『保険学雑誌』第 579 号
237. 村田敏一（2003）「第 156 回国会に於ける保険業法の一部改正について—「相互会社の株式会社化規整の見直し」と「既契約の条件変更手続」を中心に—」

『日本保険学会関東部会報告におけるレジュメ』
238. 村田敏一著（2008）「保険の意義と保険契約の類型，他法との関係」落合誠一，山下典孝編『新しい保険法の理論と実務』経済法令研究会
239. 明治生命保険株式会社，帝国生命保険株式会社，日本生命保険株式会社編（1911）『日本三会社生命表』明治生命保険株式会社，帝国生命保険株式会社，日本生命保険株式会社
240. 森荘三郎（1928）「保険料積立金の一問題」『生命保険協会報』第17巻第3号
241. 安居孝啓編著（2006）『最新保険業法の解説』大成出版社
242. 安井信夫（1997）『人保険論』文眞堂
243. 弥永真生（2000）『商法計算規定と企業会計』中央経済社
244. 山口喬（1939）『改正保険業法研究』保険政策雑誌社
245. 山下友信（1991）「保険会社の経営破綻と保険契約者の優先権」『法学協会雑誌』第108巻第12号
246. 山下友信（1992）「相互会社」，竹内昭夫編『保険業法の在り方（上巻）』有斐閣
247. 山下友信（2005）『保険法』有斐閣
248. 山下友信（2009）「保険の意義と保険契約の類型―定額現物給付概念について」，竹濱修，木下孝治，新井修司編『保険法改正の論点―中西正明先生喜寿記念論文集』法律文化社
249. 横田尚昌（1992）「既存の保険契約に対する契約条件変更」『保険学雑誌』第577号
250. *Oxford Advanced Learner's Dictionary Seventh Edition* (2005), Oxford University Press
251. Yahoo Finance ウェブ・ページ "S&P 500 INDEX, RTH (^GSPC)"（http://finance.yahoo.com/q/hp?s=%5EGSPC）
252. Yahoo Finance ウェブ・ページ "HANG SENG INDEX (^HSI)"（http://finance.yahoo.com/q/hp?s=%5EHSI）
253. 浅谷輝雄 SOHOからのメッセージ（2002）「「激論！既契約の条件変更」に参加」（http://www005.upp.so-net.ne.jp/asatani/kiji43.htm），
254. エース・コンサルティング・グループ ウェブ・ページ「外国為替レート 月末推移表2（http://www.aceconsulting.co.jp/kawasekinri2.html）
255. 財務省ウェブ・ページ「国債関係資料」（http://www.mof.go.jp/jouhou/kokusai/siryou/index.htm）
256. ソニー生命保険株式会社ウェブ・ページ「生命保険とは」（http://www.sonylife.co.jp/idea/knowledge/insurance/index.html）
257. 損保ジャパン・ディー・アイ・ワイ生命保険株式会社ウェブ・ページ「保険は助け合いの仕組みと言われるワケ」（http://diy.co.jp/knowledge/necessity/mutual.html）
258. 第一生命保険相互会社ウェブ・ページ「生命保険を正しく理解し活用するために」（http://www.dai-ichi-life.co.jp/examine/learn/about.html）

259. 東京証券取引所ウェブ・ページ「株価指数関連データ（指数値・浮動株比率・構成銘柄等）」(http://www.tse.or.jp/market/topix/data/index.html)
260. 日本自動車連盟『第 47 期（平成 20 年度）収支決算報告』p. 1（http://www.zaf.or.jp/profile/disclo/20/image/kessan.pdf)
261. 日本生命保険相互会社ウェブ・ページ「保険の理念」(http://www.nissay.co.jp/okofficial/kojin/hokentoha/5fun/index.html)
262. 富国生命保険相互会社ウェブ・ページ「はじめての保険えらび」(http://www.fukoku-life.co.jp/learnt/index.html)
263. 富士生命保険株式会社ウェブ・ページ「重要事項説明書（注意喚起情報）」(http://www.fujiseimei.co.jp/assets/files/pdf/Stipulation/e_syuusin_manual.pdf)
264. 三菱 UFJ リサーチ＆コンサルティング ウェブ・ページ「1990 年以降の為替相場」(http://www.murc.jp/fx/past_3month.php)
265. "Second-hand trusts can offer high returns for low risk" *Times,* March 21, 1999
266. "The rush to sell gathers pace", *Financial Times,* June18, 2000
267. 日本経済新聞　各日版
268. 「「資産状態を公告せしむ」『中外商業』1926 年 1 月 14 日，生命保険協会，前掲『明治大正保険資料第 4 巻第 1 編第 2 編』
269. 「長谷工の 9 月中間，社債の消却益計上，経常増益を確保」『日本経済新聞』1999 年 11 月 5 日朝刊
270. 「破綻生保，5 社に兆候」『朝日新聞』2004 年 8 月 28 日朝刊

## 本書所収論文の初出一覧

第2章,第3章
　「大数の法則と収支相等の原則の現代的な意義について―生命保険の場合を中心として―」『商学論纂』第46巻第3号

第6章
　「危険団体概念の見直しと保険業法の諸規制―生命保険会社における責任準備金規制のあり方について―」『生命保険論集』第163号

第7章
　「危険団体概念の見直しと保険業法の諸規制―契約条件の遡及変更にかかる規制のあり方を中心として―」『生命保険論集』第162号
　「保険会社の破綻前における契約条件の変更規制―生命保険会社の場合を中心として―」『ジュリスト』No. 1261

# 人名索引

## ア行

青谷和夫　199
朝川伸夫　51, 52
伊澤孝平　201
石田満　201
H. D. スキッパー Jr.　13, 37
M. G. ベアー　39
鴻常夫　200
大森忠夫　53, 200, 206, 216

## カ行

川添利起　190
喜多川篤典　202
K. ブラック Jr.　13, 37
小町谷操三　201
近藤文二　1

## サ行

J. A. レンドール　39
J. ランド　23
シャープ　68
鈴木竹雄　204
Strusinski=Szeliga　51

## タ行

竹内昭夫　9, 202
田中耕太郎　41, 47, 52, 189, 236
田中誠二　201
D. M. マッギル　37

## ナ行

中西正明　201, 206
西島梅治　203, 206
庭田範秋　1
野津務　41, 51, 216

## ハ行

長谷川宅司　199

## マ行

マーコビッツ　68, 77, 82, 88
米谷隆三　199
牧楢雄　189, 190
三浦義道　190, 215
村田敏一　204
森荘三郎　123
森本滋　215

## ヤ行

山下友信　2, 33

## ラ行

リントナー　68

# 事項索引

## ア行

アポインティッド・アクチュアリー　39, 139, 140, 142, 144, 146, 148, 151, 154, 156, 158, 160, 162, 164
安全割増し　29
異常危険準備金　31
1号収支分析　106, 117
1号収支分析(1)　176
1号収支分析(2)　174
営業保険料式保険料積立金　31, 125, 140, 166, 171, 173, 174, 176
大地震　170, 183

## カ行

解約請求権　221, 243
価格変動準備金　45, 107, 111, 114, 119, 238, 241, 247
価格変動リスク　42, 46, 73, 119, 207, 238, 242
確率論的シナリオ法　40, 72, 107, 176, 177, 179, 181, 182, 186, 237
確率論的シナリオ法の問題　185
カナダ資産負債法　39, 139, 140, 142
監督官式責任準備金評価法　39, 46, 134, 135, 138, 172
企業年金保険　222
危険準備金　31, 45, 103, 107, 119-121, 124, 166, 172, 175, 238, 241, 247
危険準備金Ⅰ　111
危険準備金Ⅱ　111
危険準備金Ⅲ　111
危険準備金Ⅳ　111
危険団体　5, 8, 11, 32, 37, 40, 58, 59, 61, 94, 96, 99, 118, 169
危険団体概念　28, 65, 66, 68, 74, 75, 88, 95, 165, 194, 234, 237
危険団体概念の存在　208
危険団体概念の見直し　205, 208
危険団体的性質　197
危険団体の意義　27
危険団体の概念　203
危険団体の存在　4, 6, 14, 15, 19, 25, 29, 40, 41, 58, 62, 117, 131, 132, 139, 165, 193, 205, 208, 217, 221, 236, 247
危険団体の特質　235
危険団体の問題点　72
危険団体の利益　47, 50, 56, 203, 206
基礎書類の遡及変更命令　56, 189
逆ざや　217, 222, 236, 243
逆選択　156, 158, 159, 164
逆選択失効　161, 172, 175, 177, 179, 180, 183
逆偏差のためのマージン　46, 140, 144, 149, 154, 156-159, 161, 163, 165
キャッシュ・フロー分析　46, 67, 68, 72
キャプティブ　8
給付反対給付均等の原則　1, 4, 28, 48, 88
共済　8, 9, 33, 95, 96, 214
強制執行　221, 243
共通準備財産　4, 28, 38
共同保険　31
クレジット・デフォルト・スワップ

9, 73
経営リスク　42, 207
契約保険料式保険料積立金　40, 139
決定論的シナリオ法　40, 108, 174, 175, 178
構成員　10, 28, 31, 37, 38, 58, 197, 200, 205, 216
公正価値　167, 184

## サ行

最低資本金　44
最低責任準備金　39, 133, 138, 172
再保険　31, 168
最良推定　140, 144, 154-160, 162, 164
3号収支分析　106, 113, 118, 119, 223, 239, 242
自家保険　8, 94, 95
資産運用リスク相当額　114
資産負債管理　61
資産負債最適配分概念　72, 77, 87, 88, 94-96, 165, 184, 208, 217, 221, 237, 247
事情変更の原則　199
私的整理　245, 246
資本コスト法　173, 175
収支相等の原則　1, 9, 28, 29, 38, 41, 42, 44, 48, 88
収支分析　238
純保険料式保険料積立金　165, 171, 172, 174, 176
小規模な危険団体　87
信用保険　73
信用リスク　70, 147, 154, 155, 170, 171
ストレステスト　70, 89, 187
生保標準生命表2007　80, 100, 101, 126
生命保険監督会計　131, 167, 183, 185
洗練を装った団体優先説　56, 217, 236, 237, 247
早期是正措置　184-186, 214, 238, 247
相互会社と危険団体の関係　216
相互会社の保険金削減規制　56, 204, 209, 236
相互扶助　11, 52, 58, 95, 203
ソルベンシー・マージン基準　241
ソルベンシー・マージン比率　45, 114, 119, 205, 220, 238, 247

## タ行

大数の法則　5, 10, 27, 29, 31, 38, 41, 44, 73, 87, 89
助け合い　58, 95
頼母子講　95
団体優先説　47, 73, 191, 194, 198, 205, 208, 221, 233, 247
貯蓄　8, 95
チルメル式保険料積立金　105, 120, 124, 125, 172
追加責任準備金　105, 132, 133, 170
通常の予測の範囲内のリスク　165, 183
通常の予測を超えるリスク　165, 183
2パラメータ・アプローチ　68, 72, 77, 82, 85, 88, 166, 187
賭博　3, 8, 22, 95
富くじ　3, 8, 95

## ナ行

年金　18, 22, 24, 62, 95, 134, 136, 141
年金保険　132
年金保険料　135

## ハ行

標準責任準備金　45, 99, 104, 108, 111, 117, 118, 130, 131, 172, 235, 247
プーリング　11, 13, 18, 39
負債のオフバランス化　170
不倒神話　40, 43, 45, 73
平準純保険料式保険料積立金　100, 102, 105, 122, 125, 127, 129, 131, 139, 172
変額年金　18, 95
変額年金保険　141
包括移転　168, 176, 177, 182, 219
保険会社の破綻前における契約条件変更規制　204, 207, 222, 223
保険監督会計　169, 171
保険業の定義　32, 236
保険契約者の合理的期待　146, 172, 175, 177, 178, 183, 184
保険契約者の利益　47, 50, 56, 128, 201, 203, 207, 236
保険契約者平等待遇原則　48, 50, 54, 56, 191, 208, 221, 230, 234-236, 247
保険契約準備金　40, 139
保険数理的危険団体　28, 61, 117, 118, 139, 165
保険数理的危険団体の存在　25, 39, 45, 66, 131
保険数理的収支相等の原則　30-32, 37
保険団体　53, 194, 202, 216, 217, 236
保険団体の精神　48
保険団体の秩序維持　199
保険団体論　203
保険デリバティブ　8, 9, 95
保険の団体性　53, 199, 216
保険の定義　1, 27, 37, 58, 75, 91

保険の引受け　3, 4, 36, 62, 77, 79, 168
保険引受け　28, 59, 61, 72, 74, 88
保険引受けリスク　42, 45, 57, 61, 72, 73, 89, 119, 131, 139, 183, 242
保険本質論　1, 2, 4, 58
保険リスク　42, 45, 46, 75, 88, 165, 171, 172, 174, 176, 184
保証　8, 18, 59, 73, 94, 95
保証契約　39
保証保険　73

## マ行

無尽　95
無リスクの資産　71, 181

## ヤ行

予想最小損失額　170
予想最大損失額　169, 171
予定事業費率　102, 242
予定死亡率　99, 100, 102, 121, 126, 138, 225, 242
予定死亡率リスク　42
予定利率　29, 66, 99, 100, 118, 133, 135, 165, 176, 205, 217, 225, 227, 234, 235, 240-242
予定利率引下げ　222, 234, 236, 238, 239, 243, 244, 246
予定利率リスク　42, 174, 207

## ラ行

リスク管理　40, 45, 61, 74, 88, 89
リスクの移転　2, 6, 13, 19
リスクの分散　2, 13, 18, 39, 59, 88
リスク・マージン　165, 171-177, 179
連帯保証　39

**著者紹介**

<ruby>宇野典明<rt>うのの りあき</rt></ruby>

**略　歴**

| | |
|---|---|
| 1972年 | 慶應義塾大学経済学部卒業 |
| 1972～2002年 | 日本生命保険相互会社 |
| 2002～2003年 | 中央大学商学部専任講師 |
| 2003年～現在 | 中央大学商学部教授 |
| 2009～2011年 | ブリティッシュ・コロンビア大学（カナダ）ロースクールアジア法学研究センター客員研究員 |

**専　攻**

生命保険論

**著書，論文**

貝塚啓明監修『パーソナルファイナンス研究』（日本ファイナンシャルプランナーズ協会）（共著）

岸真清，黒田巌，御船洋編『高齢化社会における資産運用と金融システム』（中央大学出版部）（共著）

「保険会社の破綻前における契約条件の変更規制―生命保険会社の場合を中心として―」『ジュリスト』No.1261

「大数の法則と収支相等の原則の現代的な意義について」『商学論纂』第46巻第3号

「危険団体概念の見直しと保険業法の諸規制―契約条件の遡及変更にかかる規制のあり方を中心として―」『生命保険論集』第162号

「危険団体概念の見直しと保険業法の諸規制―生命保険会社における責任準備金規制のあり方について―」『生命保険論集』第163号

---

新保険論

保険に関する新たな基礎理論の構築

2012年10月15日　初版第1刷発行

著　者　　宇　野　典　明
発行者　　吉　田　亮　二

郵便番号 192-0393
東京都八王子市東中野742-1

発行所　中央大学出版部

電話 042(674)2351　FAX 042(674)2354
http://www2.chuo-u.ac.jp/up/

© 2012　Noriaki Uno　　　　　　印刷・製本　㈱千秋社

ISBN 978-4-8057-3140-6